도표로 읽는 불교교리

# 도표로 읽는

글 법상  그림 용정운

# 불교 교리

법상 스님의 해박하고 유려한 필치와
용정운 작가의 도표로 한눈에 들어오는
불교 교리 입문서

민족사

초기불교의 석가모니 부처님 가르침을 일목요연하게 정리한 것이 곧 불교교리다. 불교의 시작은 여기서부터다. 대승불교, 선불교, 중관사상, 유식사상, 여래장사상, 밀교, 정토, 화엄, 법화, 열반에 이르기까지 일체 모든 불교의 가르침의 뿌리는 초기불교의 기초교리에서부터 시작된다.

사람들이 불교대학이나 불교입문반에서 처음 불교를 공부할 때 기초교리를 먼저 공부하다 보니, 불교교리는 기초라는 생각으로 대충 공부하고 넘기기 쉽다. 필자 또한 다양한 경전과 어록 등을 탐독하고 오랜 시간 수행해 왔지만, 공부가 조금씩 깊어갈수록, 더욱 이 초기불교의 기초교리가 전혀 기초일 수가 없음을 깨닫게 된다.

불교 공부는 사실 기초라고 여겨온 이 불교교리가 머리로 이해하는 것을 넘어 삶으로 체화되고, 깨달아짐으로써 삶이 획기적으로 변화하는 과정이다. 처음에도 이 공부이고, 공부의 끝에 가서도 결국에는 이 공부 하나만 남는다.

당연한 말이지만, 이 흔한 연기법, 사성제, 삼법인, 팔정도의 교리는 '기초'가 아니라 '불교의 전부'이며, '깨달음의 요체'다. 아무리 많은 경전과 어록을 탐독할지라도 이 교리에 대한 바른 이해와 안목이 있지 않고서는 공부인이라고 말할 수 없으리라.

공부를 하면 할수록 이 불교교리에 대해 탄복하지 않을 수 없다. 어떻게 부처님께서는 그 옛날 이 심플한 언어 속에 이토록 깊은 법을 담아내셨을까?

필자는 이미 『붓다 수업』이라는 책과 '반야심경' 해설서 등에서 불교교리에 대해 다양한 방법으로 집필해 왔다. 그러다가 이번에 초심자들이 혼자 불교를 공부할 때 사용할 수 있는 불교교리 책, 혹은 불교대학 교재용으로 쓰이기에도 좋은 도표와 그림을 곁들인 교리 책을 선보이면 어떨까 하는 출판사의 제안에 다시 한번 마음을 냈다.

유튜브를 통해 알게 된 점은 다양한 설법, 명상, 뉴에이지, 영성, 즉문즉설 관련 채널과 책들을 통해 요즘 들어 마음공부와 명상에 관심을 갖는 분들이 급격하게 늘어나고 있는데, 처음에는 가볍게 마음치유나 스트레스 해소 등을 목적으로 접근했지만, 시간이 지남에 따라 본격적으로 불교라는 종교를 진지하게 공부하려는 이들이 너무나도 많아졌다는 것이다. 심지어 타종교 신자나 무종교에 이르기까지 종교와는 상관없이 '내가 누구인지', 삶의 의미에 대한 근원적인 답을 얻기 위해 여러 곳을 전전하다가 결국 '불교교리'라는 클래식한 본향으로 되돌아오는 것이다.

이들에게 추천할, 너무 어렵지 않고 트렌디하면서 불교 본연의 깊이와 지혜를 담아낸 불교교리 책이 있으면 좋겠다는 제안에 따라 이 한 권의 책이 만들어졌다.

시의적절하게 이 책의 출판을 제안해 주신 민족사 윤창화 사장님과 탁월한 기획, 편집 등 제반 노력을 기울여 주신 사기순 주간님, 특히 어려운 불교교리를 직관적으로 한눈에 담아내 도표와 그림을 선연하게 그려 주신 용정운 작가님, 그리고 새로운 삶의 여정에 빛을 밝혀 주신 공초 스님과 니까야에 눈뜨게 해 주신 북천 스님, 무엇보다도 은사이신 불심도문 큰스님께도 지면을 빌어 깊은 감사의 말씀을 드린다.

2020년 10월 법상 합장

단순히 삽화가 아닌 도표라니……

　법상 스님의 글이라 더 잘해 내고 싶었는데 원고를 받는 순간, '아……이번 작업은 만만치 않겠구나' 하는 생각이 들며 걱정이 들기 시작했습니다.

　첫 장 홀로그램이라는 주제부터 어렵게 다가왔는데, 막연히 알고 있었던 홀로그램에 대한 이야기를 어떻게 도표로 나타내야 할지 몰라서 그에 대한 자료도 찾아보고, 원고를 읽고 또 읽어 가며 과학과 법계가 어떻게 조화롭게 어울려 있는지 이해하게 되면서 간단하게 도표로 표현할 수 있었습니다.

　어려울 법한 내용들이 너무 재미있고, 한 장 한 장 넘어갈 때마다 깨달음의 순간들이 이어졌습니다. 앞에서 법문을 듣는 듯한 생생함과 자상하고 인자한 언어로 말씀해 주십니다. 막연히 알고 있을 거라 자만했던 불교교리들을 다시  보고 또 보고, 도표로 정리해 나가면서 다시 한 번 크게 배우는 시간이었습니다.

　작업을 하면서 '이 일을 하길 참으로 잘했구나' 하는 생각이 들었습니다. 이렇게 소중한 법문에 제 그림도 한몫을 할 수 있다는 뿌듯함과 법상 스님의 글을 읽어 가며 깨달음의 과정을 밟아 가실 수많은 독자 분들과 그 환희의 순간들을 함께할 수 있다는 것이 너무도 설레었습니다.

　그런 기회를 주신 법상 스님께 다시 한 번 감사드립니다.

　다소 불교교리 하면 어려울 거라 생각하지만 우리가 보고, 듣고, 느끼며 살고 있는 이 삶 속에 스며들어 있는 이치이며, 알면 더 재미있고 신기하며, 그를 통해 더 많이 살아가는 방법을 터득하게 되는 꼭 필요한 이야기들입니다.

　한치 앞도 알 수 없고, 그 무엇도 명확한 것이 없으며, 어떻게 변할지 모르는 불안정한 시대를 살고 있는 지금의 우리들에게 더없이 필요한 법문이 아닐까 합니다.

원고를 수정하고 또 수정해 나가시며 오랜 시간 글을 정리해 주신 법상 스님과 교정도 수없이 반복해 나가며 애써 주신 출판사 분들께 깊은 감사를 드립니다.

부디 이 책의 내용들이 많은 분들께 살아가는 이유가 되고 목적이 될 수 있는 좋은 삶의 이정표가 되기를 바랍니다.

그림작가 용정운 합장

# 3장 / 십이처와 십팔계

# 4장 / 오온

# 7장 불교의 수행법

제 1 장

# 연기법

# 가상현실로 구현한 K팝 공연

지난 2014년 미래창조과학부는 동대문에 K팝(POP) 홀로그램(hologram) 전용 공연장 K라이브(K live)를 개소했고, 2015년에는 코엑스에 K팝이나 뮤지컬을 홀로그램으로 즐기는 상설공연장이 생겼다. 문화체육관광부가 2016년에는 싱가포르 센토사 섬에 'K팝 융복합 홀로그램 공연장'을 해외 최초로 선보이기도 했다.

이런 홀로그램의 발전은 점차 VR(가상현실), AR(증강현실) 서비스로 이어지고, 또 나아가 현실 세계를 가장 비슷하게 나타내고자 하는 실감 콘텐츠의 개발로 이어져, 사용자에게 시각·청각·촉각 등의 오감과 느낌, 감성까지 자극하여 실감(reality)있게 전달하는 다차원 콘텐츠로 이어지고 있다.

홀로그램, VR, AR, 실감 콘텐츠 등은 모두 실재처럼 보이는 가상현실과 관련되어 있다. 이것은 모두 실제로 있는 듯하지만, 사실은 가짜로 만들어진 것들이다.

첫 장부터 갑자기 신문 기사 같은 이 글을 쓰는 이유가 무엇일까? 바로 이렇게 현대사회를 들썩이게 하는 가상현실 기술이 사실은 너무도 이 현실 세계와 맞닿아 있기 때문이다. 믿어지지 않겠지만, 당신도, 당신의 몸과 마음, 그리고 인연 맺고 사는 타인들도, 또 이 세계도 모두가 저 홀로그램 입체상과 같은 가상의 현실이다! 다만 인연이 임시로 모여 진짜로 있는 것처럼 보일 뿐!

홀로그램이란 빛의 간섭 효과를 이용해서 어떤 대상 물체를 생생하게 3차원으로 구현해 낸 입체상이다.

연기(緣起)적으로 설명한다면, 빛이라는 인(因)에 다른 빛과 조건[緣]을 가해 줌으로써 새로운 입체상이라는 결과를 만들어 내는 것이다. 즉 인과 연이 화합해 새로운 홀로그램 입체 형상을 만들어 낸다.

그러나 이것은 가상이며 허상인 입체상일 뿐이다. 진짜처럼 보이지만 인과 연이 화합함으로써 만들어진 거짓된 허상일 뿐이다.

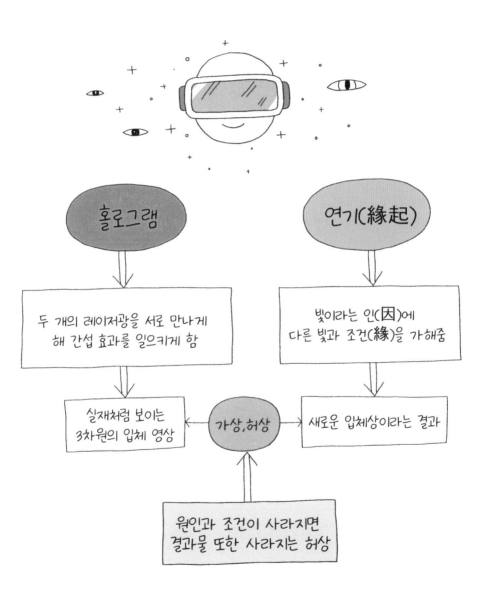

진짜처럼 보이는 가상 현실

홀로그램

연기(緣起)

두 개의 레이저광을 서로 만나게 해 간섭 효과를 일으키게 함

빛이라는 인(因)에 다른 빛과 조건(緣)을 가해줌

실재처럼 보이는 3차원의 입체 영상

가상,허상

새로운 입체상이라는 결과

원인과 조건이 사라지면 결과물 또한 사라지는 허상

# 무지개처럼 나도 세상도 진짜가 아니야

무지개는 '해를 등지고', '태양 고도가 40~42도이며', '앞쪽에 비가 온 뒤'라는 조건이 만족할 때 그 특정 조건 속에서만 관찰된다. 또한 무지개는 관찰자의 위치에 따라 다르게 보이며, 어떤 위치에서는 관찰되지 않는다.

실제로 내 바깥에 무지개라는 실체적인 대상이 있다면 동서남북 어디에서든 누구나 그 무지개를 볼 수 있어야 하겠지만, 무지개는 다만 원인과 조건이 맞을 때만 보이는 인연가합(因緣假合)의 허상일 뿐이다.

홀로그램과 가상현실, 무지개가 모두 이처럼 원인과 조건을 만족시켜 주면 임시적으로 나타나는 진짜처럼 보이는 허상일 뿐인 것처럼, 사실 이 세상의 모든 것들이 전부 다 인연 따라 만들어진 허상이라면 믿을 수 있을까?

불교의 핵심 교리인 연기법에서는 실재인 것처럼 보이는 이 세상의 모든 것들이 사실은 인과 연이 합쳐져서 있는 듯이 나타난 것일 뿐이라고 설한다.

불교교리 책에서 볼 수 있는 이 흔한 연기법의 정의를 우리는 별생각 없이 '그렇구나' 하고 지나가겠지만, 이 말은 사실 무척이나 당황스럽고 충격적인 가르침이 아닐 수 없다.

내가 이렇게 분명하게 있고, 내 바깥에는 세상이 저토록 생생하게 있는데, 이 모든 것들이 홀로그램, 무지개와 같은 허상일 뿐이라는 것이 아닌가?

연기적으로 볼 때 나는 내가 아니라 무아(無我)이며, 세상도 실제가 아니라 비실체이며 공(空)하다. 양자물리학에서도 나와 이 세상을 진짜로 존재하는 실체가 아니라, 홀로그램과도 같은 허상의 세계라고 설명하고 있다.

여러분 앞에 펼쳐져 있는 이 모든 세상이, 나와 나의 가족, 나의 직장 등 지금까지의 삶과 이 세상 모든 것이 사실은 실재가 아니라 내 마음에서 연기되어진 것일 뿐이다!

# 불교의 핵심 교리 연기법(緣起法)

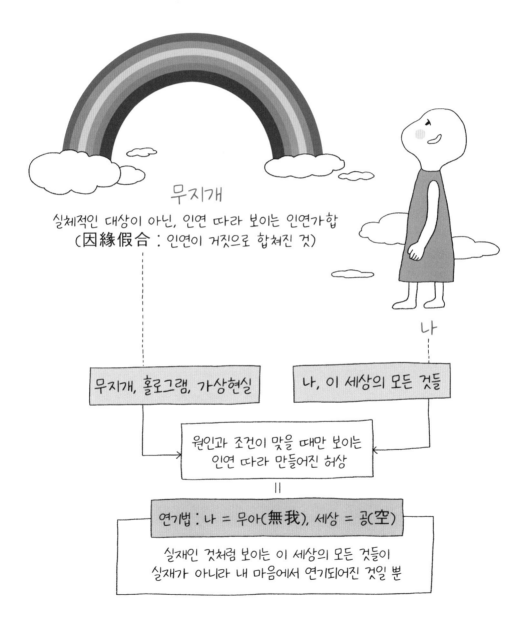

무지개
실체적인 대상이 아닌, 인연 따라 보이는 인연가합
**(因緣假合 : 인연이 거짓으로 합쳐진 것)**

나

무지개, 홀로그램, 가상현실

나, 이 세상의 모든 것들

원인과 조건이 맞을 때만 보이는
인연 따라 만들어진 허상

=

연기법 : 나 = 무아(無我), 세상 = 공(空)

실재인 것처럼 보이는 이 세상의 모든 것들이
실재가 아니라 내 마음에서 연기되어진 것일 뿐

# 양자물리학, 홀로그램과 불교

아주 큰 냄비를 하나 가지고 있다고 생각해 보자. 물이 담겨 있는 냄비의 수면 위로 세 개의 조약돌을 세 지점에서 동시에 떨어뜨린다. 그러면 조약돌은 떨어지면서 수면 위로 물결 파장을 형성해 나가고, 그 세 개의 파장이 간섭무늬를 만들어 낸다. 바로 그 순간, 간섭무늬가 만들어진 수면 부분만을 얇게 급속으로 냉각시켜 얼린 뒤 얇게 떼어낸다고 생각해 보자. 그러면 여기에 물결치는 간섭현상 무늬가 새겨진 동그란 얼음판이 하나 만들어졌다.

지금 우리에게 있는 것은 간섭무늬가 새겨진 얼음판 하나뿐이다. 그런데 홀로그램을 재생시킬 수 있는 빛의 장치를 만들어 얼음판의 한쪽에서 빛을 쏘아주면 반대편에 무엇이 나타날까? 그곳에는 애초에 떨어뜨렸던 조약돌 세 개가 삼차원 입체영상으로 나타나게 된다. 세 조약돌 사이의 거리, 조약돌의 모양, 개수, 크기 등 조약돌의 모든 정보가 삼차원 입체영상으로 생생하게 다시 재생된 것이다!

이 말은 표면의 얼음판이 단지 간섭무늬의 파동 정보만을 가지고 있을 뿐이지만 그 안에 조약돌 세 개와 관련된 모든 정보가 고스란히 담겨 있다는 것을 의미한다. 파동 안에 놀랍게도 모든 정보가 저장될 수 있다는 것이다!

이러한 놀라운 사실을 이 세상과 우주로 확장시켜 보자. 모든 파동은 그 속에 우주적인 일체 모든 정보를 담고 있다! 예를 들어, 지금 내 앞의 허공 속에도 수많은 전자파, 음파, 마이크로파, 지진파, 중력파 등의 파동이 있지만 눈에 보이지 않을 뿐이다.

라디오 전파나 TV 전파를 통해 수많은 TV 속 장면들이 지금 이 순간도 이 허공중에 가득하다. 단지 우리 눈은 파장의 범위 380나노미터(nm)에서 770나노미터까지의 가시광선만을 볼 수 있기 때문에 그 전후의 파장들은 인식되지 않는다.

그런데 이런 전자파나 물의 파동 등의 정보만을 담고 있는 것이 아니라 모든

## 파동이 정보를 저장한다

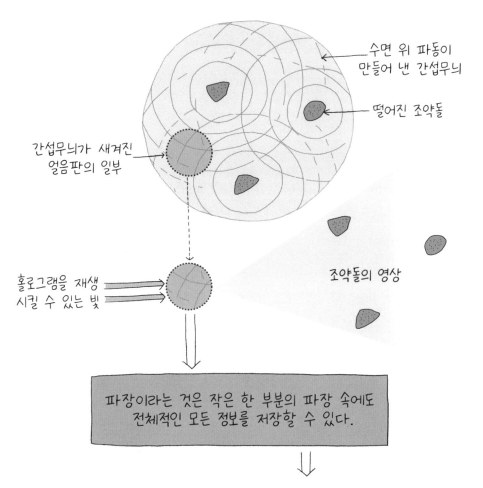

수면 위 파동이
만들어 낸 간섭무늬

떨어진 조약돌

간섭무늬가 새겨진
얼음판의 일부

홀로그램을 재생
시킬 수 있는 빛

조약돌의 영상

파장이라는 것은 작은 한 부분의 파장 속에도
전체적인 모든 정보를 저장할 수 있다.

나와 이 우주를 구성하고 있는 모든 것은
다양한 형식의 파동으로 이루어졌기 때문에,
결국 그 모든 것들 속에서 온 우주의
모든 전체 정보를 다 볼 수 있다.

형식의 파동이 다 그 속에 정보를 담고 있다. 그리고 이 세상 모든 것들은 쪼개고 쪼개다 보면 원자, 전자, 양자, 미립자 등의 물질 알갱이로 나뉘다가 결국은 파동이라는 에너지로 존재한다. 우리의 생각도 하나의 뇌파, 혹은 염파 같은 파동이다.

다시 얼음판으로 돌아가, 이 얼음판을 깨뜨려 보자. 조각난 얼음 조각 중 하나의 작은 조각을 들고서 동일하게 똑같이 한쪽에서 홀로그램을 재생시켜 주는 빛을 쏘아 준다. 그랬더니 깨진 작은 조각에서 깨지기 전의 동그란 얼음판과 동일한 현상이 벌어진다. 원래의 둥그런 큰 얼음판에 빛을 쏘아 줄 때와 똑같이 정확히 세 개의 조약돌의 모습이 그대로 삼차원 영상으로 재생되는 것이다.

다시 말해 어떤 간섭무늬라는 '파동'은 아무리 작은 부분일지라도 정확하게 그 대상의 정보 전체를 기억하고 있다.

물 한 방울 속에 이 세상과 우주에 관한 시공을 초월하는 일체 모든 정보와 삶의 이치가 다 담겨져 있다! 말 그대로 『화엄경』의 일즉일체다즉일(一卽一切多卽一), 일미진중함시방(一微塵中含十方), 즉 하나가 곧 전체이며 한 티끌 속에 시방세계 전체가 포함되어 있는 것이다.

현대 과학에서는 이러한 홀로그램의 삼차원 입체 영상과 동일한 방식으로 이 물질 우주인 세계가 구성되어 있다고 말한다.

조각과 파동 하나에서 전체를 볼 수 있듯이, 나라는 존재 속에서 이 우주 전체를 볼 수 있다는 것이다.

부처님께서는 이 우주의 이치를 깨닫기 위해서 우주가 시작하는 곳부터 끝나는 곳까지 다 다니면서 낱낱이 조사하고 살펴보고 해석하고 연구해서 이 우주의 모든 이치를 깨달은 것이 아니다. 단지 보리수나무 아래에 앉아서 마음 하나를 깨달았더니 우주 전체의 이치를 깨닫게 된 것이다. 그것이 가능한 이유가 바로 여기에 있다. 한마음 속에 이 우주 전체가 담겨 있고, 우주의 모든 이치와 진리가 담겨 있는 것이다.

# 티끌 속에 담긴 우주

온 우주의 모든 존재가 연기적으로 연결되어 있음을 제시하고 있는 몇몇의 실험과 사례들을 살펴보자.

『식물의 정신세계』에서는 식물을 연구하는 학자가 수백 킬로미터 멀리 떨어진 다른 도시에서 교통사고가 날 뻔하던 바로 그 순간에 연구실에 있던 식물의 검류계(檢流計) 파장이 급격하게 진동하며 떨었던 실험을 밝혀내기도 했다. 공간적으로 멀리 떨어져 있는데도 불구하고 식물은 자신에게 물을 주고 키워 주던 주인이 수백 킬로미터 떨어진 곳에서 교통사고가 나던 바로 그 순간을 알고 있었다는 것이다!

물리학자 라즐로는 거짓말 탐지 전문가인 백스터와 함께한 실험에서 진주만 전쟁 당시 해군 포병으로 참가했던 피실험자들 입에서 백혈구 세포를 채취하여 몇 십, 혹은 몇 백 킬로미터 떨어진 지점으로 옮겨 배양체에 거짓말 탐지기를 부착해 실험한 결과, 피실험자들에게 진주만 기습 TV 프로를 보여주자마자 마치 피실험자에게 부착된 것처럼 세포들이 격렬하게 반응을 한 사실을 알아냈다. 이 또한 우리 몸을 구성하고 있는 세포와 입자들 하나하나는 공간적인 이격에도 불구하고 서로 연결되어 있음을 증명해 주는 실험이다.

이처럼 공간적으로 멀리 떨어져 있음에도 불구하고 서로 영향을 주고받으며 연결시키는 상호 작용의 능력 혹은 특성을 양자물리학에서는 '비국소성(nonlocality)', '초공간성'이라고 부른다. 이러한 비국소성은 공간적으로 하나로 연결되어 있다는 차원을 넘어서서 시간적으로도 하나의 장으로 연결되어 있다.

의상 스님의 『법성게』에는 다음과 같은 게송이 있다.

"하나 속에 일체가 있고, 전체 속에 하나가 있어 하나가 곧 일체요, 전체가 곧 하나다. 한량없는 오랜 세월이 한 생각 찰나요, 찰나의 한 생각이 무량한 시간이다. 과거와 현재, 미래가 다른 듯하면서도 모두가 현재의 이 마음에 함께 있어서 얽힌 듯하지만 얽히지 않고 각각 뚜렷하게 이루어졌다.(一微塵中含十方 一切塵中亦如是 無量遠劫卽一念 一念卽是無量劫 九世十世互相卽 仍不雜亂隔別成)"

이는 공간적인 초공간적 연결성〔일미진중함시방〕과 시간적인 비국소적 연결성〔일념즉시무량겁〕, 즉 시간·공간적으로 모든 것은 완전히 연결되어 있음을 의미하며, 그 모든 것이 이 한 마음 속에 함께 있어서 얽힌 듯하지만 얽힘 없이 뚜렷하게 이 세상을 이루고 있음을 뜻한다.

조금 더 나아가 보자. 이처럼 모든 것을 연결시키는 근본적인 차원의 에너지 장을 영점장(zero-point field) 혹은 정보장(field of information)이라고 말한다. 영점장이란 양자물리학의 주요 개념으로 허공이 텅 비어 있어서 아무것도 없는 것이 아니라 이러한 비국소성을 가능하게 하는 온갖 정보와 능력·특성을 다 갖추고 있으며, 우주의 모든 것을 연결시키는 장일 뿐 아니라 시간·공간을 초월하는 일체 모든 정보를 고스란히 담고 있는 장이기도 하다.

영점장으로써 일체 모든 존재는 시간적·공간적으로 완전히 연결되어 있다. 또한 이 영점장에는 공간적으로 이 우주의 모든 정보가 가득 차 있으며, 시간적으로 이 우주 역사와 인간 개개인의 모든 역사적 정보가 고스란히 다 담겨 있다.

결과적으로 홀로그램 영상이라는 비실체적 현실세계가 영점장이라는 바탕 위에 나타나고 있는 것이 바로 우리가 살고 있는 이 세계의 본 모습이라고 양자물리학에서는 보고 있는 것이다. 그리고 그 모든 홀로그램 영상이라는 물질현실은 서로서로가 따로따로 나뉘는 것이 아니라 서로 깊이 연결되어 있으며, 하나의 파동 속에 우주 전체의 모든 정보를 담고 있는 구조를 띠고 있는 것이다.

이것을 『홀로그램 우주』라는 책에서는 이렇게 표현하고 있다.

"홀로그램의 모든 부분들이 전체상을 담고 있는 것과 똑같이 우주의 모든 부분이 전체를 품고 있다. 이것은 우리가 접근할 방법만 안다면 왼손 엄지손톱 속에서 안드로메다 은하계를 발견할 수 있다는 뜻이다… 우리 몸의 낱낱의 세포들도 그 속에 우주를 품고 있다."

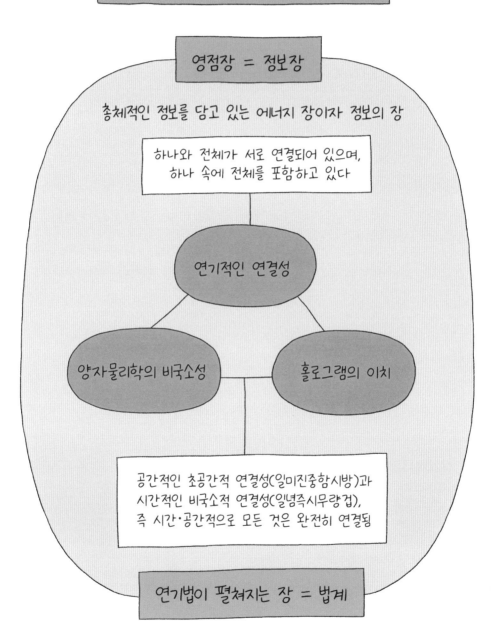

하나가 전체를 포함하고 있다

영점장 = 정보장

총체적인 정보를 담고 있는 에너지 장이자 정보의 장

하나와 전체가 서로 연결되어 있으며,
하나 속에 전체를 포함하고 있다

연기적인 연결성

양자물리학의 비국소성

홀로그램의 이치

공간적인 초공간적 연결성(일미진중함시방)과
시간적인 비국소적 연결성(일념즉시무량겁),
즉 시간·공간적으로 모든 것은 완전히 연결됨

연기법이 펼쳐지는 장 = 법계

# 연기란 무엇인가

『중아함경』에서는 연기(緣起)를 다음과 같이 설하고 있다.

"연기를 보면 곧 진리를 본 것이요, 진리를 보면 곧 연기를 본 것이다."

연기의 어원은 팔리어에서 온 것인데 이는 'paticca samuppada'라고 하여 'paticca'는 '~때문에', '~로 말미암아'라는 뜻이고, 'samuppada'는 '일어나다'라는 의미이다. 즉 연기는 '~로 말미암아 일어나다', '~때문에 생겨나다'라는 의미이다.

연기의 산스크리트어 또한 'pratitya samutpada'로서 'pratitya'는 '~때문에', '~에 의해서', '~로 말미암아'라는 의미를 가지고 있고, 'samutpada'는 태어남, 형성, 생김이라는 뜻을 가지고 있어, 마찬가지로 '~로 말미암아 생기는 것'임을 알 수 있다. 즉 이 세상의 모든 존재는 독자적으로 저 홀로 생겨나는 것이 아니라 무언가로 말미암아 생기고, 무언가에 의해서 의존해서 생기는 것이라는 뜻이다.

『맛지마 니까야』와 『잡아함경』에서 이 연기법의 전형으로 평가되는 경구를 볼 수 있다.

"이것이 있으므로 저것이 있고, 이것이 생함으로 저것이 생한다. 이것이 없으면 저것도 없고, 이것이 사라지면 저것도 사라진다."

'이것이 있으므로 저것이 있고, 이것이 생함으로 저것이 생한다.'는 것은 일체 모든 존재와 상황은 과연 어떻게 생겨나는가 하는 생성과 발생을 설명하고 있으며, '이것이 없으면 저것이 없고, 이것이 사라지면 저것도 사라진다.'는 것은 일체 모든 존재와 상황은 어떻게 소멸하는가를 설명하고 있다.

또한 '이것이 있으므로 저것이 있고, 이것이 없으면 저것도 없다'는 것은 연기의 공간적인 표현이며, '이것이 생함으로 저것이 생하고, 이것이 사라지면 저것도 사라진다'는 것은 연기법의 시간적인 표현으로 볼 수 있다.

연기법의 정형구를 조금 더 자세히 살펴보자.

첫째, '이것이 있으므로 저것이 있다'는 것은 존재와 상황의 발생에 대한 공간적인 표현으로, 이 세상의 모든 존재들과 존재가 만들어 내는 상황들은 어떤 한 가지도 우연히 만들어지거나 홀로 독자적으로 생겨나는 법은 없으며, 공간적인 연관 관계에 의존한다는 것을 의미한다.

마찬가지로 '이것이 생함으로 저것이 생한다'는 것은 존재와 상황의 발생에 대한 시간적인 표현으로, 이 세상의 모든 것들은 시간적인 연관 관계에 의존한다는 것을 의미한다. 즉 이는 '존재와 상황의 발생'에 대한 연기적인 시공간적 표현이다.

'이것이 없으면 저것도 없다'는 것은 존재와 상황의 소멸에 대한 공간적인 표현으로, 이 세상의 모든 존재의 소멸과 존재가 만들어 내는 상황의 소멸들은 어떤 한 가지도 우연히 사라지거나 홀로 독자적으로 소멸하는 법은 없으며, 공간적인 연관 관계에 의존한다는 것을 의미한다.

마찬가지로 '이것이 사라지면 저것도 사라진다'는 것은 존재와 상황의 소멸에 대한 시간적인 표현으로, 이 세상의 모든 것들은 시간적인 연관 관계에 의존한다는 것을 의미한다. 즉 이는 '존재와 상황의 소멸'에 대한 연기적인 시공간적 표현이다.

이처럼 연기법에서는 삼라만상이라는 모든 존재의 생성과 소멸, 즉 생(生)과 사(死)에 대한 시간 · 공간적 연기 관계를 보여주고 있다.

생사법(生死法: 생겨나고 사라지는 것들)은 저 홀로 실체성을 가지고 생겨나고 사라지는 것이 아니라, 상의상관적인 관계로서만 존재할 수 있다는 것이다. 거기에 독자적인 '나'는 없다. 무아(無我)!

'나'뿐 아니라 이 세상 모든 것들이 진짜로 있는 것이 아니라 연기법적인 연결성으로 잠시 동안만 있는 것처럼 보일 뿐이다.

# 무분별과 불이중도

'이것이 있으므로 저것이 있고, 저것이 있으므로 이것이 있다'는 사실은 곧 '이 것'과 '저것'은 서로에게 기대어 있음으로써 존재함을 뜻한다. 곧 '이것'과 '저것'은 떼어 놓으려고 해도 떼어 놓을 수 없는 관계, 즉 '하나'임을 뜻한다. '이것'은 '저것'에 의해 '이것'일 수 있고, '저것'은 '이것'에 기대어 '저것'일 수 있다. '이것' 과 '저것'은 동시생(同時生) 동시멸(同時滅)이다. 불이(不二)의 관계다.

이것을 확장해 보면, '나'는 '너'에 의해 '나'일 수 있으니, '나'와 '너'는 둘이 아 닌 하나다. '크다'는 '작다'에 의해 '크다'일 수 있으니, '크다'와 '작다'는 둘이 아 닌 하나다. '나'는 '나 아닌 것들'에 의해 '나'일 수 있으니, '나'와 '나 아닌 것들' 은 둘이 아니다. '나'는 '나 아닌 것들' 즉 이 우주 만물 전체와 둘이 아닌 하나다.

이러한 연기적인 지혜 없이 세상을 보면, 세상은 나와 너, 아군과 적군, 좋고 나쁨, 옳고 그름, 앞뒤, 고저, 대소, 장단 등 무수히 많은 둘로 분별되지만, 이 연 기적인 지혜에서 그 양변인 것처럼 보이는 극단은 사실 둘이 아니다.

그럼에도 연기적인 지혜가 없는 중생들은 '하나'인 진실은 보지 못한 채, '이 것'이 아닌 '저것'에만 집착하고, '이것'을 버리고, '저것'만을 취하려고 애쓴다. 이와 같이 분별과 취사간택심(取捨揀擇心)이 일어나는 이유는 바로 연기법에 무지 하기 때문이다.

연기법으로 세상을 보면 차별심을 버리게 되고[無分別], 세상을 있는 그대로 봄 으로써[正見], 치우치지 않고 보게 되고[中道], 온 우주 삼라만상은 분별 없는 대 평등심의 하나라는 진실이 드러난다.

그럼으로써 '이것'과 '저것'의 양변을 나누고 분별하고 차별하지 않은 채 있는 그대로 봄으로써 어느 것도 취하거나 버리지 않고, 있는 그대로 허용하게 된다. 있는 그대로를 있는 그대로 받아들이게 된다.

## 존재의 발생과 소멸의 연기 법칙

이것이 있으므로 저것이 있고, 이것이 생하므로 저것이 생한다.
이것이 없으면 저것도 없고, 이것이 사라지면 저것도 사라진다.

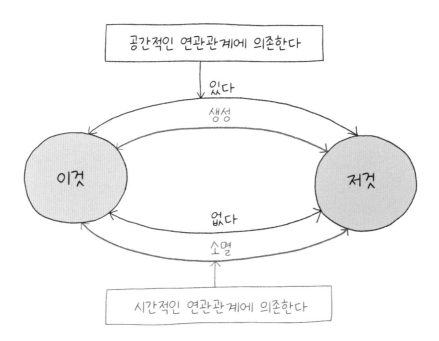

연기법으로 본다면 생겨나고 사라지는 모든 것들은
저 홀로 실체성을 가지고 생겨나고 사라지는 것이 아니라,
이것이 있으므로 저것이 있는
상의상관적인 관계로서만 존재할 수 있다.

# 법法의 두 가지 의미

불교에서는 일체 모든 것, 삼라만상을 부를 때, 생겨나고 사라지는 것들이라는 의미로 '생사법(生死法)'이라는 용어를 쓴다. 여기에서 법(法)이라는 용어의 뜻에 대해 주목할 필요가 있는데, 통상 법은 두 가지 의미로 쓰인다.

첫째는 '진리'의 뜻이고, 둘째는 '존재'의 뜻이다. 첫째의 진리의 의미로 쓰일 때 연기법을 의미하고, 둘째 존재의 뜻으로 쓰일 때 '연기하는 모든 것들'의 뜻으로 쓰인다. 보통 '존재', '연기하는 것들'의 의미로 쓰일 때 소문자 'dhamma'로 표현하고, '진리', '연기법', '부처님 말씀'의 의미로 쓰일 때 대문자 'Dhamma'로 표현하기도 한다.

결국 존재가 곧 진리이고, 진리가 곧 존재다. 생겨나고 사라지는 모든 것들은 모두 연기법의 진리에 따라 생겨나고 사라지기 때문이다. 그래서 대승불교에서도 생사즉열반(生死卽涅槃), 번뇌즉보리(煩惱卽菩提)라고 설했다.

현실의 만물을 볼 때, 바로 거기에서 진실을 볼 수 있어야 한다. 눈에 보이는 모든 것들이 보이는 그대로 진리다. 다만 중생은 연기법을 온전히 깨닫지 못했기 때문에, 분별망상이라는 허망한 의식을 통해 현실을 왜곡하여 볼 뿐이다. 볼 때 볼 뿐이 되지 못한다.

있는 그대로를 자기 식대로 의식의 필터로 해석해서 바라본 뒤에, 그것을 판단하고 대조하고 분별하여 좋고 나쁜 것으로 둘로 나누어 놓는다. 그런 뒤에 좋은 것에는 집착하고, 싫은 것은 거부하면서 취사간택심(取捨揀擇心)을 일으키는 것이다. 이것이 바로 분별망상이고, 양 극단으로 치우친 극단이요, 취사심이다.

이것을 바로잡고자 부처님께서는 '있는 그대로를 있는 그대로 보라'[위빠사나, 정견]고 하셨고, '극단에 치우치지 말고 중도(中道)로 보라'고 하셨으며, 바로 그렇게 있는 그대로 볼 때 곧 연기중도로써 바라보게 됨을 설하셨다.

# 법(法)의 두 가지 의미

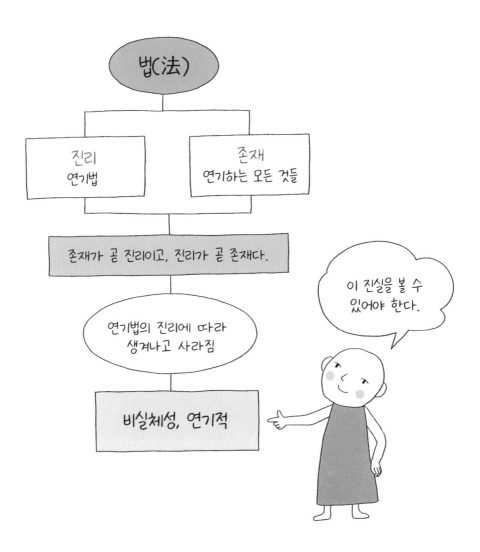

# 연기·무아·자비·중도는 하나

불교의 모든 교리와 사상은 사실 하나의 진리에 대한 다양한 설명이다. 모든 가르침은 곧 달을 가리키는 손가락이며, 강을 건너는 뗏목과도 같다. 연기(緣起)가 곧 무아(無我)이며, 이것이 곧 자비(慈悲)이고 중도(中道)이다.

'이것이 있으므로 저것이 있다'는 연기의 법칙은 큰 것이 있으므로 작은 것이 있고, 옳은 것이 있으므로 틀린 것이 있고, 중생이 있으므로 부처가 있고, 이런 식으로 우리가 분별하는 모든 분별의 생각들을 거두어, 사실은 이 모든 것이 둘이 아니게 연결되어 있음을 설하고 있다. 이를 초기불교에서는 중도(中道), 대승불교에서는 불이중도(不二中道), 선불교에서는 일심(一心)이라고 표현하기도 한다.

볼펜은 긴 것일까, 짧은 것일까? 있는 그대로 보면 긴 것도 짧은 것도 아니다. 그러나 볼펜 옆에 긴 막대기라는 인연이 오면 작고, 반대로 성냥개비라는 인연이 오면 길다. 즉 연기적으로만 길거나 짧을 수 있을 뿐, 그것 자체에 고정된 실체성이 없다. 연기이며 무아(無我)다. 여기에서 무아라고 하는 것은 '그것 자체라고 할 만한 고정된 실체성을 지닌 존재는 없다'는 뜻이다.

그렇기에 볼펜을 가지고 '길다'고 해도 극단이고, '짧다'고 해도 극단이다. 양극단에 치우치지 않는 중도적인 견해야말로 지혜로운 견해이며, 연기적인 관점이다.

이처럼 연기법에서 보면, 일체 모든 것들은 전부 비실체성을 띠며, 무아적 존재다. 그렇기에 어떤 것에 대해서도 양 극단으로 판단하지 않고 중도로 볼 수 있어야 한다.

사람에 대한 판단도 마찬가지다. "그 사람 어때?" 하고 물으면, "키 크고, 성격 좋고, 능력도 있고, 외모도 잘생겼고, 돈도 많아."라는 식으로 답한다. 그러나 키가 큰지 작은지 정말 알 수 있을까? 큰 사람들 사이에 있으면 작고, 작은 사람들

사이에서는 클 뿐이다. 성격도 인연 따라 어떤 경우에는 좋고, 다른 경우에는 나쁠 수도 있다. 어떤 사람에게는 1억도 많은 돈이지만 어떤 사람에게는 100억도 부족한 금액일 수도 있다. 상대적이고, 연기적이기 때문이다.

그러니 연기적으로 중도적으로 상대방을 볼 때에는 그렇게 '결정론적으로' 크다거나 작다고, 성격이 좋다거나 나쁘다고, 능력이 있다거나 없다고, 돈이 많다거나 작다고 말할 수가 없다.

물론 필요에 따라 크다고도 작다고도 말할 수는 있겠지만 중도로 보면, 그런 차별 분별심에 집착하지 않게 된다. 이것이 바로 '집착하지 않고 마음을 내는' 수행자의 마음자세다. 『금강경』에서는 이를 '응무소주이생기심(應無所住而生其心)' 즉 '머무는 바 없이 마음을 내라'고 했다. 다른 말로 하면 '하되 함이 없이 하라'는 것으로, 이를 무위법(無爲法)이라고도 한다. 즉 마음을 내지 않을 수는 없다. 좋다고도 말하고, 나쁘다고도 말하지만, 내면의 지혜에서는 그런 판단에 집착하지 않는 것이다. 이것이 바로 연기법을 실천하는 자세이고, 무아와 중도의 실천이다.

이렇게 연기·중도·무아를 실천하면, 그를 있는 그대로 볼 뿐, 다른 사람과 비교하지 않게 된다. 비교할지라도 거기에 집착하지 않는다. 그래서 연기·중도·무아로써 보는 것은 곧 '있는 그대로를 있는 그대로 보는 것'이다. 이것이 곧 위빠사나요, 사념처(四念處) 수행이고, 정견(正見)이며 정념(正念)이다.

이처럼 있는 그대로 바라보고 대해 주는 것이 바로 불교에서 말하는 동체대비심(同體大悲心), 즉 자비심이다. 판단해서 보는 것이 아니라 판단 분별 없이 있는 그대로 바라봐 주는 것이 진정한 사랑이고 자비다.

이것이 곧 둘이 아닌 하나, 즉 중도적으로 보는 것이며, 그렇듯 둘로 나누지 않고 바라볼 때, 결국 둘이 아닌 하나로 보게 된다. 동체대비심이라고 할 때의 '동체(同體)'가 바로 '한몸'으로 본다는 뜻이다.

이처럼 세상을 연기적으로 보면, 실체성을 부여하지 않게 되고, 과도하게 집착하지 않게 된다. 그 어디에도 치우치지 않는 중도가 실천되고, 참된 자비가 실천된다.

# 인연생기, 인연화합

연기법과 흔히 혼용하여 쓰는 것으로 인연(因緣)이라는 말이 있는데, 사실 연기는 인연생기(因緣生起), 혹은 인연소기(因緣所起)의 줄인 말이다. 인과 연으로 말미암아 일어난다, 인과 연이 화합함으로 일어난다는 의미다. '인(因)'은 결과를 발생케 하는 직접적인 원인이고, '연(緣)'은 간접적이며 보조적인 원인이라는 뜻으로 친인소연(親因疏緣)이라는 말을 쓰기도 한다.

예를 들어 식물의 직접 원인인 '인'은 씨앗이고, 간접 원인인 '연'은 거름과 흙과 태양과 공기와 물과 농부의 노력 등 식물을 싹 틔우게 하고 열매를 맺게 하는 간접적인 일체의 원인이다.

식물 하나를 꽃피우는 데 태양과 바람과 구름과 모든 멀고 가까운 온갖 조건과 원인들이 수도 없이 많은 보조적인 원인으로 작용한다. 나아가 온 우주 전체가 꽃 한 송이를 피우는 데 연으로써 작용했다고도 볼 수 있다.

물은 인연 따라 비로도 내렸다가 눈이나 우박으로도 내린다. 인연 따라 나무의 수액도 되었다가 사람 몸의 피땀도 되고, 하늘의 구름도 되었다가 강이나 바다로 흘러들기도 한다. 실체 없이 다만 인연 따라 변화해 갈 뿐이다. 무상(無常)·무아·공(空), 연기다.

인간의 생로병사(生老病死), 존재의 생주이멸(生住異滅), 우주의 성주괴공(成住壞空)도 마찬가지다.

별의 탄생도 별과 별 사이의 성간물질이라고 하는 '인'이 빛과 탄소와 그로 인한 수축 등의 다양한 '연'을 만나면서 빛을 발하고 핵융합 반응을 하면서 인연 따라 만들어지는 것이며, 그러한 모든 별들은 만들어졌다가 머무는 단계를 거친 뒤에는 어김없이 핵융합 반응의 원료인 수소를 다 쓰게 되어 소멸될 수밖에 없다.

이처럼 일체 모든 것들은 인연 화합의 법칙에 적용을 받는다.

# 연기 = 인연화합의 법칙

연기는 인연생기(因緣生起), 혹은 인연소기(因緣所起)의 줄인 말
인과 연으로 말미암아 일어난다, 인과 연이 화합함으로 일어난다는 의미

### 인연화합

| 인(因)<br>결과의 직접적인 원인 | + | 연(緣)<br>간접적이며 보조적인 원인 | 결과 |
|---|---|---|---|
| 씨앗 | + | 거름, 흙, 태양, 공기,<br>물, 농부의 노력 … | 식물 |
| 우유 | + | 발효과정 | 치즈 |
| 물 | + | 인연 따라<br>비/눈/우박/수액/땅/구름/강/바다 … | |
| 인간의 생로병사, 우주의 성주괴공도 우주의 일체 모든<br>생성된 것들은 모두 인연화합의 법칙에 적용 받는다. | | | |

# 무無인데, 인연 따라 유有가 생겨났다

모든 것은 본래 텅 비어 있는 공(空)이었지만, 인과 연을 만나면 생성된다. 이렇게 말하면 사람들은 의심한다. 아무것도 없는 것이 어떻게 인과 연을 만난다고 해서 결과를 발생케 할 수 있느냐는 것이다. 아무것도 없는 공이지만, 무(無)이지만, 인연을 만나면 결과를 이룬다는 이 사실에 대해 단적으로 설명해 줄 수 있는 비유로 불의 비유가 있다.

나무와 나무가 있다고 했을 때, 이 나무와 나무(因)를 인위적으로 비벼줌(緣)으로써 우리는 여기에서 불(果)을 얻을 수 있다. 본래 나무와 나무 사이에 불이 있었던 것은 아니며, 그렇다고 공기 중에 불이 있었던 것도 아니고, 비벼 주는 손에 불이 있었던 것도 아니다. 그러나 우리가 나무라는 인(因)에 힘을 가하여 비벼주는 연(緣)으로 인해 불이라는 결과(果)를 만들어 낼 수 있다.

불이 만들어진 것은 나무 때문만도 아니고, 공기 때문도 아니며, 비벼 주는 손 때문만도 아니다. 다만 나무와 공기와 손, 그리고 습도며 주변 여건 일체가 인연 화합하여 모일 때에만 불이라는 결과를 생(生)하게 한다. 모든 존재 또한 이와 마찬가지로 인연생기(因緣生起)하여 나타나며 인연이 다하면 소멸(消滅)된다.

우리는 흔히 생명의 탄생에 대해 창조론이냐 진화론이냐를 가지고 논쟁하지만, 사실은 인연 따라 생겨나고 인연이 다하면 소멸될 뿐이다.

세상 모든 것이 마찬가지다. 모든 것은 다만 인연이 모이면 생성되고 인연이 다하면 흩어진다. '이것이 생함으로 저것이 생하고, 이것이 멸함으로 저것이 멸한다'는 인연법, 연기법의 이치에 따라 생성·소멸될 뿐이다.

그래서 경전에서는 "유(有)는 원래 스스로 무(無)인데, 인연으로 이룬 바이다"라고 했다.

# 인과因果—끌어당김의 법칙

연기법을 원인과 결과의 상관성의 측면에서 살펴본 말로 인과(因果), 인과율(因果律) 혹은 인과응보(因果應報)라는 말이 있다. 원인이 있으면 그 원인에 대한 필연적인 결과가 있게 마련이라는 의미다. 이를 선인선과 악인악과(善因善果 惡因惡果)라고 부르기도 한다.

그러나 인과율이 연기법에 포함되기는 하지만 연기와 인과가 동일한 개념은 아니다. 연기법은 '이것'으로 인해 '저것'이 있고, 또한 '저것'으로 인해 '이것'이 있다는 상의상관적 관계인 데 반해, 인과는 '이것'이 있으므로 '저것'이 있을 수 있다는 직선적이고 시간적인 인과율을 의미한다.

씨앗이라는 인(因)과 흙과 거름과 물 등의 연(緣)이 화합하여 열매를 맺고[果] 그 열매를 우리가 먹음으로써[報] 생명을 유지시켜 나갈 수 있다. 인과에서 본다면 직접적인 원인인 인과 간접적인 원인인 연이 모두 어떤 한 결과를 맺는 원인으로 작용했으므로 이 두 가지를 다 '인'이라고 볼 수도 있다. 그렇기에 씨앗이라는 '인'으로 인해 열매라는 '과'를 맺은 것도 인과이며, 농부의 노력이라는 '인'으로 열매라는 '과'를 맺은 것도 인과이다. 이처럼 인과는 인간 간, 사물 간에도 작용하고, 인간과 사물 간 등 생명이든 아니든 모든 존재들에게 해당되는 자연법칙이다.

그런데 특별히 인간의 의지적인 노력과 그에 따른 결과라는 인과를 별도로 업보(業報)라고 설명하기도 한다. 즉 인간의 의지적인 행위라는 원인[因]을 '업'이라고 부르며, 그러한 의지적인 업에 따른 필연적인 대상의 반응을 '보'라고 한다. 이것을 업인과보(業因果報) 혹은 인과업보(因果業報)라고도 부른다.

이것이 바로 뒤에서 설명될 십이처(十二處) 교리에 입각한 주체적인 인간의 육근(六根)과 객관적인 대상이라는 육경(六境) 사이의 법칙인데, 인간이 눈·귀·코·

혀·몸·뜻으로 능동적이고 의지적인 작용을 일으키면〔因〕 색·성·향·미·촉·법(色聲香味觸法)이라는 대상은 필연적으로 그에 따른 반응〔果〕을 보인다는 것이다. 인과의 대상은 일반적으로 자연물을 말하고 있지만 인간과 인간 사이에서도 성립된다. 선인선과 악인악과가 말해 주듯이 내가 상대방에게 선으로 대하면 선의 결과가 돌아오지만, 악한 행위를 하면 악의 결과가 돌아온다.

이러한 인과업보의 법칙은 요즘 끌어당김의 법칙 혹은 균형의 법칙이라는 표현으로도 잘 알려져 있다. 영화 〈아바타〉에서 여주인공 네이티리가 "에이와(신)는 누구의 편도 들지 않아. 다만 삶의 균형을 맞출 뿐이지."라고 했던 말이 바로 균형의 법칙을 설명하고 있는 쉬운 예다.

쉽게 말해, 내가 누군가의 돈을 훔치면 이 우주는 그 두 사람 사이의 균형을 맞추는 쪽으로 흐르기 때문에 나에게서 돈을 빼앗아 가고, 욕을 하면 욕을 얻어먹을 일이 생겨나며, 칭찬을 하면 칭찬받을 일들이 생겨난다는 인과업보의 원리를 설명하고 있다.

『시크릿』이라는 책에서는 인과업보를 '끌어당김의 법칙'이라고 설명한다. 그러나 끌어당김의 법칙이라는 표현은 '내보내는 것'보다는 '받는 것'에 중점을 둔 표현이다. 인(因)보다는 과(果)에, 업(業)보다는 보(報)에, 원인보다는 결과에 무게 중심을 둔 것이다.

당연히 사람들은 '좋은 업을 지어라'는 말보다는, '좋은 결과를 얻을 수 있다'는 표현 방식에 더 열광한다.

불교는 정공법으로 좋은 업을 지으라고 말한다. 내가 무엇을 실천해야 하는지, 어떤 삶을 살아야 하는지에 대해서 관심을 두는 것이다.

그래서 불교적으로 말하면, 끌어당김의 법칙은 곧 '내보냄의 법칙'이다. 좋은 업을 내보내야 좋은 과보를 끌어당길 수 있기 때문이다. 내보내는 것이 곧 끌어당겨지는 것이며, 주는 것이 곧 받는 것이다.

## 주는 것이 곧 받는 것, 내보냄의 법칙

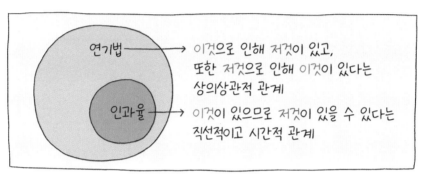

연기법 → 이것으로 인해 저것이 있고,
또한 저것으로 인해 이것이 있다는
상의상관적 관계

인과율 → 이것이 있으므로 저것이 있을 수 있다는
직선적이고 시간적 관계

씨앗(인) + 흙,거름,물 등(연) = 열매(과)

⇓ ⇓

직접적인 원인 + 간접적인 원인

인 + 과 = 인과(因果)

‖

업보(業報)

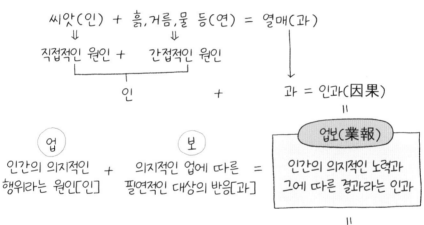

업 + 보 = 업보(業報)

인간의 의지적인 + 의지적인 업에 따른 = 인간의 의지적인 노력과
행위라는 원인[인] 필연적인 대상의 반응[과] 그에 따른 결과라는 인과

‖

인과업보의 법칙 ⇐ 업인과보(業因果報) = 인과업보(因果業報)

‖

끌어당김의 법칙 = 균형의 법칙: 결과에 무게 중심

‖

내보냄의 법칙 (불교적 표현): 원인에 무게 중심

내보내는 것이 곧 끌어당겨지는 것, 주는 것이 곧 받는 것

# 연기법의 생활 실천

## 감사와 찬탄

연기법은 '모든 것은 서로 연결되어 있다'는 사실을 보여준다. 그들, 그것이 있기에 내가 있고, 또한 내가 있기에 그들, 그것이 있다.

내가 잘나서 이렇게 잘 자랐다고 생각하는 것처럼 오만한 생각이 있을까? 내가 잘나서가 아니라 삼라만상 일체의 모든 존재들이 나를 돕고, 나를 살려 주었기 때문에 내가 있는 것이다.

연기적인 자각은 이처럼 우리를 따로따로 떨어진 저 혼자 잘난 개별적 존재로 보지 않고, 연결된 전체로서의 하나로 보게 함으로써, 나를 있게 한 일체 만법에 무한한 감사와 찬탄을 보내게 한다.

## 보시, 자비로운 나눔

일체 모든 존재들이 자비로운 보살핌으로 나를 살려 주었다면 그들에게 우리가 할 수 있는 것은 바로 보시와 나눔이다. 그들이 있기에 내가 있다면 이 연기적인 삶에 나와 너라는 분별은 사라진다. 내가 곧 너이고 네가 곧 나이며, 내가 곧 우주이고 우주가 곧 나일 수밖에 없는 동체(同體)적인 한 생명의 드라마가 펼쳐진다.

연기적인 관점에서 본다면, 이 세상의 어떤 사람이 기아와 가난에 허덕인다면 그것은 곧 내가 기아와 가난에 허덕이는 것과 다르지 않다. 그러니 어찌 베풀지 않을 수 있겠는가. 내가 상대방에게 보시를 행하는 것은 곧 내가 나 자신에게 보시하는 것이다. 상대방에게 '주는 것'은 곧 내가 '받는 것'이다.

이러한 동체대비(同體大悲)야말로 연기적인 자각 속에서 꽃피어나는 상(相) 없는 자비이며 무주상보시(無住相布施)다.

## 수용, 받아들임

연기법의 세계에서 보면, 나에게 주어진 현실 또한 엄연한 인과응보의 결과일 뿐이다. 언뜻 보기에는 억울하고 불평등한 것 같을지라도 그것은 엄연한 인과의 법칙 속에서 벌어진 일들이다.

이러한 연기와 인과의 법칙을 믿는다면 우리가 할 수 있는 일은 우리 앞에 펼쳐진 그 모든 것들을 통째로 받아들이는 것밖에 없다. 그 어떤 현실도 원인 없이, 이유 없이 나타날 수는 없기 때문이다.

지을 때는 복도 짓고 죄도 짓지 않았는가. 그렇기에 우리의 삶을 보면 좋은 일도 있고 나쁜 일도 있게 마련이다. 지을 때는 선행과 악행을 함께 지어 놓고 받을 때는 선행의 결과만 받고자 한다면 얼마나 어리석은 일인가.

내 앞에 펼쳐진 그 모든 현실을 받아들이라. 거부하지 말라. 즐거운 일은 과거에 지어 놓은 선의 결과를 받는 것이니 즐겁게 받아들이고, 괴로운 현실은 과거에 지어 놓은 악업의 결과를 받는 것이니 이 또한 받아들임으로써 악업을 녹일 수 있는 절호의 기회를 맞는 것이다.

참된 수용은 '내가' '그것을' 받아들이는 것이 아니다. 불이법의 수용은 곧 삶과 통째로 하나로 계합하는 것이다. 분별 없이 온전히 받아들이는 것이다. 이것이 곧 중도의 실천이다.


## 무집착, 내려놓음

이 세상 모든 것은 끊임없이 연기하며 변화하기에 영원한 것은 없다. 붙잡아 집착할 만한 가치가 있는 것은 어디에도 없다. 그럼에도 사람들은 끊임없이 집착하고, 그것이 소멸될 때 괴로워하며 아파한다. 언젠가 떠날 것이 분명하다면 붙잡아 집착할 이유는 없지 않을까?

인연 따라 잠시 생겨난 것을 내 것이라고 붙잡으면 남는 것은 괴로움뿐이다. 연기적인 삶이란 방하착(放下著)이요, 집착을 내려놓는 삶이다.

## 관, 깨어 있는 관찰

부처님께서는 어떻게 연기법이라는 이치를 깨닫게 되셨을까? 그것은 이 세상에 대한 온전한 관찰, 관조(觀照)에 있다. 분별 없고 치우침 없는 관찰에 있다. 중생들은 있는 그대로의 현실을 '자기 식대로', '의식으로 걸러서' 해석해서 왜곡되게 바라보지만, 부처님은 그저 '있는 그대로를 있는 그대로 본 것'일 뿐이다.

이러한 '있는 그대로를 분별 없이 보는' 관(觀)수행, 위빠사나야말로 나와 내 밖의 우주에 대한 지혜로운 통찰을 가져다 준다.

## 공존, 조화로운 삶

현대의 환경문제와 기상이변 등의 근본적인 원인은 인간과 자연을 둘로 나누고, 인간이 자연보다 우월하다는 인간 중심주의에 따라 인간의 편리를 위해 자연을 함부로 훼손하는 것을 정당화하면서부터 시작되었다.

연기적인 가르침 안에서는 인간이 자연을 소외시키거나 파괴시킬 수 없고, 자연을 파괴하는 것이 곧 인간을 파괴하는 것이라는 동체적이고 상의상관적 지혜가 생겨날 수밖에 없다. 이것이 소멸되면 저것이 소멸된다.

그러므로 연기법의 실천은 인간과 자연이 상의상관적이며 동체적인 관계로서 둘이 아니라는 불이(不二)와 자비의 정신에 따라 내 몸처럼 자연을 아끼고 보호하게 되는 결과를 가져온다.

# 연기법의 생활 실천

### 감사와 찬탄

나는 저 혼자 잘난 개별적 존재가 아닌
전체로서 연결된 하나이기에, 나를 있게 한
일체 만법에 무한한 감사와 찬탄을 보낸다.

### 보시, 자비로운 나눔

너와 내가 둘이 아닌 동체대비(同體大悲),
베풀었다는 데 머물지 않는 무주상보시

### 수용, 받아들임

연기법으로서 내 앞에 펼쳐진 그 모든 현실을
거부하지 말고 받아들이기

### 무집착, 내려놓음

인연 따라 오고 가는 것일 뿐, 집착할 것이 없다.

### 관(觀), 깨어 있는 관찰

있는 그대로를 분별 없고 치우침 없이 관찰

### 공존, 조화로운 삶

자연을 내 몸처럼 아끼고,
나와 자연이 둘이 아님을 안다.

제 2 장

삼법인

# 진리의 기준

요즘 세상을 보면, 온갖 사이비 종교와 이단의 가르침들이 난무하는 혼탁한 시대이다 보니 정법인지 사법인지의 구분이 더욱 어려워지고 있다. 온갖 명상 단체들이 난립하고, 어떤 곳에서는 수십, 수백, 수천만 원을 요구하며 깨달음을 사고 파는 행위들도 버젓이 일어난다. 그런데 의외로 너무 많은 사람들이 '쉽고 빠른' 그런 단체의 수련법에 매료된다.

필자에게 상담을 요청한 수많은 사람들 중에는 온갖 명상수련단체에서 수많은 돈을 들이고 시간을 들여 수련한 결과 깨달음을 얻었다고 인가(?)까지 받았지만, 결국 정신장애를 겪거나 정신분열을 일으키는 분들도 많았고, 사기를 당하거나 '이게 아니다' 싶어 다시 불교를 찾는 이들도 적지 않았다.

이런 현대인들에게 있어서 그것이 정법인지 아닌지, 불교인지 아닌지, 옳은 것인지 그른 것인지를 판단할 수 있는 근거와 기준이 그 어느 때보다도 간절히 요청되고 있다. 삼법인(三法印)이야말로 그것이 진리인지 아닌지를 알려 주는 정법(正法)의 기준점이다.

그러면 먼저 삼법인이란 말의 의미를 살펴보면, '세 가지 법의 도장', '세 가지 진리의 표지(標識)'라는 뜻이다. 법인(法印)이란 말 그대로 '법의 도장', '진리의 도장'이라는 의미다.

도장은 내가 확실하고 틀림없다는 것을 확인시켜 주기 위한 것이고, 도장을 찍고 나야 그것의 법적인 효력이 발생한다. 즉 도장을 찍어 준다는 것은 분명하고 확실한 것에 대한 종지부를 찍는 일이다. 이처럼 삼법인이라는 것은 이 세 가지 진리야말로 분명하고 확실하며 틀림없는 진리라는 종지부를 찍는 진리의 마침표인 것이다.

삼법인은 곧 '불교의 징표', '진리의 기준', '진리의 근거'이다.

## 참된 진리의 기준, 삼법인

### 삼법인(三法印)

· 진리인지 아닌지를 알려주는 불교에서 말하는 정법(正法)의 기준점
· 일체 모든 존재의 속성
· 이 우주에 존재하는 일체 모든 것들의 일반적인 특성
· 연기법의 또 다른 이름이요, 또 다른 표현

| 남방 상좌부 불교 삼법인 | 북방의 대승불교 삼법인 |
|---|---|
| · 제행무상(諸行無常)<br>· 일체개고(一切皆苦)<br>· 제법무아(諸法無我) | · 제행무상<br>· 제법무아<br>· 열반적정(涅槃寂靜) |

제행무상
일체개고
제법무아
사법인(四法印) ──→ 열반적정

오법인(五法印) ──→ 제법개공(諸法皆空)

우리 인간이 겪고 있는 그 모든 괴로움을 벗어나는 길,
그 길이 바로 사법인의 사유에 있다.

# 삼법인과 사법인

이 세상은 연기(緣起)에 따라 움직이는 법계(法界)다. 그렇다면 이러한 연기의 진리에 의해 운행되는 우주 법계는 어떤 특성을 가지고 있을까. 일체 모든 존재의 속성이기도 하며, 보편적인 특성이기도 한 것, 그것이 바로 삼법인(三法印)이다. 삼법인은 연기법의 또 다른 표현이라고도 할 수 있다. 이 세상 모든 것이 연기된 존재이기 때문에, 그로 인해 삼법인의 특성이 나타난다.

삼법인은 세 가지로 나타나는데, 그 내용에 있어 남방 상좌부 전통의 불교와 북방의 대승불교 전통에서 말하는 내용에 한 가지 차이가 있다.

남방 상좌부 불교에서는 삼법인을 제행무상(諸行無常), 일체개고(一切皆苦), 제법무아(諸法無我)라고 하지만, 북방의 대승불교에서는 제행무상, 제법무아, 열반적정(涅槃寂靜)을 삼법인의 정형으로 보고 있다. 혹은 사법인(四法印)이라고 하여 제행무상, 일체개고, 제법무아, 열반적정을 모두 포함시키기도 하고, 때로는 오법인(五法印)이라고 하여 여기에 제법개공(諸法皆空)을 포함시키기도 한다.

경전에서는 이상의 네 가지 진리의 법인을 사유함으로써 모든 괴로움에서 벗어날 수 있다고 설한다. 『증일아함경』에서는 다음과 같이 설한다.

"비구들이여, 죽음을 면하고자 한다면 네 가지 진리의 법인을 사유하라. 네 가지란 무엇인가. 첫 번째는 제행무상이며, 두 번째는 일체개고, 세 번째는 제법무아이며, 네 번째는 열반적정이다. 비구들이여, 이 네 가지 진리의 법인을 사유하라. 왜냐하면 그로써 생로병사, 근심, 슬픔, 번뇌 등 모든 괴로움에서 근본적으로 벗어날 수 있기 때문이다. 그러므로 비구들이여, 이 네 가지 진리를 성취하라."

죽음을 면한다는 것은 곧 사고팔고(四苦八苦)라는 근본적인 괴로움에서 벗어난다는 의미다. 생로병사와 근심, 슬픔, 번뇌 등 모든 괴로움에서 벗어날 수 있는 방법이 바로 삼법인, 사법인이다.

# 무상─세상 모든 것은 다 변해

제행(諸行)의 '제(諸, sarva)'는 '일체', '모든'의 뜻이고, 행(行, samskara)은 sam이라는 '함께', '~모여서'라는 말과 kara라는 '만든다', '행한다'는 의미가 합쳐져 만들어진 말로, '함께 모여 만들어진 것'이라는 의미로 여러 가지 원인과 조건들이 모여 어떤 존재를 만들고 어떤 일을 행한다는 의미를 지닌다. 유위행(有爲行)과 유위법(有爲法)을 말할 때의 그 '유위(有爲)'로, '인연 따라 만들어지는 모든 것'을 말한다. 유위법이라고 할 때 '법'은 '존재'를 나타낸다.

우리가 세상 속에서 행하는 모든 행은 유위행이요, 이 세상에 존재하는 모든 존재는 다 유위법이다. 결국 제행이란 '인과 연이 화합하여 만들어 낸 모든 것', '일체의 만들어진 모든 것'을 의미한다. 쉽게 말하면 '모든 것', '모든 존재', '모든 행'이라고 할 수 있다.

무상(無常)이란 말 그대로 '항상하는 것은 없다'는 뜻이다. 제행무상은 '이 세상 모든 것은 항상하지 않는다'는 뜻이다. 모든 존재[有爲法]도 항상하지 않고, 존재가 만들어 내는 행위[有爲行] 또한 항상하지 않는다. 나라는 존재도 항상하지 않고, 내가 사랑하거나 미워한다는 행위 또한 항상하지 않는다.

제행이라는 일체 모든 존재는 모두가 유위로써 인과 연에 따라 이루어진 것이기 때문에 인연이 소멸하면 함께 따라 소멸할 수밖에 없다.

제행무상은 연기법에 대한 시간적인 해석이다. 항상할 것 같은 모든 것들도 언젠가 시간이 흐르면 어김없이 변화될 수밖에 없다.

제행무상은 '인생무상'이라는 표현에서 보이듯, 허무주의적이고 공허한 것을 의미하는 것이 아니다. 우리 삶에 대한 지극히 공평무사한 통찰이다. 우리의 삶은 무상하기 때문에 그 어떤 가능성도 활짝 열려 있는 변화무쌍한 삶의 희망을 품어볼 수 있다. 무상하기 때문에 이 세상은 아름답고도 희망차다.

최소의 단위 미립자는 매 순간
생성과 소멸을 반복하고 있으며
무상하게 변화하는 미립자의
모임인 물질과 우주 또한
똑같이 변화한다.

미시세계의 무상

우주는 끊임없이 변화해 가며
성주괴공(成住壞空)의
단계를 반복한다.

거시세계의 무상

## 제행무상
모든 것은 변한다

무상한 세계를 자기 식대로
분별하는 사람들

사람들의 생각, 분별, 망상, 의식은
끊임없이 무상한 모든 것들에 대해
의미를 부여하고, 분별한다.

변화를 받아들이라
거부하지 말라

무상의 진실을 온전히 받아들이고
무한한 발전 가능성을 열어두라.

연기법에 대한 시간적인 해석
이 세상 모든 것은 항상하지 않으며
끊임없는 흐름 속에 있다.

# 무상—미시세계의 무상

현대 과학에서는 무상(無常)을 어떻게 볼까? 미시와 거시의 현대 물리학을 살펴보면 놀랍게도 불교의 제행무상의 이치를 고스란히 증명해 주고 있다.

이 세상이 무상하다는 이치를 증명해 보일 수 있는 가장 좋은 방법은 이 세상을 쪼개고 쪼개서 가장 작게 쪼개어질 수 있는 물질의 최소 단위에 대해 무상을 입증해 보이는 것과 이 세상을 넓히고 넓혀서 가장 넓게 확장했을 때의 전 우주가 무상하다는 이치를 입증해 보이는 방법이 있다.

그러면 먼저 현대 물리학의 미시의 세계로 들어가 보자. 불교의 극미(極微)라는 단어와 견줄 수 있는 물질의 최소단위를 과학에서는 원자(原子)라고 한다. 그런데 후대에 오면서 원자는 양성자와 중성자, 전자로 이루어져 있음을 알았고, 또한 이 양성자와 중성자도 궁극적인 물질이 아니라 다시 수없이 많은 미립자로 이루어져 있음을 알았다.

그런데 이 무수한 미립자들은 순간순간 생성과 소멸을 반복한다는 것이 현대 물리학에서 밝혀진 사실이다. 이 미립자들의 전형적인 생명은 10(-23승)초이다. 쉽게 말해 미립자의 생명과 1초와의 비는 1초와 약 300조 년의 비와 같다고 한다. 300조 년은 지구 역사의 60만 배이며 우주 역사의 20만 배나 되는 긴 시간이다. 그야말로 찰나 동안 무수한 미립자들이 생성되고 소멸되기를 반복하는 것이다. 아니 이 정도면 생성과 동시에 소멸한다 해도 지나친 말이 아닐 것이다.

이처럼 인간이라는 존재와 우주 삼천대천세계를 구성하는 최소의 단위인 미립자는 매 순간 끊임없이 변화한다. 그러니 미립자 혹은 미진을 아무리 모아 놓는다고 할지라도 무상하게 변화하는 미립자의 모임인 물질과 우주 또한 똑같이 변화할 수밖에 없다.

# 무상—거시세계의 무상

거시세계에 대해서 살펴보자. 태양 주위에는 8개의 행성이 있고 이들 전체를 태양계라고 부른다. 태양계에서 스스로 빛을 내는 별은 태양 하나뿐이다. 이 태양계의 바깥에는 3천억 개의 별로 이루어진 '우리은하'가 있고, 우리은하와 가까운 안드로메다 은하가 약 200만 광년 거리에 있다. 이 두 은하를 포함해 20여 개의 주변 은하가 하나의 지역군을 형성하고 있는데, 이를 '우리지역군'이라고 부른다. 이 우리지역군에서 6000만 광년 정도 떨어진 곳에 버고 은하단이 있고, 버고 은하단은 다시 버고초 은하단의 일부가 되며, 버고초 은하단의 근처에는 이보다 더 큰 코마초 은하단이 존재한다.

여기까지가 현대 과학이 파악하고 있는 우주의 대략적인 모습이다. 그러면 이런 우주는 영원할까? 그렇지 않다. 우주는 끊임없이 변화해 가며 성주괴공(成住壞空)을 반복한다.

별과 별 사이의 성간물질이 어느 정도 이상의 밀도로 모이고, 별에서 오는 광압이 가해지면 성간물질은 밀집과 수축을 가속하면서 내부 압력과 온도가 올라가고 1000만 도 이상 온도가 상승하면 핵융합을 시작해 스스로 빛을 발하는 항성, 즉 별을 탄생시킨다. 이렇게 만들어진 별은 수소가 헬륨으로 바뀌는 핵융합을 계속 일으키면서 한동안 크기와 빛의 밝기를 일정하게 유지하다가, 결국 핵융합 반응의 원료인 수소를 다 쓰게 되면 빛은 소멸하고 별의 일생은 끝난다. 이처럼 별도 성주괴공을 끊임없이 반복한다.

우리가 살고 있는 태양계의 태양도 이미 생성되고 나서 50억 년 정도 핵융합반응을 하며 성주의 단계를 거치고 있으며, 다시 50억 년 후가 되면 수소가 다소멸되어 괴공의 단계로 접어들 것이라고 하니, 미시세계와 같이 거시세계인 우주 또한 항상하는 것이 아니라 끊임없이 변화하는 것으로 제행무상인 것이다.

# 무상—죽어도 못 보내

나와 세계는 무상(無常)하게 변해간다. 이것이 존재의 실상이다. 여기에는 좋거나 나쁜 것도 없고, 옳고 그른 것도 없다. 생겼다고 좋아할 것도 없고, 사라진다고 슬퍼할 것도 없다. 무상에는 그 어떤 분별이 없고, 의미가 없다. 그저 인연 따라 제 시절인연에 맞게 있다가 가면 그뿐이다.

그런데 사람들만이 유일하게 분별망상을 일으켜 변화하는 것에 의미를 부여한다. 태어나는 것은 좋은 것, 신비로운 것, 행복한 것이라며 즐거워하고, 죽는 것은 싫은 것, 어두운 것, 암담한 것이라 여기며 괴로워한다.

나라마다 죽는 것에 나름대로의 의미를 부여한다. 부처님께서는 죽음 이후에 대해 침묵으로 답변하셨다. 어떻게 답하더라도 증명할 수 있는 것이 아니라, 다만 생각 속에서 이렇거니 저렇거니 분별하는 것일 뿐이기 때문이다.

이렇게 아무 의미를 부여할 필요 없는 '있는 그대로'의 실상에 사람들만 저마다의 의미를 부여하면서 분별하고 괴로움을 양산해 낸다. '변해가는 것들' 중에 좋아 보이는 것은 애착하여 더 잡으려 하고, 싫어 보이는 것은 미워하며 밀쳐내려고 한다. 취사간택이 시작된다.

애착해서 붙잡고 싶은 것이 무상하게 떠나갈 때 괴로워하고, 싫어서 밀쳐내고 싶은 것이 자꾸만 나타날 때도 괴로워한다. 이것이 다 있는 그대로의 중립적인 무상한 것들에 대해 내 스스로 분별하고 취사간택하면서 벌어진 괴로움들이다.

우리가 할 수 있는 것은 그저 인연 따라 만들어지고 무상하게 변해가는 것들 속에서 그것들과 함께 따라 변화해 가며 그 장대한 삶의 흐름을 타고 자연스럽게 흐르는 것뿐이다. 제행무상을 온전히 받아들이는 것이다. 왜 받아들여야 할까? 제행무상이 바로 삼법인, 즉 명백한 진리이기 때문이다.

# 무상―변화에 내맡기고 푹 쉬기

이 세상 모든 존재는 끊임없이 변화할 뿐만 아니라, 어떻게 변화될지 한 치 앞도 분명하게 알 수 없기에 삶은 언제나 불확실하며, 불안정하게 느껴진다.

그러나 진리를 깨닫고자 한다면 변화라는 진리를 거부해서는 안 된다. 삶의 역동적인 변화와 불확실성을 두려워할 것은 없다. 변화한다는 것, 확실하지 않다는 것은 매우 자연스럽고 진리다운 현상이다.

우리의 모든 괴로움은 변화를 받아들이지 않는 데서 온다. 변화되는 것은 두렵다. 지금 이 모습이 그대로 지속되길 바란다. 이 몸이 지속되길 바라고, 이 행복과 내 돈과 명예, 권력, 지위, 가족, 친구, 사랑 이 모든 것이 지속되길 바란다.

우리는 무상하게 변화한다는 진리를 받아들이지 못하면서 '지속'과 '안주'를 바란다. 지속됨과 안주 속에 행복이 있을 것이라 착각한다. 그러나 이 세상 그 어디에도 언제까지고 지속되는 것은 없다. 오직 변화만이 있을 뿐. 변화한다는 사실이야말로 온전한 진리이다.

만약 우리 삶이 고정되고, 미래가 확정되어 있다면 거기에는 나만의 자유의지를 펼칠 가능성도 사라지고, 삶은 생기를 잃고 말 것이다. 사실 우리의 미래는 불확실하고 불안정하기 때문에 살아 움직이는 역동성과 무한한 발전이라는 변화 가능성이 있다.

삶의 곳곳에 내재된 위험과 혼란, 역경과 돌발 상황들이 있기에 오히려 삶은 흥미롭고 박진감 넘친다. 우리 삶의 드라마에 역동적이고 스릴 넘치는 장치가 없다면 인생은 얼마나 재미없고 진부해질 것인가.

매 순간 변화의 가능성에 마음을 열어 보라. 변하는 세상에서 '변치 않음'을 추구한다는 것이 얼마나 어리석은 일인가. 이 세상을 변하도록 그냥 놓아두라. 어떤 것도 붙잡지 말라. 부처님의 말씀은 오직 이것이다.

# 무아—나 없음의 공허 혹은 자유

앞에서 제행무상(諸行無常)의 '제행'이 '모든 존재', '모든 행'을 말한다고 했는데, 제법무아(諸法無我)의 제법 또한 '모든 존재'라는 비슷한 의미를 지닌다. 여기 제법(諸法)에서 법(法, dharma)은 '존재', '일체 모든 존재'라는 의미로 쓰이고 있다.

일반적으로 법이라고 하면 '진리', '진리의 가르침' 정도로 이해하는 경우가 많은데, 불교에서 '법'이라는 용어는 이외에도 '존재'라는 의미로도 쓰인다. 예를 들어 삼법인에서 '법'은 '진리'를 제법무아에서 '법'은 '존재'를 의미한다.

무아(無我)는 '내가 없다'는 의미이다. 여기서 '나'라는 것은 나라는 개인뿐 아니라, 모든 인간을 넘어서 일체 모든 존재를 의미한다. 여기에는 고정된 실체로서의 본질적인 '참나'라는 것도 포함된다.

모든 것이 항상하지 않고 끊임없이 변한다면 지금의 '나'라는 존재는 무엇인가? 이 또한 인연 따라 생겨나고 사라지는 인연생 인연멸의 허망한 것일 뿐이다. 성냥과 성냥개비를 마찰시켜 인연을 화합시키면 불이 생겨나듯, '나'라는 존재 또한 그처럼 인과 연이 화합하여 임시가합으로 잠시 생겨난 듯 보일 뿐이다. 이처럼 인연 따라 생겨난 모든 것은 무아다.

이러한 제법무아는 연기법에 대한 공간적인 해석을 의미한다고 볼 수 있다. 제행무상이 연기법을 시간적인 측면에서 보았을 때, 지금 보기에는 항상할 것 같던 모든 존재들이 시간이 흐르고 나면 언젠가 소멸될 수밖에 없는 실상을 보여주는 가르침이라면, 제법무아는 지금 이 자리에서 공간적으로 살펴보더라도 모든 존재는 실체적인 것이 아니며, 공한 것이라는 가르침을 보여주고 있다.

이 세상의 모든 존재는 저 홀로 독자적으로 존재할 수 없으며, 서로 다른 모든 존재들과의 상호연관과 연기적인 도움을 통해서만 그 자리에 그렇게 존재할 수 있기 때문이다.

# 무아—몸도 소유물도 내가 아니야

우리는 이 몸을 나라고 여기거나 소유물, 생각, 느낌, 감정, 성격, 의지, 의식 등을 나라고 여긴다. 색·수·상·행·식(色受想行識) 오온(五蘊)을 '나'라고 여긴다.

이 몸은 나일까? 이 몸은 음식(地)·물(水)·햇빛(火)·공기(風) 등을 공급시켜 줄 때만 존재할 수 있다. 밥이나 음식을 못 먹으면 한두 달도 못 가서 죽고, 물이나 햇볕이 없어도 머지않아 죽게 된다. 공기를 들이쉬지 못해도 죽는다. 대지의 지·수·화·풍이라는 외사대(外四大)가 꾸준히 내 몸으로 들어와 내사대(內四大)를 형성해야만 살 수 있다. 공기가 없으면 내가 없고 내가 없으면 공기가 없기에, 나와 공기는 연기의 관계이며 불이(不二)의 관계다.

10년 전 내 몸의 세포는 지금 없다. 그때의 내 몸은 지금의 내 몸이 아니다. 5년 전, 1년 전, 한 달 전, 아니 1시간 전의 '내 몸'과 지금의 '내 몸'도 같은 몸이 아니다. 초기불교에서는 이를 "업보(業報)는 있되, 작자(作者)는 없다"고 했다. 업을 짓는 자와 과보를 받는 자라는 실체적 존재는 없다는 것이다.

이처럼 육체는 실체적 자아가 없고, 다만 끊임없이 인연 따라 변화해 가는 인연가합의 허망한 몸일 뿐이다. 그럼에도 우리는 이 몸에 소유권을 주장한다.

사실은 '내 몸'이 있는 것이 아니라 '이것이 내 몸이다'라는 생각·관념·분별이 있을 뿐이다. 그것이 아상(我相)이다. 이렇게 '나'라는 존재를 의식으로 창조해 놓으면, 거기에서 시간과 공간도 허망하게 창조된다. '나'는 위치를 점유하게 되고, 이쪽에서 저쪽으로 가기 위한 시간이 걸린다는 시공의 망상이 생겨나는 것이다. 존재와 시간과 공간은 전부 허망한 착각, 망상일 뿐이다.

이 몸이 내가 아닌데, 나의 소유물들이 '내 것'일 수 있을까? 그럴 수 없음에도 우리는 '나'를 창조함으로써 '내 것'이라는 소유의식을 만들어 낸다. 소유·집착·갈애·욕망이라는 늪에 빠져든다. '나'라는 착각에서 괴로움이 연기된다.

# 무아─생각·성격·느낌도 내가 아니야

뒤에 살펴볼 5온과 12처, 18계의 교리는 곧 제법무아를 뒷받침하는 교리들이다. 간단히만 살펴보면, 12처에서는 눈·귀·코·혀·몸·뜻이 색·성·향·미·촉·법을 만나 접촉한다는 인연 따라 식(識)과 수·상·행(受想行)이 생겨난다고 설한다. 즉 나와 세상, 그리고 나의 마음인 느낌[受]·생각[想]·의지[行]·의식[識]이라고 여기는 것들은 실재하는 것이 아니라 다만 인연 따라 생겨난 것이라는 뜻이다.

외로운 느낌이 들 때 우리는 '내가 외로워'라고 하면서, 외로움을 느끼는 감정의 주체를 '나'라고 동일시한다. 그러나 진실은 그저 인연 따라 외롭다는 느낌이 잠깐 임시로 연기된 것일 뿐 실체가 아니다. 그것은 '내 느낌'이 아니다.

생각도 마찬가지다. 생각은 인연 따라 올라오고 사라지는 것일 뿐이지, 어떤 특정한 생각을 '내 생각'이라고 정할 수 없다. 생각은 끊임없이 변할 뿐이다. 의지, 욕구, 바람도 마찬가지다. 원하는 마음도 인연 따라 계속해서 변한다. 의식이라는 분별심 역시 인연 따라 계속해서 변하는 것일 뿐이지, '내 의식'이라고 고정지을 수 있는 것은 어디에도 없다.

그러니 내 견해, 내 주장, 내 사고방식, 내 가치관, 내 성격이라는 것 또한 내가 특정한 생각을 '내 것'이라고 허망하게 동일시하는 것일 뿐 전혀 내가 아니다.

우리가 '나'라고 동일시하는 몸이나 마음, 어느 것을 보더라도 고정된 실체적인 자아는 없다. 그저 인연 따라 잠깐 연기되어 생겼다가 인연이 다하면 사라질 뿐이다. 인연생 인연멸이다. '연생(緣生)은 무생(無生)'이라는 말이 있듯, 인연 따라 생겨난 것들은 전부 허망하여 본래 생겨났어도 생겨난 바가 없다.

이처럼 몸도 마음도 느낌, 감정, 생각, 의지, 의식, 성격, 소유물 그 어떤 것도 나는 아니다. 오온무아(五蘊無我)다.

# 무아―내가 산다는 착각

정말로 내가 있다면 이것이 나이니 내 마음대로 할 수 있어야 한다. 이 몸을 내 마음대로 할 수 있을까? 처음 태어날 때 당신은 스스로 원해서 태어났는가? 외모와 성별, 나라, 적성, 취미, 재능 등을 스스로 선택해서 태어났는가? 아니다.

당신은 키를 스스로 선택했는가? 외모와 얼굴을 스스로 선택했는가? 거친 피부를 스스로 선택했는가? 나이 드는 것은 어떤가? 아침에 밥을 먹고 나면 소화를 내가 시키는가? 저절로 이루어진다.

늙고 병들고 죽는 것은 어떨까? 내가 스스로 선택할 수 있을까? 아니다. 저절로 된다. 거기에 내가 관여할 수는 없다. 도대체 아무것도 할 수 있는 것이 없지 않은가? 늙는 것도 병들고 죽는 것도 시절인연 따라 저절로 이루어진다. 사실은 거기에 '나'가 개입될 여지가 없다. '나'는 없기 때문이다.

지금까지 우리는 이 몸과 마음을 '나'라고 굳게 믿으며 살아왔지만, 정작 삶의 핵심적인 부분에서 그 '나'는 철저히 배제 당한다. 태어날 때 내 뜻대로 오지 않은 것처럼 죽을 때도 내 뜻대로 갈 수 없다.

내가 사는 것이 아니라 삶이 저절로 살아지고 있다. '나'는 철저히 내가 만들어 낸 개념이고 환상이며 거짓이다. 무아(無我)! 그러니 걱정할 것 없다. 내가 있으면 내가 잘 살려고, 바둥거리며 살아야 하겠지만, 살 내가 없으니, 그저 저절로 살아지면 된다. '나'라는 개념만 쉬면 삶은 저절로 완전하게 살아진다. '나'가 없으니, 괴로워할 '나'도 없고, 실패할 '나'도 없다. 그저 이러할 뿐!

'나'라는 개념이 생기면서 탐진치(貪瞋癡) 삼독(三毒)이 함께 생겨났다. 내 것을 더 가지려는 탐심도 생기고, 내 뜻대로 하고 싶은데 안 될 때 화도 나며, '나'가 있다는 착각인 치심도 생기는 것이다. 무아를 깨닫게 되면 저절로 탐진치 삼독의 불길이 꺼진다. 그것이 열반(涅槃)이다.

일체 모든 것이 고정된 실체가 없다. 다른 모든 존재들과의 상호연관과 연기의 법칙을 통해서만 그 자리에 존재할 수 있다.

**실체적 자아는 없다**

나라는 존재도 독자적으로 존재할 수 있는 것이 아니라 우주적인 연기의 화합이 있어야지만 존재할 수 있다.

**몸도 소유물도 내가 아니다**

**제법무아**

**생각, 성격, 느낌도 내가 아니다**

견해나 가치관은 사회적인 조건 속에서 만들어지는 것들일 뿐, 내 감정과 느낌도 실체가 없어 인연 따라 감정들이 일어나고 사라지기를 반복할 뿐이다.

**내가 사는 것이 아니라,**

삶이 저절로 살아지고 있다. 나는 철저히 내가 만들어낸 개념이고 환상이며 거짓이다. 나라는 개념이 생기면서 탐진치 삼독이 함께 생겨난다.

**연기법에 대한 공간적인 해석**

# 고苦─내 뜻대로 안 되는 세상

불교에서는 왜 삶을 괴로운 것이라고 할까? 무상(無常)하고 무아(無我)이기 때문이다. 중생들은 삶이 영원하길 바라지만 무상하게 변해가기에 삶은 괴롭다. 변하지 않기를 바라지만 변할 수밖에 없으니 괴롭다. 또한 '나'가 실재하기를 바라지만 내가 원하는 그런 내가 없다는 사실이 우리를 괴롭게 한다.

삼법인(三法印)의 일체개고(一切皆苦)는 중생이 허망한 망상으로 무상한 것에서 항상함을 찾고, 무아인 것에서 아(我)를 찾으니, 결국 괴로울 수밖에 없다는 가르침이다. 즉 무상과 무아를 모르는 중생들에게 삶은 일체개고이지만, 무상과 무아의 진실을 깨달은 부처에게 삶은 열반적정(涅槃寂靜)이다.

중생들에게 괴로움과 즐거움이란 무엇인가? 내 뜻대로 잘 될 때 즐겁고, 내 뜻대로 되지 않을 때 괴롭다. 그런데 우리는 무엇을 원하는가? 나도 내 것도 영원히 계속되기를 원한다. 좋아하는 것이 계속 내 곁에 있어 주기를 바란다.

그런데 항상하기 위해서는 그 모든 것들이 고정된 실체가 있어야 한다. 그런데 제행무상과 제법무아에서 살펴보았듯, 이 세상 그 어떤 것도 항상하거나, 고정된 실체로서 존재하는 것은 없다. 그렇기에 삶은 괴롭다.

물론 우리는 사랑하는 이성을 만나 결혼하고 행복해질 수도 있다. 또한 대학에 합격하거나, 멋진 직장에 취직하거나 진급을 하거나 좋은 친구를 사귀거나 많은 돈을 벌거나 좋은 집을 살 수도 있다. 그러나 그 어떤 즐거움도 영원하지 않고 반드시 생겨난 모든 것은 사라진다.

돈도 명예도 권력도 직장도 집도 차도 친구도 모든 것들은 다 변하며, 변화의 끝은 이별이고 소멸이다. 사람은 생로병사하고, 물질은 생주이멸하며, 우주도 성주괴공할 수밖에 없는 것이 이 우주의 이치이자 삼법인의 법칙이기 때문이다.

# 고苦—4가지 괴로움

우리가 느끼는 괴로움이란 어떤 것들이 있을까? 대표적인 괴로움을 불교에서는 사고(四苦), 팔고(八苦)로 분류한다. 먼저, 사고(四苦)란 나고 늙고 병들고 죽는 생로병사(生老病死)라는 인간의 근원적인 괴로움이다.

### 생고(生苦) - 태어나서 괴로워

첫째는 생고(生苦)로 언뜻 생각해 보면 태어나는 것이 어떻게 괴로움일까 싶지만, 생(生)이야말로 노병사(老病死)의 직접적인 원인이 된다. 즉, 태어나기 때문에 존재의 모든 괴로움이 시작되는 것이다.

또한 태어남 그 자체도 고통임을 경전에서는 말하고 있다.

『중아함경』「분별성제품」에서는 "태어남의 고통이란, 이른바 중생이 태어날 때 온몸과 마음으로 고통을 받고 두루 느낀다는 것으로, 태어날 때는 몸과 마음이 뜨겁게 번뇌하고 근심하면서 두루 고통을 받고 느낀다. 이것이 태어남의 고통을 말하는 이유이다"라고 설하고 있다. 이처럼 태어나는 순간 몸과 마음은 열과 번뇌와 근심으로 큰 고통을 두루 받고 느낀다.

### 노고(老苦) - 늙는 것도 괴롭고

둘째는 노고(老苦)로 늙는 것도 괴로움이다. 역사 이래로 수많은 사람들이 늙지 않으려고 애를 써 왔고, 불로장생의 꿈을 꾸어 왔지만 인류 역사상 단 한 사람도 늙음에서 벗어난 사람은 없다. 누구나 늙을 수밖에 없고, 나이 들어갈 수밖에 없으며, 우리는 그 사실을 받아들이지 않을 수 없다. 이 세상 모든 것은 무상하여 변화할 수밖에 없으며, 그 어떤 사람에게도 젊음은 고정되어 있지 못하다는 것이 무아의 이치이다.

## 병고(病苦) - 병들면 또 어떡하지?

병고란 말 그대로 병으로 인한 괴로움이다.

『중아함경』「분별성제품」에서는 병에 대해 "병이란 이른바 두통, 눈·귀·코의 통증, 얼굴의 통증, 입술의 통증, 치통, 혀의 통증, 잇몸의 통증, 목구멍의 통증, 숨찬 병, 기침, 구토, 목경색, 간질, 종기, 경일, 객혈, 고열, 마르는 병, 치질, 설사 등의 각종 병이 접촉에서 생겨 마음을 떠나지 않고 몸 속에 있는 것을 말한다."고 언급하고 있다.

여기에서는 온갖 병이 접촉〔更樂觸〕에서 생긴다고 함으로써 우리 몸과 몸의 각종 기관들이 각각 그 기관에 상응하는 대상, 환경과 접촉함으로써 병이 생겨남을 설하고 있다.

특히 요즘처럼 환경이 오탁악세로 오염되어 있는 세상에서는 오염된 음식물, 오염된 공기, 오염된 자연환경, 오염된 마음 등과 접촉함으로써 과거 그 어느 때보다도 더한 병고의 고통을 겪는다.


## 사고(死苦) - 정말 죽기는 싫어!

죽는다는 것이야말로 인간 최대의 괴로움이다. 내 몸이 소멸되는 것뿐 아니라 살아있는 동안 만들어 놓은 재산 등의 온갖 소유물이나 사랑하는 사람, 가족 등과의 영원한 이별을 의미하는 죽음을 괴로움이라고 생각하지 않는 이는 없을 것이다.

'내 몸'을 나라고 여기는 중생들에게 바로 그 몸이 소멸되는 것이야말로 가장 큰 괴로움이다.

이상에서처럼 태어나고 늙고 병들고 죽는 생로병사(生老病死), 이 네 가지야말로 인간 '고'의 전형이다. 그러나 연기법과 무아를 깨닫게 된다면 이러한 괴로움의 현실인 '일체개고'가 '열반적정'이라는 대 자유의 소식으로 전환될 수 있다.

# 고苦—8가지 괴로움

불교경전에서는 앞에서 말한 4고(四苦)에 다시 다음의 네 가지를 더하여 8고(八苦)를 설한다. 세상은 있는 그대로일 뿐이지만, 중생들은 자기의 분별의식으로 대상을 분별하여 좋아하거나 싫어한다. 좋아하면 갈애와 집착으로 이어져 취하고 싶지만 취하지 못할 때 괴로우니 이것이 애별리고이다. 싫어하는 대상은 미워하고 거부하면서 버리고 싶은데 자꾸 만나게 될 때 괴로우니 이것이 원증회고다. 세상을 있는 그대로 두지 못하고, 의식으로 무언가를 원하고 구할 때 그것을 얻지 못해도 괴로우니 구부득고다. 이 몸의 4고와 마음의 3고는 모두 오온으로 이루어진 몸을 '나'라고 집착하는 데서 오는 괴로움이니, 이것이 오음성고다.

### 애별리고(愛別離苦) – 사랑하지만 헤어져야만 할 때

앞의 네 가지 생로병사의 괴로움이 몸의 괴로움이라면 애별리고와 원증회고, 구부득고는 마음의 괴로움이다.

애별리고는 좋아하는 것과 떨어져야 하는 괴로움이다. 사랑하는 사람이나 좋아하는 사물 등 자신을 즐겁고 안락하게 해 주며 삶을 풍요롭게 해 주는 여러 가지 조건이나 상황, 사물이나 사람들과의 헤어짐 혹은 이별에서 오는 고통이다.

### 원증회고(怨憎會苦) – 싫은데도 헤어지지 못할 때

원증회고는 애별리고와 반대되는 괴로움으로 싫어하는 것이나 싫어하는 사람과 어쩔 수 없이 만나야 하는 괴로움이다. 싫어하는 것을 해야 하는 것, 싫어하는 사람과 함께 있는 것이란 얼마나 큰 괴로움인가. 싫은 것, 나쁜 것, 보고 싶지 않은 것, 더럽고 추한 것, 하기 싫은 것, 춥고 더운 것 등의 온갖 싫어하는 것과 함께 하는 것이야말로 큰 괴로움이다.

## 구부득고(求不得苦) – 갖고 싶은 것은 많고, 현실은ㅠㅠ

구부득고는 구하고자 하지만 얻지 못하는 괴로움이다. 인간의 욕구는 끝이 없다. 한 가지 바라는 것이 이루어졌으면 그것에 만족하기보다는 또 다른 바라는 바를 만듦으로써 만족보다는 욕구를 선택한다. 좋아하는 사람, 물건, 재산, 명예, 권력, 지위, 출세, 행복, 건강 등을 얻고자 하지만 마음대로 구할 수 없는 데서 괴로움은 시작된다. 그야말로 끊임없이 일어나는 인간 욕구를 다 채울 수 없다는 것은 괴로움이다.

## 오음성고(五陰盛苦) – 괴로울 내가 없어졌으면

경전에서는 인간의 괴로움을 여덟 가지로 나누어 놓고 있으나, 생로병사 네 가지와 애별리고, 원증회고, 구부득고라는 앞의 7가지 괴로움을 요약하여 종합하면 결국 오음성고라는 한 가지로 귀결된다.

생로병사는 육체적인 괴로움이며, 애별리고 · 원증회고 · 구부득고는 정신적인 괴로움인 반면에 오음성고는 육체적 · 정신적인 괴로움 모두를 포함하고 있다.

오음이란 오온(五蘊)으로 색 · 수 · 상 · 행 · 식(色受想行識)이며, 이 세계와 나를 이루는 다섯 가지를 말한다. 즉 모든 괴로움은 결국 '나(오온)라는 집착', 즉 아집(我執)에서 온다는 뜻이다.

'나'가 있기 때문에 내가 늙는 것이 괴롭고, 내가 병들고 죽어가는 것이 괴로운 것이다. 또한 사랑하는 사람과 헤어지고, 미워하는 사람과 만나는 것도 나다. 구하는 것을 얻고자 하는 주체도 나인 것이다. 이렇듯 모든 괴로움은 '나'에 대한 집착에서 시작된다.

『중아함경』「분별성제품」에서는 다음과 같이 말하고 있다. "현자들이여, 오음성고를 설하는 이유는 무엇인가. 이른바 색 · 수 · 상 · 행 · 식 그 자체는 이미 괴로움이라는 것이다." 즉, 오온(五蘊) 그 자체가 곧 괴로움이라는 의미다. 자기 존재로 취해진 색 · 수 · 상 · 행 · 식이 각각 괴로움이라는 것으로, 이는 다시 말하면 무아라는 진실을 모른 채 '나'에 집착하는 삶은 결국 괴로움이라는 뜻이다.

# 고苦—집착할 만한 가치가 없다면?

인간이 괴로운 이유는 '나'라는 오온에 집착하기 때문이다. 여덟 가지의 괴로움이 결국에는 '나'라는 아집(我執), 오온의 집착에서 생겨난다.

그렇다면 일체개고라는 괴로움의 현실을 넘어 고가 타파된 영원한 즐거움에 이르려면 어떻게 해야 하는가. 그것은 간단하다. 바로 집착을 놓아버리면 된다.

그래서 모든 스승, 역대의 조사스님들께서는 한결같이 '놓아버려라', '비우라'고 하면서 끊임없이 '무집착', '방하착(放下着)'을 역설했다. 붙잡아서 괴롭다면 놓아버리라는 것이다.

그러면 문제는 끝났는가? 모든 괴로움을 없앨 수 있는 분명한 가르침이 주어졌으니 이제 행복한가? 그렇지 않다. 여기에서 아주 중요한 문제가 하나 발생한다. 집착을 놓아버려야 하는 것은 알겠는데, 도대체 '어떻게' 집착을 놓아버릴 수 있는가 하는 문제다.

아주 기본적으로, 집착을 놓아버리려면 먼저 내가 집착하고 있던 바로 그 집착의 대상이 '그다지 집착할 만한 것이 아닌 것'이 되면 가능해질 것이다. 집착할 아무 이유도 매력도 가치도 없는 것에 어느 바보가 집착을 한단 말인가.

그러면 어디 한번 생각해 보자. 내가 집착하는 것들이 정말로 과연 집착할 만한 가치가 있는 것들일까? 내가 집착하고 있는 대상은 여러 가지가 있을 수 있다. 사람에 대한 집착, 사랑에 대한 집착, 물질에 대한 집착, 생각에 대한 집착, 종교에 대한 집착, 나에 대한 집착, 생명에 대한 집착, 돈과 명예·권력·지위 등에 대한 집착 등 아주 다양하다. 내 생각에 그런 것들이 '집착할 만한 가치가 있는 것'이었기 때문에 내가 그것에 그렇게 집착을 하고 있었던 것이다.

그렇다면 그것들의 속성을 한번 살펴보자.

먼저 가장 큰 첫 번째 속성은 제행무상이다. 모든 집착의 대상은 언젠가는 소

**일체개고**

무상하게 변해가는 것들이 변하지 않기를 바라지만
변할 수밖에 없으니 삶은 괴로움이다.

괴로움의 원인 : 나에 대한 집착

괴로움 제거 방법 : 놓아버리기

놓아버리기 방법 : 집착하고 있는 대상의 특징 알기

대상의 특징 : 제행무상, 제법무아

고정된 실체가 없는 대상에 집착할 이유가 없다.
무집착, 삼법인의 생활실천

---

**사고(四苦), 네 가지 근원적인 괴로움**

① 생고(生苦) – 태어남의 괴로움
② 노고(老苦) – 늙는 괴로움
③ 병고(病苦) – 병드는 괴로움
④ 사고(死苦) – 죽는 괴로움

**팔고(八苦), 여덟 가지 괴로움**

⑤ 애별리고(愛別離苦) – 사랑하는 것과 이별하는 괴로움
⑥ 원증회고(怨憎會苦) – 미워하는 것과 함께하는 괴로움
⑦ 구부득고(求不得苦) – 얻지 못하는 괴로움
⑧ 오음성고(五陰盛苦) – 나에 집착하는 괴로움

멸되어 없어진다는 말이다. 여기에서 바로 아주 중요한 삶의 본질이 드러난다. 우리가 집착하는 모든 것은 변하며〔제행무상〕, 그렇기에 우리가 무언가를 집착한다는 것은 곧 괴로움을 동반할 수밖에 없다는 사실〔일체개고〕이다.

두 번째 특성은 제법무아로 집착하고 있던 대상들은 '고정된 실체가 없다'는 점이다. 우리가 어떤 대상에 집착하는 이유는 그것이 어떤 고정된 것이어야 하고, 실체적인 것이어야 하며, 그로 인해 우리에게 실질적인 어떤 것을 안겨주어야 한다고 생각하기 때문이다. 고정된 실체가 없는 대상이라면 그야말로 아지랑이 같고, 환영 같으며, 신기루 같아서 겉만 그렇게 보일 뿐 실제로는 그렇지 않은 것인데 거기에 집착할 이유가 있겠는가? 없다!

사실 우리가 지금까지 가지려고, 지키려고 목숨 걸고 애써왔던 그 모든 집착의 대상들은 이러한 제행무상과 제법무아라는 두 가지 속성을 가지고 있는 것이다. 삼법인의 가르침에서 보면 제행무상과 제법무아인 모든 것들은 일체개고일 수밖에 없다. 그런데도 사람들은 무상과 무아인 대상에 대해 집착을 함으로써 괴로움을 만들어 내고 있는 것이다. 이것이 바로 삼법인이라는 가르침의 핵심이다.

내가 그동안 집착하고 있던 것이 무엇이었는지를 삶 속에서 살펴보라. 그리고 낱낱이 그것의 무상성과 무아성을 사유해 보라. 무상과 무아를 사유하게 되면 저절로 그것에 집착하는 것은 곧 괴로움이라는 것이 증명될 것이다. 이렇게 해서 그것이 사실은 집착할 만한 것이 아니었음이 알게 되면 저절로 그동안 붙잡고 있었던 것들을 놓아버릴 수 있게 된다.

# 열반―고苦의 소멸과 완전한 행복

이상에서 살펴본 제행무상과 제법무아는 모든 존재에 대한, 나아가 이 우주에 대한 기본적인 통찰이요, 특성임을 알았다. 그런데 삼법인으로 무상과 무아와 함께 일체개고를 넣기도 하고, 열반적정을 넣기도 하며, 따로 네 가지를 포함시켜 사법인(四法印)을 설하기도 한다.

그러면 과연 이 두 가지, 열반적정과 일체개고는 어떤 관계일까?

무상과 무아를 깨닫지 못하면, 대상이 항상하며 실체적인 것으로 여기기 때문에 그 대상에 집착하고, 집착하기 때문에 괴로움이 생겨난다. 무상과 무아를 깨닫지 못한 중생에게 이 세상은 '일체개고'다.

그러나 무상과 무아를 분명히 깨달은 사람은 그 어떤 대상도 항상하지 않고 고정된 실체가 아니라는 것을 알기 때문에 집착하지 않는다. 그러기에 모든 속박, 구속, 번뇌, 집착, 욕망으로부터 자유로워진다. 바로 이렇게 무상과 무아를 바로 깨달아 모든 욕망과 번뇌, 구속에서 벗어날 때 우리는 고요한 적정(寂靜)의 상태인 열반(涅槃)에 이를 수 있다.

이처럼 일체개고와 열반적정은 서로 다른 특성이라기보다는, 앞의 두 가지 법인인 무상과 무아에 대한 바른 이해와 깨달음의 유무와 관련된 법인인 것이다. 제행무상과 제법무아를 깨닫지 못했을 때는 일체개고일 수밖에 없고, 제행무상과 제법무아를 완전히 깨달았을 때는 열반적정이 드러나는 것이다. 무상과 무아를 모르는 중생에게 세상은 일체 모든 것이 괴로울 수밖에 없지만, 무상과 무아를 깨달은 이에게 세상은 있는 그대로 완전한 열반적정의 세계인 것이다.

이처럼 삼법인, 혹은 사법인은 일체 중생으로 하여금 무상과 무아를 깨닫고 괴로움에서 벗어나 완전한 열반에 이르는 길을 보여준다.

# 열반—나를 괴롭게 하는 세 가지 독毒

열반이란 무상과 무아를 완전히 체득한 경지다. 그런데 연기된 모든 것은 곧 삼법인의 특성을 가진다. 그렇다면 열반이란 무상과 무아를 완전히 체득한 경지이면서 동시에 연기법을 체득한 경지다.

연기와 무상과 무아를 깨닫는 것은 무엇인가? 그것은 이 세상은 끊임없이 인연 따라 변화하는 비실체적인 것들의 모임이라는 것을 깨닫는 것이다.

그러나 우리 눈에는 나도 세상도 실재하는 것처럼 보인다. 우리는 '나'라는 어떤 고정적인 실체가 있다고 생각하니까 '나'에 집착하고, '내 것'에 집착하며, '내 생각'에 집착하는 등 끊임없는 아상(我相)과 아집(我執)에 사로잡혀 있다. '나'라는 상을 내세우고 집착하는 것이야말로 모든 문제의 시작이다.

아상과 아집은 모든 번뇌의 근본인 탐진치(貪瞋痴) 삼독(三毒), 즉 탐내고 성내고 어리석은 세 가지 독소를 가져온다. '나'와 '내 것', '내 생각'에 집착하기 때문에 탐욕과 집착이 생겨나며〔貪〕, 내 뜻대로 되지 않을 때 화가 나고〔瞋〕, 내가 있다는 착각인 치심〔痴〕도 생겨난다.

이렇게 연기와 무상과 무아의 진리를 깨닫지 못하면 어리석은 치심이 일어나고 치심은 곧 탐심과 진심을 가져온다. 이렇게 탐진치 삼독이 생겨나고 이렇게 생겨난 삼독은 더욱더 우리를 옭아매며, 구속하고, 괴롭힌다.

우리 삶의 모든 문제를 살펴보라. 탐진치 삼독에서 비롯되지 않은 것은 없다. 모든 문제며 괴로움이며 아픔이며 슬픔들은 모두 탐진치 삼독이 원인이 되어 일어난다. 그리고 그 탐진치 삼독의 원인은 바로 연기와 무상과 무아에 대한 무지이다.

『상윳따 니까야』에서는 말한다.

"탐심의 소멸, 진심의 소멸, 치심의 소멸, 이것을 열반이라고 한다."

# 열반—사실 괴로움은 없어, 본래 부처일 뿐

열반적정(涅槃寂靜)은 열반이 적정하다는 뜻으로, 열반은 적정과 동의어다. 열반은 니르바나(Nirvana)의 음역(音譯)으로 타오르던 불길을 '확 불어서 꺼뜨린 상태'를 의미한다. 중생들에게 일어나는 탐진치 삼독의 불길을 훅 불어서 꺼뜨린 상태가 열반적정이다.

이렇게 말하면 보통 사람들은 열반적정, 해탈, 깨달음의 상태가 따로 있다고 여기면서 열반, 해탈, 부처를 향해 나아간다. 어떤 이는 그 열반, 해탈, 부처를 '참나'라고 부르면서, 거짓된 나를 버리고 참나를 찾아야 한다고 여긴다. 그러나 삼법인 가운데 제법무아의 가르침에서 설명했듯이, 제법무아란 '참나'라고 할 것조차 따로 없다는 가르침이다.

이 말은 결국 열반적정의 상태를 따로 찾아서는 안 된다는 것이다. 지금 이대로가 그대로 열반적정이다. 대승불교에서는 이를 번뇌즉보리(煩惱卽菩提), 생사즉열반(生死卽涅槃)이라고 표현했다.

다만 우리는 지금 이대로의 열반적정의 상태를 탐진치 삼독심으로 뒤덮어 버린 것일 뿐이다. 본래 드러나 있는 열반이 아닌 탐진치 삼독심에 초점을 맞추고 살아온 것이다. 깨닫고 보니 부처님의 눈에 이 세상은 그대로 열반적정이었다. 그러나 중생들이 탐진치 삼독심의 구름에 가려, 구름 뒤의 찬란한 밝은 지혜의 빛을 보지 못했을 뿐이다. 그 중생의 안목을 흐리게 하는 구름은 삼법인에 대한 무지이며, 탐진치 삼독에 있었다.

지금 이대로의 삶을 버리고, 나를 버리고, 또 다른 부처를 찾아 나설 필요는 없다. 다만 탐진치 삼독심만 제거하면 된다. 무언가를 더해서 얻을 것은 없다. 다만 빼야 할 것이 있을 뿐이다.

탐진치가 사라지면 저절로 열반적정이 드러난다.

## 열반적정, 번뇌의 불길이 사라지다

### (1) 괴로움이 진리인가? 열반이 진리인가?

**일체개고**
무상과 무아를 깨닫지 못하면 이 세상이 곧 괴로움

**열반적정**
무상과 무아를 바로 깨달아 모든 욕망과 번뇌, 구속에서 벗어남

└─ 무상과 무아에 대한 바른 이해와 깨달음의 유무와 관련 ─┘

### (2) 세 가지만 없으면 열반

모든 번뇌의 근본

아상과 아집 ⇒ 탐진치(貪瞋痴) ─ 삼독(三毒)

연기와 무상과 무아에 대한 무지가 원인

탐심의 소멸, 진심의 소멸, 치심의 소멸, 이것을 열반이라고 한다

### (3) 삼독만 없으면, 본래 열반

탐진치 삼독심만 제거한다면, 열반적정의 상태를 따로 찾아 나설 필요 없이 지금 이대로가 그대로 열반적정이다.

# 제 3 장

# 십이처와 십팔계

# 일체법―나는 누구? 여기는 어디?

우리는 나와 세계를 둘로 나누고 분별하여, 여기에는 '나'가 존재하고, 저 바깥에는 '세계'가 있다고 착각한다. 그렇다면 우리는 왜 있지도 않은 '나'와 '세계'를 있다고 착각하며 사는 것일까? 우리가 '있다'고 여기는 것은 도대체 무엇이며, 그것은 정말로 있는 것일까?

무아(無我)는 부처님의 가르침의 핵심이다. 무아를 '아(我)'라고 착각하면서부터 모든 괴로움은 시작되었다. 부처님은 괴로움을 해결하기 위해 다양한 가르침을 설하셨는데, 그 대표적인 것이 바로 일체법이다.

일체법은 말 그대로 '일체 모든 것', '일체 모든 존재라고 착각하는 모든 것'을 말한다. 우리가 생각하기에 이 세상에 '있다'고 여겨지는 모든 것들이 어떻게 구성돼 있는지를 밝혀주는 가르침이다.

일체법은 실체적인 나와 세계가 어떻게 분류되는지를 설명하는 가르침이 아닌, 우리의 인식에서 실제로 존재하고 있다고 착각하고 있는 것들은 무엇인지, 그리고 그것이 어떤 과정으로 생겨났는지를 살펴보는 가르침이다. 그렇기에 일체법은 불교의 인식론과 맞닿아 있다.

우리가 살펴볼 대표적인 일체법에는 육근(六根)과 육경(六境), 십이처(十二處), 십팔계(十八界), 오온(五蘊) 등이 있다. 일체법의 장에서는 연기법과 삼법인, 그중에도 무아의 가르침이 왜 나오게 되었는지를 살펴보고, 우리의 인식에서 감지되고 있는 '나'라는 존재는 어떤 인연과 과정을 통해 '나'라는 자아로 인식되었으며, 또한 외부의 대상이 어떻게 '세상'으로 인식되는지를 살펴볼 것이다.

십이처와 십팔계를 통해, 자아라고 인식된 '나'가 사실은 오온의 쌓임일 뿐이며, 우리가 '나'라고 여기던 그 오온 또한 십이처와 십팔계를 인연으로 연기한 허망한 존재임을 깨닫게 될 것이다.

# 일체 모든 것, 일체법

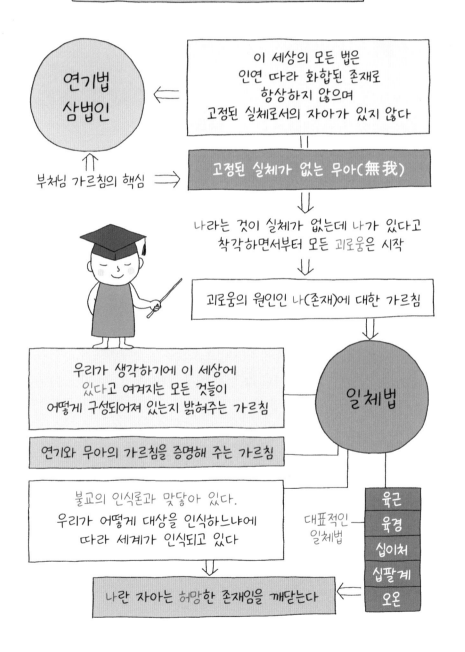

이 세상의 모든 법은
인연 따라 화합된 존재로
항상하지 않으며
고정된 실체로서의 자아가 있지 않다

연기법
삼법인

부처님 가르침의 핵심

고정된 실체가 없는 무아(無我)

나라는 것이 실체가 없는데 나가 있다고
착각하면서부터 모든 괴로움은 시작

괴로움의 원인인 나(존재)에 대한 가르침

우리가 생각하기에 이 세상에
있다고 여겨지는 모든 것들이
어떻게 구성되어져 있는지 밝혀주는 가르침

일체법

연기와 무아의 가르침을 증명해 주는 가르침

불교의 인식론과 맞닿아 있다.
우리가 어떻게 대상을 인식하느냐에
따라 세계가 인식되고 있다

대표적인
일체법

육근
육경
십이처
십팔계
오온

나란 자아는 허망한 존재임을 깨닫는다

# '나'와 '내 밖'에는 무엇이 있을까?

일체법을 이해하는 데 있어 가장 먼저 알아야 할 순서는 육근(六根)과 육경(六境)에 대한 이해이다. 육근은 우리 몸의 여섯 가지 감각기관이고, 육경은 각각의 여섯 가지 감각기관에 대응하여 감각되는 외부의 감각대상이다.

구체적으로 육근은 눈·귀·코·혀·몸·뜻으로 안·이·비·설·신·의(眼耳鼻舌身意)이며, 육경은 그 대상인 색·성·향·미·촉·법(色聲香味觸法)이다.

눈[眼根]은 색[色境]을 대상으로 하며, 색(色)은 빛깔과 모양을 지닌 모든 대상을 의미한다. 사람, 산과 들, 나무와 짐승들, 달과 별 등 눈으로 볼 수 있는 모든 것이 '색'이다. 귀[耳根]는 소리[聲境]를 그 대상으로 하고, 코[鼻根]는 향기[香境]를, 혀[舌根]는 맛[味境]을, 몸[身根]은 감촉[觸境]을, 뜻[意根]은 뜻의 대상[法境]을 그 대상으로 한다. 쉽게 말하면, 안근은 시각, 이근은 청각, 비근은 후각, 설근은 미각, 신근은 촉각, 의근은 마음이라고 할 수도 있다.

여기에서 의근(意根)은 심근(心根)이라고도 하며 일반적으로 '마음'이라고 쉽게 이해하면 된다. 즉 마음[意根]으로 지각되는 것들을 법경(法境)이라고 한다. 법경은 물질적·정신적인 모든 생각할 수 있는 것들, 생각의 대상이라고 할 수 있으며, 존재와 비존재를 아우르고 있다. 앞의 다섯 가지, 안·이·비·설·신근은 감각기관이라면 의근은 마음으로 지각하는 지각기관이라고도 할 수 있다.

이처럼 육근 가운데 앞의 다섯 가지 오근은 각기 그 인식의 대상이 다르다. 눈은 색을 보고, 귀는 소리를 듣고, 코는 냄새를 맡으며, 혀는 맛을 보고, 몸은 촉감을 느끼는 등 다섯 가지 오근은 각기 다른 경계를 대상으로 하고 있다. 눈이 소리를 듣거나, 귀가 맛을 보거나 할 수는 없는 것이다.

그러나 의근(意根)은 오근이 개별적으로 인식한 내용을 모두 한꺼번에 경계로 인식하여, 오근의 활동을 서로 연결하고 종합하는 역할을 한다.

# 육근—6가지 감각기능과 활동

육근은 물론 감각기관으로서의 의미가 전혀 없는 것은 아니지만, 정확하게는 감각기능 내지는 감각활동을 의미한다. 육근을 감각기관이라고만 이해하면 우리 몸속에 여섯 가지 실체적인 감각기관이 있어서 그 기관들이 감각기능을 수행한다고 착각하기 쉽다. 여섯 감각기관은 실체적으로 존재하는 것이 아니라, 감각대상이 나타났을 때 인연 따라 감각기능과 감각활동을 수행할 뿐이다.

예를 들어 눈앞에 어떤 대상들이 오고 갔을지라도 우리가 딴 생각을 하거나, 다른 상상을 하고 있는 동안에는 눈앞에 어떤 것들이 오고 갔는지를 전혀 알아차리지 못할 수도 있다. 이럴 때는 엄밀히 말하면 생각[의근]이 상상[법경]을 하고 있을 뿐, 안근과 색경은 없는 것이다. 분명 눈[안근]도 있고 눈에 보이는 대상[색경]도 있지만 우리에게는 전혀 감지되지 않기 때문이다.

눈이라는 보는 감각기관만을 안근이라고 한다면 안근도 있고, 색경도 있는 것이지만, 눈의 보는 기능과 보는 활동을 안근이라고 하기 때문에 눈이 있었을지라도 눈에 보이지 않았다면 그 순간 안근의 활동은 없었던 것이다.

이처럼 눈의 보는 기능과 보는 활동을 안근(眼根)이라고 하며, 귀의 듣는 기능과 듣는 활동을 이근(耳根)이라고 하고, 코의 냄새 맡는 기능과 활동을 비근(鼻根), 혀의 맛보는 기능과 활동을 설근(舌根), 몸의 감촉을 느끼는 기능과 활동을 신근(身根), 뜻의 생각하는 기능과 활동을 의근(意根)이라고 하는 것이다. 육근이라고 할 때 '근(根)'이라는 말도 산스크리트어 인드리야(indriya)를 번역한 말로 '능력'을 의미한다.

물론 일반적인 경우에서는 육근을 감각기관이라고 이해해도 크게 벗어나지는 않지만, 정확히 이해한다면 육근은 우리 몸의 여섯 가지 감각기능, 감각활동, 감각능력이라고 이해하면 되겠다.

# 육경—6가지 감각대상

초심자 중에는 경계(境界)가 무엇인지를 묻는 사람들이 있다. 스님들의 법문을 듣다 보면 '경계에 휘둘리지 말라'는 말을 듣는데, 그때의 경계가 바로 육근(六根)의 감각대상인 육경(六境)이다. 보면 보는 것에 끌려가 휘둘리고, 들으면 들리는 소리에 끌려가 휘둘리며, 향기와 맛, 감촉과 법에 끌려가 휘둘린다는 뜻이다.

그러나 사실 눈·귀·코·혀·몸이라는 오근(五根)이 그 대상인 색·성·향·미·촉인 오경(五境)을 마주할 때는 순수하게 감각·지각하기만 할 뿐, 그 대상에 대해 자세히 분별해서 알지는 못한다. 그렇기에 오경을 분별하여 휘둘리고 끌려가는 작용을 하려면 여섯 번째 근(根)인 의근(意根)이 필요하다.

앞에서 의근은 오근이 개별적으로 인식한 내용을 모두 다 한꺼번에 경계로 인식하며, 보고 듣고 맛본 것 등을 서로 연결하고 종합하는 역할을 한다고 했다.

예를 들어 귤이 있을 때, 눈은 귤을 보고, 귀로는 귤 까는 소리를 듣고, 코로는 귤의 향기를 느끼고, 입으로는 귤을 맛보며, 손으로는 귤의 촉감을 느낌으로써 눈·귀·코·혀·몸의 오근을 통해 총체적으로 '귤'이라고 지각하는 작용을 하는 곳이 바로 의근이다.

만약 식당에 플라스틱으로 만든 모조품 귤이 있다고 해 보자. 귤과 똑같이 생겼기 때문에 안근인 눈은 귤이라고 인식할 것이지만, 코로 냄새 맡아 보고, 혀로 맛보고, 손으로 만져본 뒤에 이비설신근인 나머지 네 가지 근은 귤이 아니라고 인식할 것이다. 이때, 최종적으로 종합하여 '진짜 귤이 아닌 모조품 귤'이라는 결론을 도출해 내는 기능을 하는 것이 바로 의근이요, 마음이다. 바로 이 의근의 역할로 인해 우리가 육경에 휘둘릴 것인지, 휘둘리지 않을 것인지가 결정된다.

초기불교에서는 심의식(心意識)은 이름만 다르지 같은 것이라고 본다. 즉 '의'와 '식'과 '심'은 동의어라고 일단 쉽게 이해하고 넘어가도록 하자.

# 육근, 육경

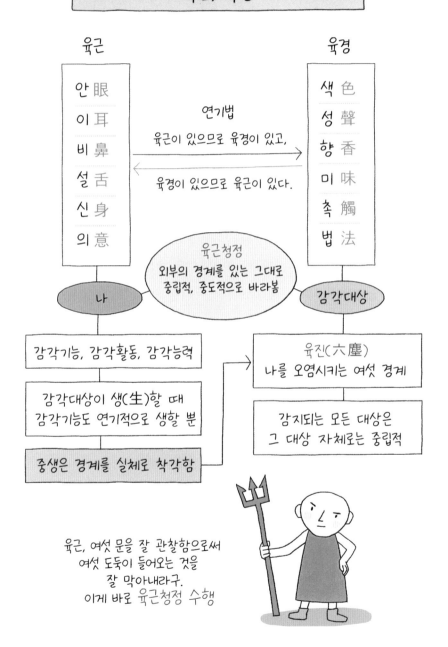

**육근**

| 안 眼 |
| 이 耳 |
| 비 鼻 |
| 설 舌 |
| 신 身 |
| 의 意 |

**육경**

| 색 色 |
| 성 聲 |
| 향 香 |
| 미 味 |
| 촉 觸 |
| 법 法 |

**연기법**

육근이 있으므로 육경이 있고,

육경이 있으므로 육근이 있다.

**육근청정**
외부의 경계를 있는 그대로
중립적, 중도적으로 바라봄

나

감각대상

감각기능, 감각활동, 감각능력

감각대상이 생(生)할 때
감각기능도 연기적으로 생할 뿐

중생은 경계를 실체로 착각함

육진(六塵)
나를 오염시키는 여섯 경계

감지되는 모든 대상은
그 대상 자체로는 중립적

육근, 여섯 문을 잘 관찰함으로써
여섯 도둑이 들어오는 것을
잘 막아내라구.
이게 바로 육근청정 수행

# 내가 오염될 때와 깨끗할 때

우리의 육근은 끊임없이 외부 경계에 따라 휘둘리고 사로잡힌다. 그러나 반드시 그래야만 하는 것일까? 그렇지 않다. 외부 경계에는 아무런 잘못이 없다. 언제나 여여하게 오고 갈 뿐이다. 문제는 그러한 중립적인 현상에 대해 분별하고, 해석하며, 휘둘리고, 사로잡히며, 오염되는 우리 마음에 있다.

겨울이 춥고, 여름이 더우며, 비 오는 날도 있고, 바람 부는 날도 있는 것은 자연스러운 자연의 이치일 뿐이다. 그러나 사람들은 겨울은 좋고 여름은 싫다거나, 바람 부는 날은 좋고 비 오는 날은 싫다거나 하며 외부 경계를 자기 식대로 해석하고 판단 분별하기를 좋아한다.

어떤 사람은 홍어의 푹 삭은 냄새와 맛을 좋아하지만 또 어떤 사람은 죽어도 못 먹겠다고 손사래를 친다. 사랑하는 이와 손을 맞잡을 때는 한없이 설레지만, 음침한 한밤중에 낯선 이가 손을 잡으면 까무러칠 수도 있다.

이처럼 외부 경계는 고정된 실체가 아닌지라 좋고 나쁘다는 분별이 없지만, 내 쪽에서 자기 식대로 해석하고 받아들이면서 온갖 문제를 만들어 내고, 애착도 만들어 낸다. 똑같은 경계가 어떤 사람에게는 한없는 행복감으로 또 다른 사람에게는 엄청난 괴로움으로 느껴질 수도 있는 것이다.

또한 같은 경계를 언제, 어떤 상태일 때 마주하느냐에 따라서 괴롭거나 행복해지기도 한다. 아무리 맛있는 음식일지라도 너무 배가 부를 때는 싫어지는 것처럼.

이처럼 우리의 육근은 외부의 경계를 대상으로 언제나 똑같이 감지하는 것이 아니다. 자신의 내적 상태에 따라 동일한 외부 경계도 어떤 때는 좋게 느끼고, 어떤 때는 나쁘게 느낀다. 이것이 바로 중생의 육근이다. 있는 그대로의 중립적인 대상 경계를 자기 식대로 해석하고, 판단하고, 분별하여 좋다거나 나쁘다고 받아들이는 것이다. 이처럼 중생의 육근은 늘 오염되어 있다. 육경에 오염되고, 육경에 끌려다니며, 육경에 휘둘리는 것이다.

그렇다면 부처님의 육근은 어떨까? 부처님의 육근은 청정하기 때문에, 언제나 외부의 경계를 있는 그대로 중도적으로 바라볼 뿐이다. 언제나 분별하지 않고 '있는 그대로' 바라본다.

비가 오든 눈이 오든 겨울이든 여름이든 그 어떤 소리든 향기든 맛이든 감촉이든 다만 있는 그대로의 경계를 있는 그대로 분별 없이 본다. 분별 없이 보기 때문에 좋거나 나쁘다고 판단하지 않으며, 판단하지 않기에 마음이 오염되지 않는다.

여기에서 분별 없이 본다는 것은 대상이 좋은지 나쁜지를 전혀 모른다는 것이 아니라, 좋고 나쁜 것을 다 알면서도 거기에 끌려가거나, 실체화하지 않음으로써, 그 경계에 끌려가지 않는 것을 뜻한다. 이를 '보되 봄이 없이 본다'거나, '하되 함이 없이 한다'고도 하고, 분별하되 분별함이 없다고 설명하기도 한다. 이처럼 참된 육근 청정은 아무것도 할 줄 모르는 것이 아니라, 집착 없이 행하는, 모든 것을 다 하되 거기에 휘둘리지 않는 깨어 있는 행이다.

이러한 육근 청정의 상태를 경전에서는 육근을 잘 조복 받는다고도 하며, 육근을 수호한다거나 육근을 잘 지키는 것이라고 표현하기도 한다.

『맛지마 니까야』에서는 "눈은 보이는 것에 즐거워하며… 귀는 소리를 듣고 즐거워하며, 코는 냄새를 맡고 즐거워하고, 혀는 맛에 탐닉해 즐거워하며, 몸은 감촉에서 즐거워하고, 마음은 마음이 움직이는 대상에 따라 즐거워한다. 여래는 이 육근을 잘 길들였고, 수호하였으며, 조복 받고, 절제하였다."라고 함으로써, 육근을 잘 수호하고 지켜 청정하게 유지하는 것이야말로 불교수행의 중요한 부분임을 설하고 있다.

# 내가 있어 세계가 있다

부처님처럼 육근이 청정하게 수호되어 오염 없이 바라보게 되면 다만 '볼 뿐'이지, '보는 나'와 '보이는 대상'을 나누는 분별도 쉬게 된다. 그저 볼 뿐, 내가 대상을 본다는 분별이 없다. 나와 경계를, 육근과 육경을 둘로 나누지 않는다.

두 개의 볏단이 서로에게 기대어서만 설 수 있듯이, 육근과 육경은 서로를 인연으로 해서 있을 뿐, 독자적으로 실체적으로 존재하는 것이 아니다.

어떤 한 가지 생각이 떠오를 때, 우리는 '내가' '생각'을 한다고 여기면서, 나와 생각을 둘로 나누어 놓는다. 생각하는 나〔意根〕와 생각하는 것〔法境〕을 둘로 나누는 것이다. 그러나 의근이 청정하면, 그저 하나의 생각이 인연 따라 불쑥 일어났다가 사라졌을 뿐이지, 나와 생각이 둘인 것은 아니다.

생각하는 나를 떠나 생각되는 것은 없고, 생각되는 것을 떠나 생각하는 나는 없다. 그 둘은 언제나 동시생 동시멸이며, 둘이 아닌 하나다. 연생(緣生), 즉 인연 따라 생겨났을 뿐이다. 그런데 연생은 무생(無生)이라는 말이 있다. 인연 따라 생겨난 것은 사실 생겨나되 생겨난 바가 없는 무아(無我)임을 뜻한다.

귀로 소리를 들을 때도, 들리는 소리를 떠나 듣는 내가 있을 수 없고, 듣는 나를 떠나 들리는 소리가 있을 수 없다. 본래 듣는 나도, 들리는 소리도 따로 없지만, 그 둘은 서로 인연이 화합할 때만 인연가합으로 '있는 것'처럼 보일 뿐이다.

이렇듯 육근과 육경이 연기적으로만 있는, 인연가합의 거짓된 것임을 안다면 육근이 청정해져 육경에 끌려가거나 휘둘리지 않겠지만, 육근이 오염되면 연기적으로 있는 것을 실재로 착각하여 육경에 끌려가게 된다.

이처럼 육근·육경의 가르침은 곧 연기법의 다른 버전이다. 믿을 수 없겠지만, 나와 세계는 이처럼 인연 따라 생겨난다. 육근과 육경은 서로에게 기대어서만 존재할 수 있을 뿐이기에, 그 둘은 사실 둘이 아니다.

# 세상이 아름답게 빛나는 순간

우리의 일상은 육근 청정과 육근 오염의 두 가지 상태가 반복된다. 주로는 오염되어 있다가 깨어 있을 때 육근 청정의 순간을 때때로 마주하기도 한다.

예를 들어 우리가 여행을 떠나 새벽 일출을 마주하는 순간이나, 산모퉁이를 돌아 드디어 정상에 섰을 때 그 장엄한 툭 트인 장관을 마주할 때처럼 생각이 멎고 '아!' 하며 감동하는 순간, 우리는 눈으로 세상을 '있는 그대로' 바라보게 된다. 그 순간 안근 청정의 상태가 된다. 바로 그때는 안근과 색경의 분별이 없다.

그러나 연이어 생각이 개입되기 시작한다. 예전에 보았던 일출과 비교하면서 '예전에 보았던 일출보다 못하군!' 혹은 '이 아름다운 풍경을 어떻게 하면 사진에 잘 담을까' 등 분별과 비교, 해석 등이 일어나기 시작한다. 그러면서 곧장 욕망이 개입되고, 우리는 그 순수한 '존재'의 순간을 버리고, '소유'적 사고방식을 시작한다. 바로 그 순간, '나'와 '세상'을 나누는 분별이 시작된다. '보는 나'가 있고, '보이는 대상'이 있으며, 보이는 대상을 예전에 보았던 것들과 비교 분별, 취사간택한다. 안근(眼根)과 의근(意根)이 오염되기 시작하는 것이다.

이근(耳根), 소리도 마찬가지다. 음악을 들을 때 어떤 순간 음악에 몰입이 되어 아무런 생각 없이 그저 음악과 하나 되는 순간을 경험하게 된다. 그때가 바로 이근 청정이다. 그러나 연이어 다른 음악과 비교하고, 생각이 일어나기 시작하면서 이근이 오염되기 시작한다.

차의 향기를 분별 없이 있는 그대로 느껴보며, 그 향기와 하나 되어 그 안에 스며들 때 비근 청정이 된다. 사찰에서 발우공양을 할 때, 입을 잘 관찰하며, 음식물에 따라 끌려가지 않은 채 음식을 먹는다면 그것이 곧 설근 청정이다.

스님들은 좌선과 경행을 늘 반복하곤 한다. 걷기 명상을 통해 발바닥이 땅과 접촉하는 그 지점을 있는 그대로 관찰하며 걷는 것이다. 바로 그 순간 신근이 청정해지는 것이다.

무엇보다도 육근 청정의 대미는 의근 청정이 장식한다. 생각 없음, 무심(無心)의 경지에서 무한한 영감과 창조적 작업들이 나타난다. 우리의 생각은 하루에 5만 가지에 이를 정도로 끊임없이 이어진다고 한다. 그런 생각의 홍수 속에서, 생각을 조작해서 얻을 수 있는 것은 사실 그리 많지 않다. 이 세상을 바꾼 위대한 발명이나 발견 등은 생각으로 만들어진 것이 아니라, 생각을 내려놓고 무심히 지켜보는 가운데 밝혀진 것들이라고 한다. 생각을 쉬고 다만 존재할 때 의근 청정의 아름다운 순간이 빛을 발하게 되는 것이다.

이와 같이 사실 우리들은 종종 육근 청정의 순간과 마주한다. 음악가들은 음악을 통해 이근 청정에 이르고, 여행자들은 여행을 통해 안근 청정에 이르며, 조각가들은 조각 삼매에 빠져들면서 신근 청정에 이를 수 있다.

이것이 바로 생활 속에서의 육근 청정 수행이다. 육근을 청정하게 수호하려면, 육근이 육경과 접촉할 때 마음으로 판단하기를 멈추고 있는 그대로 지켜보면 된다. 분별 없이 지켜보는 것이 바로 지관(止觀), 정혜(定慧)이며, 팔정도의 정정(正定)과 정념(正念)이다.

눈이 세상을 바라볼 때, 바라보면서 어떤 생각과 판단·분별들이 이어지는지를 잘 관찰해 보라. 나무 한 그루, 꽃 한 송이를 아무런 판단 없이 지켜볼 수 있는가? 푸르른 하늘과 떠 있는 구름을 말없이 지켜보라.

숲 속에 들어가 자연의 소리들을 있는 그대로 들어 보라. 새소리·바람소리·풀벌레 소리를 그 소리를 따라가며 판단하거나 생각·비교·분별하지 말고 있는 그대로 들어 보라. 한 끼의 식사를 할 때, 그 음식의 향기와 맛을 고스란히 음미하면서 먹어 보라. 하루 중 자주 몸을 관찰해 보라. 차 한 잔 마실 때 두 손에 전해져 오는 따뜻한 찻잔의 온기를 충분히 느껴보라. 다만 있는 그대로 눈·귀·코·혀·몸·뜻의 여섯 곳을 주시해 보라.

육근, 여섯 문을 잘 관찰함으로써 여섯 도둑이 들어오는 것을 잘 막아낼 수 있다. 뿐만 아니라 온갖 공덕과 갖가지 장엄이 저절로 이루어질 것이다.

## 육내입처 + 육외입처 = 십이처

육근을 통해 육경을 인식하다 보니
내 안에 감각활동을 하는 존재를 나
그 감각의 대상을 세계로 나누어 분별하게 된다.

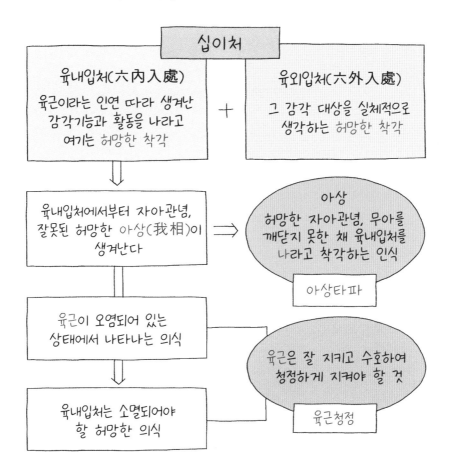

십이처

**육내입처(六內入處)**
육근이라는 인연 따라 생겨난 감각기능과 활동을 나라고 여기는 허망한 착각

+

**육외입처(六外入處)**
그 감각 대상을 실체적으로 생각하는 허망한 착각

육내입처에서부터 자아관념, 잘못된 허망한 아상(我相)이 생겨난다

→

아상
허망한 자아관념, 무아를 깨닫지 못한 채 육내입처를 나라고 착각하는 인식

아상타파

육근이 오염되어 있는 상태에서 나타나는 의식

육근은 잘 지키고 수호하여 청정하게 지켜야 할 것

육근청정

육내입처는 소멸되어야 할 허망한 의식

# 십이처─'나'와 '세상'은 어떻게 생겨날까?

우리는 육근을 통해 외부의 대상을 인식하여 받아들인다. 그런데 이렇게 우리 안의 감각기능인 육근을 통해 외부의 대상인 육경을 인식하다 보니, 내 안에 육근이 진짜로 있고, 내 밖에는 육경이 진짜로 있는 것 같은 착각을 하게 된다. 내 안에 감각활동을 하는 존재를 '나'로, 그 감각의 대상을 '세계'로 나누어 분별하게 되는 것이다.

이때, 육근이라는 인연 따라 생겨난 감각기능과 활동을 '나'라고 여기는 잘못된 착각을 육내입처(六內入處) 혹은 육내처(六內處)라고 하고, 그 감각 대상을 '세계'라고 실체적으로 생각하는 허망한 착각을 육외입처(六外入處) 혹은 육외처(六外處)라고 한다. 이 육내입처와 육외입처를 합쳐서 십이처(十二處)라고 부른다. 육내입처는 안(眼)입처, 이(耳)입처, 비(鼻)입처, 설(舌)입처, 신(身)입처, 의(意)입처이고, 육외입처는 색(色)입처, 성(聲)입처, 향(香)입처, 미(味)입처, 촉(觸)입처, 법(法)입처이다.

즉 '육근'은 인연 따라 생긴 우리 안의 여섯 가지 감각기능과 감각활동을 의미하고, '육내입처'는 그 육근을 보고 '나'라고 착각하는 어리석은 의식을 뜻한다.

단순히 보는 기능과 활동은 안근이라고 하지만, 보는 자아가 있어서 세상을 보는 것이라고 착각하는 허망한 의식을 '안입처'라고 하는 것이다.

남들이 나에게 욕설을 할 때 이근에서는 그저 그 소리를 들을 뿐이다. 욕설이라는 소리의 인연이 생겨나면 인연 따라 이근은 그 소리를 듣는 기능을 수행하는 것이다. 그러나 듣는 존재를 '나'라고 착각하는 순간 상대가 '나'를 향해 욕설을 퍼부었다는 어리석은 착각이 생겨나고, 상대방에게 욕을 얻어먹은 '나', 욕설을 듣고 상처받은 '나'라는 자아관념이 만들어진다. 이와 같이 소리를 들음으로써 그 소리를 듣는 '나'라는 자아관념이 생겨날 때 이것을 '이입처'라고 한다.

마찬가지로, 무언가를 봄으로써 '보는 나'라는 자아관념이 생겨나고, 들음으로써 '듣는 나', 냄새 맡음으로써 '냄새 맡는 나', 맛봄으로써 '맛보는 나', 대상과 접촉함으로써 '접촉하는 나', '감촉을 느끼는 나', 생각을 함으로써 '생각하는 나'가 있다는 허망한 착각이 일어나는 것이다. 이것이 바로 육내입처다.

바로 이런 육내입처에서부터 자아관념, 잘못된 허망한 아상(我相)이 생겨난다. 석가모니 부처님께서는 삼법인을 비롯해 끊임없이 무아(無我)를 설하셨는데, 본래의 무아를 중생들이 아(我)라고 착각하는 이유가 바로 여기에 있다.

여기에서는 편의상 이러한 허망한 자아관념, 무아를 깨닫지 못한 채 육내입처를 '나'라고 착각하는 인식을 아상(我相)이라고 표현하도록 하겠다.

데카르트는 '나는 생각한다. 그러므로 나는 존재한다'라고 함으로써 내 안에서 생각하는 어떤 존재가 실제로 존재하고 있다고 허망하게 착각을 함으로써 육입처 중에도 의입처의 잘못된 의식을 지니게 된 것이다. 내 안에 생각하는 것이 실제로 있는 것처럼 느끼기 때문에 그 생각하는 '나'는 분명히 존재하는 것이라고 착각한 것이다. 부처님 말씀에 의한다면 육입처는 인연 따라 생긴 것이기에 인연이 멸하면 사라지는 허망한 것일 뿐이다. 육입처의 가르침에 의하면, 데카르트가 있다고 여긴 '생각하는 나'는 인연 따라 생겨난 공한 것으로 의입처에 불과하다.

앞에서 부처님의 육근은 청정하지만, 중생들은 육근이 오염되어 있다고 했는데, 바로 육근이 오염되어 있는 상태에서 나타나는 의식이 바로 육내입처인 것이다. 청정과 오염의 차이는 있지만 육근은 부처든 중생이든 누구나 가지고 있다는 점에서는 동일하다. 감각기능과 감각활동은 부처든 중생이든 누구나 죽을 때까지는 할 수밖에 없는 활동이기 때문이다.

반면에 육내입처는 중생에게는 있지만, 부처에게는 없다. 육내입처는 감각기관이거나 감각기능이 아니라 감각기능을 보고 '나'라고 착각하는 허망한 의식이기 때문이다. 결국 육내입처는 소멸되어야 할 허망한 의식이지만, 육근은 잘 지키고 수호하여 청정하게 지켜야 할 것이다.

# 십이처―세상 모든 것의 분류법

부처님께서는 바로 이 십이처를 '일체(一切)'라고 말씀하셨다. 『잡아함경』에서는 "일체는 십이처에 포섭되니, 곧 눈과 색, 귀와 소리, 코와 냄새, 혀와 맛, 몸과 감촉, 뜻과 법이다."라고 하였고, 『상윳따 니까야』에서는 일체를 설하신 후 "이러한 일체를 버리고 다른 일체를 설한다면 그것은 말로만 떠벌리는 것일 뿐"이라고 설하셨다.

이 말은 곧 나의 다섯 가지 감각활동으로 감지되는 대상들, 나의 마음으로 지각되는 것들만을 '일체'라고 할 수 있다는 것을 의미한다.

내 눈앞에 보이는 대상, 내 귀로 듣는 소리, 코로 냄새 맡아지는 것, 혀로 맛보아지는 것, 몸으로 접촉되는 것, 의근으로 생각하는 것들 이외에 다른 것을 '있다'라고 말할 수 없다는 것이다.

예를 들어 본다면, 지난 밤 뒷산 깊은 곳의 나무 한 그루가 거친 바람에 큰 굉음을 내며 쓰러졌지만 본 사람도 들은 사람도 아무도 없다고 생각해 보자. 그렇다면 그것은 일어나지 않은 일이다. 육내입처에서 자각하지 못했기 때문이다.

사람들은 같은 길을 함께 걸어갔을지라도 사람들마다 보는 것은 다 다르게 마련이다. 사랑하는 사람은 수많은 군중 속에서도 뚜렷하게 보이지만, 그 사람에게 관심이 없다면 그 사람은 보이지 않는다.

이처럼 불교에서는 매 순간 경험되어지는 것만을, 육입처로 인식되어지는 것만을 법[존재]이라고 정의한다. 물론 육내입처와 육외입처 자체도 실제로 '있는' 어떤 것이 아니라, 인연 따라 허망하게 생겨난 것들이다. 이와 같이 부처님께서 일체라고 하는 것은 실체가 있는 어떤 것을 이름하는 것이 아니라, 인연 따라 허망하게 마음에서 연기하여 나타난 것을 일체라고 부르고 있는 것일 뿐이다.

일체(一切) = 십이처

다섯 감각활동과 그 감각되는 대상,
나의 의식과 그 의식의 대상만을 일체라 한다

저마다 자기 육내입처로 육외입처라는 세계를
지각하기에 보는 사람에 따라 다르게 지각된다.

일체라고 하는 것은 인연 따라 허망하게
마음에서 연기하여 나타난 것
인연가합,연생무생(緣生無生)

무아(無我)
공(空)
비실체성

나도 세계도 허망하게 연기하는 비실체적인 것일 뿐,
있다고 여겨지는 것일 뿐이지 진짜 있는 것은 아니다.
다만 내가 볼 때만 있을 뿐이다.

주도권은 언제나 육외입처라는
외부 대상에 있지 않고,
늘 나 자신에게 있다.

내가 볼 때만 있다.
나도 세계도…

# 십이처―내가 볼 때만 있다

사람들은 저마다 자기 육내입처로 자기가 만들어 놓은 외부의 세계〔六外入處〕를 인식하고 경험하며 살 뿐이다. 내가 세상이라고 여기는 것과 다른 사람이 세상 이라고 여기는 것은 같을 수가 없다. 보는 사람에 따라 세상은 다르게 펼쳐진다.

쉽게 말하면, 나도 이 세상도 모두 독립적으로 실체하는 것이 아니라, 우리 마음속에서 연기하여 존재하는 인연가합의 존재일 뿐이다. 육내입처가 있으므로 육외입처가 있고, 육외입처가 있으므로 육내입처가 있을 뿐이지, 육내입처와 육외입처가 별도로 존재하고 있는 것은 아니다. 즉 나와 세계가 실체적으로 존재하는 것이 아니라, 내가 볼 때 보이는 것도 함께 연기하는 것일 뿐이다.

이처럼 연기적으로만 존재하는 것은 인연가합이라고 하여, 거짓으로 화합된 것이다. 또한 연생무생(緣生無生)이라고 하여 인연 따라 생겨난 것은 사실은 생겨난 바가 없다. 연기법이기에 곧 무아다.

실제 양자물리학에서도 관측을 하기 전까지 우주의 모든 물질은 입자가 아닌 파동으로 존재하며, 관찰하기 전까지 입자〔物質〕는 존재하지 않음을 밝히고 있다. 과거에는 이것이 미시세계에서만 이루어지는 법칙이라고 믿었으나, 점차 실험을 통해 거시세계의 모든 물질도 마찬가지임을 밝혀내고 있다.

가깝게는 2019년 11월 11일, '오스트리아 비엔나(University of Vienna) 물리학 연구진'은 무려 2,000개의 원자로 이루어진 대형 분자를 이용해 유기물을 통한 이중 슬릿 실험에 성공함으로써, '관측을 하지 않을 때는 유기물조차 물질로서 존재하는 것이 아니라 파동의 형태로만 존재한다'는 것을 밝혀냈다. 우리의 몸을 이루고 있는 유기물조차 관측하기 전에는 입자가 아니라는 것이다.

실체는 어디에도 없다. 있다고 여겨지는 것일 뿐이지 진짜 있는 것은 아니다. 다만 내가 볼 때만 있을 뿐이다. 내가 보지 않을 때 세계는 존재하지 않는다.

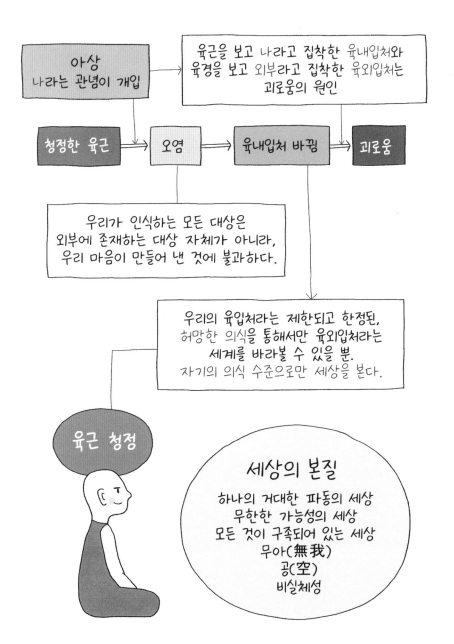

아상
나라는 관념이 개입

육근을 보고 나라고 집착한 육내입처와
육경을 보고 외부라고 집착한 육외입처는
괴로움의 원인

청정한 육근 → 오염 → 육내입처 바뀜 → 괴로움

우리가 인식하는 모든 대상은
외부에 존재하는 대상 자체가 아니라,
우리 마음이 만들어 낸 것에 불과하다.

우리의 육입처라는 제한되고 한정된,
허망한 의식을 통해서만 육외입처라는
세계를 바라볼 수 있을 뿐.
자기의 의식 수준으로만 세상을 본다.

육근 청정

세상의 본질
하나의 거대한 파동의 세상
무한한 가능성의 세상
모든 것이 구족되어 있는 세상
무아(無我)
공(空)
비실체성

# 십이처—괴로움이 생기는 이유

만약 누군가가 나에게 '성격이 나쁘다'고 말했을지라도, 사실 그 말은 나를 상처 줄 만한 실체성을 지닌 말이 아니다. 그 사람의 아주 제한적인 관점에서, 나의 어떤 특정 행동을 보고 '성격이 나쁘다'고 말한 것일 뿐, 그것이 나의 '진짜' 모습을 대변하는 것은 아니다. 어쩌면 그 사람은 부정적인 성향이 강해서 모든 사람을 볼 때 부정적으로 보는 사람일지도 모른다.

그렇다면 그 사람이 '성격이 나쁘다'고 한 그 말이 더 큰 문제인가? 아니면 그 말을 심각하게 받아들여 계속해서 그 말로 반복해서 상처받고 있는 내 마음이 더 큰 문제인가? 그 말을 그저 가볍게 웃어넘기고 말 것인지, 그 말에 빠져 큰 상실감을 두고두고 가질 것인지는 언제나 나 자신이 선택하는 것일 뿐이다. 즉, 그 주도권은 언제나 육외입처라는 외부 대상에 있지 않고, 늘 나 자신에게 있다.

바깥 대상인 육외입처는 언제나 끊임없이 변화한다. 언제나 비도 오고 눈도 오고 좋은 날씨도 있다. 욕하는 사람도 있고, 칭찬하는 사람도 있다. 좋은 향기도 있고 나쁜 향기도 있으며, 좋은 감촉도 있고 나쁜 감촉도 있다. 그것이 세상이고 삶이다. 그것은 전혀 문제 상황이 아니라 자연스러운 상황일 뿐이다.

그 자연스러운 상황에 '나'를 개입시켜 놓고, 나를 중심으로 적과 아군을 만들어 놓은 채 온갖 해석·판단·분별을 가함으로써 괴로운 상황 혹은 즐거운 상황으로 꾸며내는 주인공은 바로 육내입처라는 허망한 의식인 것이다.

이처럼 육근이 육경과 접촉할 때 육근을 '나'라고 실체적으로 생각하고, 육경을 '외부'라고 실체적으로 생각하여, 십이처라는 허망한 의식을 만들어 내면 거기에서 괴로움이 생긴다. 이와 같이 육내입처라는 아상이 생겨날 때 모든 괴로움이 연기하는 것이다. 사실은 육내입처도 육외입처도 허망한 의식일 뿐이다. 일체 삼라만상 세계 전체가 곧 내 마음이 만들어 낸 허망한 의식일 뿐이다!

# 십이처—나에게 이해된 세상일 뿐

청정한 육근으로 인식되는 세상은 괴로울 것이 없지만, 육근이 오염되고, '나'라는 관념이 개입하게 되면 육근에 대한 의식이 육내입처로 바뀌면서 괴로움이 생겨난다. 이것이 고(苦)의 원인이다.

그러면 육근이 오염되면서 어떻게 육입처의 의식으로 왜곡되는지를 살펴보자. 앞에서 안·이·비·설·신 오근이 각자 자신의 대상을 인식한 것을 가지고 의근(마음)은 종합하여 사람·동물·과일·산과 들 등 삼라만상으로 인식하며, 나아가 행복·질투·고요·기쁨 등의 정신적인 것 또한 인식하게 된다고 했다.

그런데 여기에서 의근의 활동을 살펴보면, 의근은 외부에 있는 것 그 자체를 있는 그대로 인식하는 것이 아니라, 외부에 있는 대상들을 오근의 도움을 받아 자기 식대로 인식한다. 왜 그럴까? 앞서 설명한 것처럼 보고 듣고 냄새 맡고 맛보고 감촉을 느끼는 존재를 '나'라고 착각함으로써 '내가 있다'는 아상을 만들어 내기 때문이다. 즉, 의근에 아상이 개입되어 의입처로 바뀌는 것이다.

그래서 우리가 똑같은 장소에서 똑같은 것을 보았더라도 사람에 따라 각자 그 장소에서 인식한 것이 다르고, 느낌도 다를 수밖에 없다. 외부의 사물 그 자체를 인식한 것이 아니라, 내 방식대로 조합되고 종합된 '의입처가 만들어 낸 대상'을 인식하는 것이기 때문이다. 이 말은, 우리가 인식하는 모든 대상은 외부에 존재하는 대상 자체가 아니라, 우리 마음이 만들어 낸 것에 불과함을 의미한다.

이렇게 인연 따라 만들어진 나(六內入處)와 세계(六外入處)가 곧 십이처(十二處)이고, 십이처가 곧 일체 모든 것이다. 내가 보는 것이 곧 전부다. 나에게 감각되고 인식된 것만이 세상 모든 것, 즉 일체(一切)다.

만약 내 바깥에 고정된 실체로서의 세상이 있어서 우리가 그것을 보는 것이라면, 누가 보든 보이는 세계는 같아야 할 것이다. 그러나 가시광선만을 볼 수 있는 인간의 안근으로 보는 세상과 자외선까지 볼 수 있는 물고기나 꿀벌이 보는 세상은 결코 같을 수가 없다. 물고기들은 자외선을 볼 수 있기 때문에 우리 인간의 눈에는 똑같이 생긴 물고기지만 물고기들은 물고기마다의 자외선의 얼룩무늬로 서로를 구분할 수 있다고 한다.

또한 뱀은 눈 아래 있는 골레이 세포(golay cell)라는 특수한 신경 세포를 통해 적외선을 감지한다고 하니, 적외선을 감지하는 뱀이 보는 세상은 우리가 보는 세상과는 같을 수가 없다. 만약 세상이 정해진 하나의 모습으로 실체적으로 존재한다면, 이렇게 보는 이들에 따라 다르게 보이지는 않을 것이다.

우리는 육입처라는 제한되고 한정된, 허망한 의식을 통해서만 육외입처라는 세계를 바라볼 수 있을 뿐이다. 그렇기에 이 세상은 보는 자에 따라서 어떻게도 보일 수 있는 무한 가능성의 장이다.

그래서 육입처라는 허망한 착각의 의식이 소멸되게 되어 육근이 청정해진다면, 부처님이 세상을 보는 것처럼 육안(肉眼)만이 아닌 천안(天眼), 법안(法眼), 불안(佛眼)을 모두 구족하게 될 것이다. 부처님의 눈, 불안은 안입처라는 허망한 분별에 갇힌 의식이 아니기 때문에 있는 그대로의 세계를 분별 없이 있는 그대로 볼 수 있는 것이다.

무한한 가능성의 세계란 다시 말하면, 무아(無我)이며 공(空)한 비실체성이라는 세계의 본질이다. 바다 위에 무수히 많은 파도가 치듯, 텅 빈 무아, 공의 바탕 위에 삼라만상이라는 파도가 인연 따라 치고 있다. 파도가 겉으로 보기에는 무수한 파도이지만 결국 하나의 바다이듯, 분별 없이, 육근의 오염 없이 바라보면 이 세상도 결국은 우리 눈에 보이는 것과 같은 분별된 세계, 무수히 많이 나뉘어지는 세계가 아니라, 본 바탕은 바다와 같은 대열반 적멸의 고요함이 아닐까.

결론적으로 깨닫지 못한 우리가 보는 세계는 있는 그대로의 세계가 아니다. 세상에 대해 알았다고 말하는 순간, 사실은 정말 있는 그대로의 세상을 안 것이 아니라, 나에게 이해된 세상, 나에게 파악되어진 제한된 세상을 안 것에 불과하다.

# 십팔계—마음이 생겨나는 과정

십이입처는 '자아'와 '세계'를 나와 세상이라고 착각하는 허망한 의식이다. 그런데 십이처가 '일체'라고 했으니, 우리가 일체 모든 것이라고 여기는 것은 사실 허망한 망상의 세계다. 이 세상, 삼라만상이 내가 만든 하나의 거대한 착각이다.

한 발 더 나아가 보자. 자아와 세상을 나누고, 나와 너를 나누는 이 십이입처에서 나와 세상을 나누고 분별하여 인식하는 마음인 육식(六識)이 생겨난다.

십이입처의 의식에서는 '나'라는 자아의식이 생기기 때문에 내가 좋아하는 것만을 보고 싶고, 좋은 소리만 듣고 싶고, 좋은 향기와 좋은 음식을 맛보기를 원한다. 반대로 싫어하는 것은 멀리하고, 싫은 소리는 듣기 싫다. 육내입처가 육외입처를 만나면서 좋고 나쁜 분별이 일어나고, 나에게 득이 되는지 실이 되는지를 따진다. 이것이 바로 육식의 분별해서 인식하는 작용, 식별해서 아는 작용이다.

이처럼 십이입처라는 허망한 의식이 생겨나면 십이입처라는 인연 따라 육식이 연기한다. 십이입처에서 육식이 생겨나면, 이 십이입처와 육식을 인연으로 십팔계(十八界)라는 새로운 계(界)가 발생한다.

여기에서 계란 '경계를 나눈다'는 의미로, 같은 종류로 묶어 경계를 나누는 것을 의미한다. 즉 십팔계는 자아계 내지 주관계로서 안계·이계·비계·설계·신계·의계의 6가지와 대상계로서 색계·성계·향계·미계·촉계·법계의 6가지, 그리고 의식계로서 안식계·이식계·비식계·설식계·신식계·의식계의 6가지로 합쳐서 18가지를 말한다. 육내입처가 십팔계에서는 내육계가 되고, 육외입처가 외육계가 되며, 새롭게 의식계인 6가지 의식계가 만들어지는 것이다.

그런데 이 또한 '십이처가 있으므로 육식이 있고, 십이처가 멸하면 육식도 멸한다'는 연기적인 관계이며, 연기적인 관계란 곧 의존해서만 있을 수 있는 인연 가합이며, 허망한 것이라는 뜻이다.

# 십팔계―마음이 '나'라는 착각

우리는 보통 육식(六識)을 '마음'이라고 이해하며, 이는 '대상을 분별해서 아는 마음'이다. 내가 세상을 접촉하면서 받아들여 인식하다 보니 내 안에 '마음' 혹은 '의식'이라는 것이 별도로 우리 안에 존재한다고 여기는 것이다.

눈으로 대상을 바라볼 때, 우리는 눈이라는 신체의 시각기관을 통해 내 안에 실재하고 있는 마음[意識]이 본다고 생각한다. 눈으로 봐서 대상을 분별하여 아는 '놈[마음]'이 있다고 여기게 되고, 그 인식하는 마음을 '식(識)'이라고 부른다.

귀로 소리를 들을 때도 '듣는 마음[耳識]'이 있다고 여기며, 맛보고 냄새 맡고 감촉을 느끼고 생각할 때도 각각 그것을 인식하는 '식[마음]'이 있다고 여긴다. 그래서 이 식을 나의 주체라고 착각하게 된다.

그러나 사실 육식이 일어나는 것은, 의식 주체가 내 안에 진짜로 있어서 눈으로 볼 때 안식계 등이 일어나는 것이 아니라, 십이입처라는 허망한 착각으로 대상을 인식할 때 인연 따라 생겨나는 것일 뿐이다. 다만 중생들은 어리석은 착각으로 인해 그것이 내 안에 있는 '식(識)'이라는 실체로 여기는 것이다.

그럼으로써 식을 내 안의 영혼처럼 생각하면서 죽지 않고 살아 있는 동안 지속되는 실체로 여기고, 나아가 죽고 난 다음에도 다음 생을 받는 영원한 존재라는 주장까지 생겨나게 된 것이다. 유식사상은 이 식에 대한 연구를 통해 제7 말나식(第七 末那識)과 제8 아뢰야식(第八 阿賴耶識)설까지 식사상을 확대시키고 있다.

이렇게 내 안에, 대상을 분별해서 의식하는 마음인 식이 있다는 육식의 분별심이 생기면, 내 바깥에는 이름과 형태를 가진 식의 대상 즉 명색(名色)이 있다는 생각이 만들어진다. 육식이라는 분별심이 대상을 이름 붙여 인식하고[名] 형태로서 인식하게[色, 相] 되는 것이다. 이러한 육식의 대상을 경전에서는 명색이라고 부른다. 육근의 대상은 육경이지만, 육식의 대상은 명색이 되는 것이다.

# 십팔계─육식六識, 괴로움을 내가 만들었다고?

똑같은 소리를 듣고도 좋아하는 사람도 있고 싫어하는 사람도 있으며, 같은 음식의 향기를 느끼면서 좋다는 사람도 있고 싫어하는 사람도 있다. 똑같은 것을 보더라도 저마다 자기 방식대로, 자기 욕심대로 바깥 대상을 차별적으로 분별 인식하는 것이다. 이와 같이 대상을 분별해서 인식하는 의식이 육식이다.

똑같이 산행을 하더라도 건축업자는 나무의 쓰임새만 보면서 걸을 것이고, 사진작가는 아름다운 풍경을 담으려 하고, 꽃 연구가는 꽃에만 눈길이 갈 것이다. 또한 마음이 우울한 사람은 숲길 또한 음침하게 느껴졌을 것이고, 행복한 사람은 생기 있는 숲과 달콤한 공기, 맑은 자연을 온몸으로 느꼈을 것이다.

이처럼 식이라는 분별심으로 세상을 의식하게 되면, 저마다 자기의 의지와 탐욕이 원하는 것들을 기반으로 대상인 명색(名色)을 인식한다. 그렇기에 우리는 대상을 있는 그대로 인식하지 못하고 자기 식대로, 자기가 만들어 놓은 대상을 인식할 뿐이다. 이처럼 육식(六識)은 환영에 불과하며, 허망한 의식이다.

그래서 수많은 경전이나 법문들에서는 '분별심을 버려라'는 무분별의 가르침을 설파했던 것이다. 바로 이러한 인식으로 인해 세상을 있는 그대로 보지 못하고 왜곡하기 때문이다. 왜곡해서 볼 때, 왜곡된 자아관[眼界 내지 意界]과 세계관[色界 내지 法界], 인식관[眼識界 내지 意識界]에 사로잡히게 되고, 그로 인해 온갖 비교·판단·분별이 생겨남으로써, 우리 삶에 괴로움이 생겨난다.

그렇다면 모든 괴로움은 사실 진짜 괴로움이 아니라 내가 괴로움이라고 분별·왜곡하여 인식한 것일 뿐이다. 이렇게 현실을 육식이라는 분별로 왜곡해서 보지 않고 '있는 그대로를 있는 그대로' 본다면 괴로움은 연기하지 않는다.

이것을 지혜라고 하며, 유식불교에서는 전식득지(轉識得智)라고 했고, 뒤에 공부할 팔정도에서는 '있는 그대로 본다'고 하여 정견(正見)이라고 한다.

# 십팔계—내가 만든 고(苦)에서 벗어나려면

불교에서는 이 육식(六識)이 중요하다. 육식이야말로 실질적인 고(苦)의 원인이기 때문이다. 육식은 대상을 아는 마음, 곧 분별심(分別心)이다.

육식의 특징은 모든 대상들을 좋거나 나쁜 것, 맞거나 틀린 것, 크거나 작은 것 등으로 둘로 나누어서 인식한다. 사람의 키가 큰지 작은지는 다른 사람과 비교를 통해서만 분별 인식된다. 이처럼 육식은 비교를 통해 대상을 안다고 여긴다.

이렇듯 대상을 둘로 나눈 뒤에 한쪽은 좋아하고 다른 쪽은 싫어한다. 좋아하면 애착을 일으키고, 싫어하면 미워하며 거부감을 일으킨다. 좋아서 집착하는 것은 가지려는 마음이 일어나고, 싫어서 미워지는 것은 버리려는 마음이 일어난다. 이것이 취사간택심(取捨揀擇心)이다. 취하고자 하는데 갖지 못하거나, 버리고 싶은데 버려지지 않을 때 괴롭다. 취사간택심이 곧 괴로움의 원인이다.

육식은 실체성이 없으니 사실 우리가 좋거나 싫다고 여기는 모든 것은 내 마음이 만들어 낸 허망한 착각일 뿐이다. 모든 대상은 다른 것과의 비교를 통해서만 그렇게 분별되었을 뿐, 그 분별 자체가 허망하기 때문이다. 이 사실을 깨닫는다면, 우리는 분별하고 취사를 하면서도 과도하게 그 분별심과 취사간택심에 사로잡히지는 않을 것이다. 『금강경』의 "응무소주 이생기심(應無所住 而生其心)"이라는 말처럼, 집착하지 않고 마음을 내게 된다.

육식의 이런 특성을 안다면, '내가 안다'고 여기는 것이 분별을 통해 인식된 것일 뿐, 실재가 아님을 깨달을 것이다. '모를 뿐'임이 더 선명해진다.

육식은 '안다'는 마음인데, 진실은 '모를 뿐'이다. 모를 뿐이니, 대상을 분별하지 않고, 그저 있는 그대로 받아들이게 된다. 이것이 곧 육입처, 육식, 십이처, 십팔계라는 허망한 의식에 휘둘리지 않고 살아갈 수 있는 지혜로운 길이다.

## 십이처와 육식의 인연, 십팔계

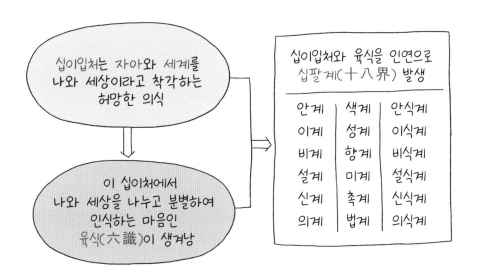

십이입처는 자아와 세계를 나와 세상이라고 착각하는 허망한 의식

이 십이처에서 나와 세상을 나누고 분별하여 인식하는 마음인 육식(六識)이 생겨남

십이입처와 육식을 인연으로 십팔계(十八界) 발생

| 안계 | 색계 | 안식계 |
| 이계 | 성계 | 이식계 |
| 비계 | 향계 | 비식계 |
| 설계 | 미계 | 설식계 |
| 신계 | 촉계 | 신식계 |
| 의계 | 법계 | 의식계 |

육식 
— 마음이라고 이해하며
— 육내입처에서 육외입처라는 대상을 인식하는 의식
— 마음 혹은 의식이 나 자신이라고 착각
— 육식의 대상인 명색(名色)이 생겨남

### 고(苦)의 원인인 육식

- 육식이라는 대상을 아는 마음은 비교를 통해 대상을 안다—분별심
- 분별심은 취사간택심을 일으키고 이는 곧 괴로움의 원인인 된다.
- 이 육식은 비교를 통해서 인식되었을 뿐, 그 자체는 허망하기에
- 분별심과 취사간택심에 사로잡히지 않고 있는 그대로 바라보라.
- 위빠사나, 지관(止觀) 수행, 사념처(四念處) 명상 수행

# 오온

# '있다'고 생각하는 것들의 실체, 촉觸

우리는 앞 장에서 6가지 주관자아계와 6가지 객관대상계 그리고 6가지 의식계가 서로 계역을 이루어 나뉘어져 있는 의식상태를 십팔계라고 한다고 했다. 이렇게 각각 6가지 주관계·객관계·의식계가 계역을 이루며 나뉘어져 있다가 이 세 가지 계역이 합쳐져 접촉을 하는 것을 '촉(觸)'이라고 한다. 이 세 가지 계는 각각 실체적으로 존재하는 것이 아니라, 인연이 화합했을 때만, 즉 '촉'했을 때만 연기적으로 인연생기(因緣生起)하는 것이다.

십팔계가 접촉〔觸〕할 때, 바로 그 '접촉'한다는 것은 곧 접촉을 통해 '무언가가 있다는 의식'이 일어났음을 의미한다. 쉽게 말해, 촉이란 단순한 십팔계의 접촉이 아니라, '존재한다'고 여기는 의식, '무언가가 있다'고 여기는 의식이다.

지난 밤 천둥 번개가 치고, 요란하게 폭풍우가 내렸지만, 한 사람은 그로 인해 벌벌 떨며 걱정을 했고, 다른 한 사람은 전혀 의식하지 못한 채 깊은 잠에 빠졌다가 일어났다고 치자. 후자에게 폭풍우와 천둥 번개는 인식되지 않았다. 십팔계가 이 사람에게는 전혀 '촉'하지 않은 것이다.

그러나 전자에게는 눈으로 폭우를 보고, 귀로 번개 소리를 듣고, 생각으로 온갖 두려운 생각을 품으면서 인식을 했기 때문에 십팔계라는 삼사(三事)가 화합하여 '폭풍우와 천둥 번개가 있다'라는 '촉'이 생겨난 것이다.

전자의 사람에게는 촉이 있었기 때문에 '무언가가 존재'했지만, 후자에게는 촉이 없었기 때문에 그 무엇도 존재하지 않은 것이다.

우리가 '있다'고 여기는 일체 모든 것은 이와 같다. 그것은 실제로 있는 것이 아니라 다만 인연 따라 잠시 잠깐 생겨났다가 인연이 다하면 사라지는 인연가합의 존재일 뿐이다.

# 느낌·생각·의지의 탄생

이 십팔계의 화합을 통해 '있다'는 의식인 '촉'이 나타나게 되면, 이 촉에 의해 수·상·사(受想思)가 생겨난다. 수·상·사는 곧 오온(五蘊)의 수·상·행(受想行)이다.

『잡아함경』에서는 "안과 색을 연하여 안식이 생기고, 이 세 가지가 화합하는 것이 촉이다. 촉에서 수·상·사가 함께 생겨난다."라고 설하고 있다. 의계(意界)와 법계(法界)가 연하여 의식계(意識界)가 생기고 그 세 가지가 촉(觸)함으로써 수·상·사, 즉 수·상·행이라는 오온이 만들어진다.

이처럼 십팔계가 접촉함으로써 오온이 생겨난다. 즉 오온이란 십팔계와 촉에서 인연 따라 만들어진 '존재'라고 착각된 것이다.

예를 들어, 꿈속에서 무수한 보물을 보고, 큰돈을 벌었다고 할지라도 꿈에서 깨는 순간, 그 모든 것이 허망하며 실제로 존재하지 않는 것임을 안다. 그렇기 때문에 꿈에서 깨는 순간 그 꿈속의 금은보화에는 전혀 집착하지 않는다.

사실은 우리의 삶 또한 이러한 꿈과 마찬가지로 허망한 착각에 불과하다. 우리가 '있다'고 여기는 그 모든 것들은 사실 꿈과 같다. 그러나 '촉'에 의해 진짜로 있다고 착각하게 되면, 그것에 대해 좋거나 싫다는 느낌이 일어난다. 바로 이렇게 해서 생겨난 좋거나 싫다는 느낌, 감정을 수온(受蘊)이라고 한다.

이 느낌과 함께 과거로부터 배워 익힌 표상을 통해 금은보화라고 이름 짓고, 금은보화가 귀하고 값진 것임을 아는 표상작용인 상온(想蘊)이 생긴다.

좋은 느낌이 생기고, 그것에 대해 상을 지어 생각하게 되면 연이어 그것을 내 것으로 만들고 싶은 충동을 느끼고 행동에 옮길 것이다. 이러한 의지작용이 바로 행온(行蘊)이다. 이렇게 해서 수·상·행이 생겨난다. 보통 식을 마음이라고 하고, 수·상·행을 마음의 부수작용이라고 한다.

# 세상 모든 것들의 3가지 분류법

오온(五蘊)이란 우리가 '촉'으로 인해 '있다'고 여길 수 있는 모든 것들이다. 즉 일체 모든 것들은 전부 오온에 포섭된다.

십이처도 일체(一切)라고 했고, 일체를 십팔계로도 나눌 수 있다고 했는데, 여기 이 오온 또한 일체를 분류하는 분류법 중 하나다.

부처님께서는 초기경전에서 일체에 대한 다양한 분류 방법을 설하셨는데 대표적인 것이 온처계(蘊處界)라고 하여 오온, 십이처, 십팔계다.

이렇듯 온처계 등으로 일체에 대해 다양한 분류법을 설하신 이유는 우리가 나라는 존재의 허망함, 연기성을 깨닫지 못함으로 인해 실체적으로 자아가 있다고 여기고, 그럼으로써 자아에 집착하는 어리석음을 타파해 주기 위함이다. 온처계를 통해 우리가 '나'라고 여기고, '세계'라고 여기는 것을 하나하나 해체해서 사유해 봄을 통해, 결국 나와 세계를 이루는 것들이 모두 실체가 아님을 깨닫도록 이끌어 주기 위함이다. 비실체성과 무아, 연기의 자각을 통해 결국 괴로움에서 벗어나도록 하기 위함이다.

이렇게 세 가지로 나눈 데 대해서는 일반적으로 정신에 대해 잘못 이해하고 있는 사람을 위해서는 오온(五蘊)을 설하고, 물질을 잘못 이해하고 있는 사람들을 위해서는 십이처(十二處)를 설하며, 정신과 물질 모두에 대해 잘못 이해하고 있는 사람들을 위해서는 십팔계(十八界)를 설한다고 한다.

이렇게 온처계로 나누어 설명함으로써 다양한 근기의 온갖 중생들에게 결국 물질과 정신은 모두 실체적인 것이 아니며, 다만 인연 따라 연기되어진 가합의 존재에 불과하며, 무아임을 설명하고 있는 것이다.

# 나가 만들어지는 과정, 오온의 탄생

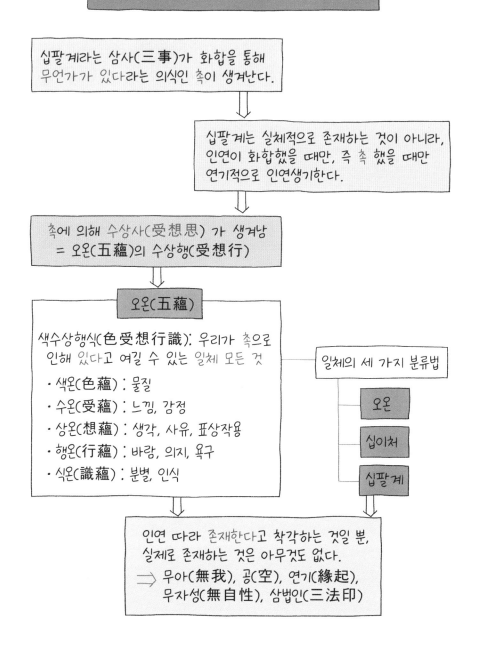

십팔계라는 삼사(三事)가 화합을 통해
무언가가 있다라는 의식인 촉이 생겨난다.

십팔계는 실체적으로 존재하는 것이 아니라,
인연이 화합했을 때만, 즉 촉 했을 때만
연기적으로 인연생기한다.

촉에 의해 수상사(受想思) 가 생겨남
= 오온(五蘊)의 수상행(受想行)

오온(五蘊)

색수상행식(色受想行識): 우리가 촉으로
인해 있다고 여길 수 있는 일체 모든 것

· 색온(色蘊) : 물질
· 수온(受蘊) : 느낌, 감정
· 상온(想蘊) : 생각, 사유, 표상작용
· 행온(行蘊) : 바람, 의지, 욕구
· 식온(識蘊) : 분별, 인식

일체의 세 가지 분류법

오온

십이처

십팔계

인연 따라 존재한다고 착각하는 것일 뿐,
실제로 존재하는 것은 아무것도 없다.
⟹ 무아(無我), 공(空), 연기(緣起),
무자성(無自性), 삼법인(三法印)

# 이렇게 나라는 착각은 시작되었다

오온의 온(蘊)은 '모임'이라는 뜻으로 음(陰)이라고 번역되기도 한다. 좁게는 인간 존재도 오온이라고 부르며, 넓은 의미로는 일체 모든 존재를 오온이라고 부르기도 한다. 특별히 인간 존재만을 구별해서 사용할 때는, 오온을 자아로 집착한다는 의미에서 오취온(五取蘊)이라는 표현을 사용한다.

오온에 의하면 일체 제법은 물질적인 색(色)과 정신적인 수·상·행·식(受想行識)으로 나눌 수 있다.

색(色)은 물질로, 우리 몸의 감각기관인 안·이·비·설·신과 그 대상인 색·성·향·미·촉을 색이라고 부른다. 눈과 눈에 보이는 대상, 귀와 귀에 들리는 소리, 코와 코로 맡아지는 냄새, 입과 입으로 맛보아지는 것, 몸과 몸으로 감촉 느껴지는 대상 전부를 색의 범주에 넣는다.

그리고 식은 십팔계에서 설명한 육식(六識)이다. 앞에서 식의 대상을 명색(名色)이라고 부른다고 했는데, 수·상·행·식을 명(名)으로, 색을 색(色)으로 나눌 수 있다. 우리가 식으로 인식할 수 있는 의식의 대상은 명색, 즉 색·수·상·행·식 오온인 것이다. 진실은 내가 없는 '무아'임에도 불구하고 '나'를 있다고 여기는 이유는 바로 '촉' 때문이고, 그 허망한 촉으로 인해 '내가 있다'고 여겨지는 것들의 종류가 바로 색·수·상·행·식 오온인 것이다.

'나'라는 인간 존재를 오온이라고 했고, 오온은 '촉'으로 인해 '있다'고 여겨지는 것이라고 했다. 즉 우리가 실제로 내가 없는 '무아'임에도 불구하고 '나'를 있다고 여기는 이유는 바로 '촉' 때문이고, 그 허망한 촉으로 인해 '내가 있다'고 여겨지는 것들의 종류에는 색·수·상·행·식 다섯 가지가 있는 것이다.

그러면 다음 장에서는 오온 각 온의 세부적인 의미를 살펴보고 그러한 오온이 왜 무아인지를 살펴보도록 하자.

# 오온과 오온 무아—그래서 '나'는 있어? 없어?

앞 장에서 삼법인의 제법무아를 살펴보면서, 무아야말로 초기불교의 가장 중요한 가르침이며, 무아는 곧 연기 · 중도 · 공과 다르지 않은 개념이라고 했다. 부처님께서는 전 생애에 걸쳐 이 무아의 가르침을 쉽게 이해시킬 수 있는 다양한 방편의 가르침을 전해 주셨다. 그 가운데 하나가 바로 오온(五蘊)이다.

내가 없다고 하는데 도대체 왜 내가 없다는 말인가? 이렇게 몸뚱이도 있고, 생각하고, 느끼고, 의도하며, 의식하는 마음도 분명히 있는데 왜 무아라고 하셨을까? 바로 그 답변으로 설하신 가르침이 오온이다.

무조건 '내가 없다', '무아다'라고 말하는 것이 아니라, 우리가 '나'라고 생각하는 것이 세부적으로 분석해 보면 어떤 요소들로 나뉘고 있는지를 살펴보고 그 각각의 부분들이 왜 실체가 없는지를 살펴본 것이다. 나를 구성하고 있는 다섯 가지의 요소들이 각각 모두 비실체적이며, 텅 빈 공허한 것이라면 그 다섯 가지가 조합된 '나'라는 존재 또한 무아일 수밖에 없을 것이다.

그래서 『상윳따 니까야』에서는 "라훌라여, 색은 항상한가 무상한가?" "무상합니다." "무상한 것은 괴로움인가 즐거움인가?" "괴로움입니다." "무상하고 괴로운 것을 '나다. 내 것이다. 나의 자아다'라고 할 수 있는가?" "그렇지 않습니다." "소냐여, 색 · 수 · 상 · 행 · 식은 항상한가 무상한가… 즐거움인가 괴로움인가? '나다, 내 것이다, 나의 자아다'라고 할 수 있는가?" "그렇지 않습니다." "이처럼 무상한 줄 알기 때문에 색 · 수 · 상 · 행 · 식에 집착하지 않고, 집착하지 않음으로 욕망에서 벗어나며, 욕망에서 벗어남으로 인해 해탈을 얻는다."라고 함으로써, 오온은 모두 무상 · 고 · 무아이며, 그렇기에 집착할 것이 없음을 설하고 있다.

다음은 먼저 오온의 의미에 대해 살펴보고, 그 오온의 각 온들이 왜 고정된 실체적 존재가 아닌 무아인지에 대해 살펴보도록 하자.

# 색온色蘊—몸은 내가 아니야

## 색온이란?

우리가 '존재한다'고 여기는 것들은 물질적인 것과 정신적인 것으로 나눌 수 있는데, 그중 물질적인 것을 '색온(色蘊)'이라고 부른다.

'온(蘊)'은 쌓임, 집합, 존재를 구성하는 요소 등의 의미다.

'색(色)'은 모양과 형태를 갖춘 것이다. 색온이란 이 세상을 이루고 있는 물질의 총체다. 오취온(五取蘊)이 인간을 한정해서 말한다면 색은 우리의 육신을 말하며, 구체적으로는 안·이·비·설·신(眼耳鼻舌身)과 그 대상인 색·성·향·미·촉(色聲香味觸)이 색이다.

색은 사대(四大) 즉 지수화풍(地水火風)이라는 네 가지 요소로 이루어져 있다. 우리 몸으로서의 색은 내사대(內四大), 외부 대상의 색은 외사대(外四大)라고 부르기도 한다.

지수화풍 사대는 땅·물·불·바람의 요소를 말한다.

땅의 요소인 지대(地大)는 딱딱한 성질의 물질로서 변형되는 성질을 가진 것으로 우리 몸에서는 피부·뼈·머리카락·손발톱·심장 등 우리 몸을 구성하고 있는 여러 기관들이나 딱딱한 구성요소들을 뜻한다.

물의 요소인 수대(水大)는 흐르거나 적시는 성질을 가진 액체 부분으로 우리 몸에는 피, 오줌, 침 등을 말한다.

화의 요소인 화대(火大)는 뜨거운 열의 기운을 말하는 것으로 우리 몸의 체온을 말하며, 우리가 살아 있기 위해서는 일정한 체온이 유지되어야 하듯 화대 또한 우리 몸을 유지하는 중요한 요소이다.

풍의 요소인 풍대(風大)는 움직이는 성질의 것으로 우리 몸에서는 호흡·혈액의 움직임·가스 등을 말하며, 우리 몸이 움직이는 것은 모두 바람의 요소가 작

# 무아의 가르침– 오온(五蘊)

우리가 나라고 생각하는 것은 어떤 요소들로 나뉘고 있는가?
그 요소들은 왜 실체가 없는가?

존재한다 혹은 있다고 여기는 것들 : 오온

┌ 물질적인 것 : 색온(色蘊)
└ 정신적인 것 : 수온(受蘊), 상온(想蘊), 행온(行蘊) , 식온(識蘊)

| 색온(色蘊) | |
|---|---|
| 의미 | • 물질의 총체, 우리의 육신<br>• 안이비설신과 그 대상인 색성향미촉 |
| 구성요소 | • 사대(四大) 즉 지수화풍(地水火風)<br>• 사대로 이루어진 물질세계와 육신이 색온 |
| 성격 | • 사대 낱낱의 요소들은 고정된 실체적 존재는 아니다.<br>• 색온, 즉 육신 또한 고정된 실체가 아니다.<br>• 색온이라는 것, 우리 육신, 몸이라는 것은 텅 비어 있으며, 실체적으로 존재하는 것이 아니다. |
| 색온무아(色蘊無我) | |
| • 육신이 나라는 관념에 사로잡힌 채 삶을 바라보기 때문에, 생사(生死)적 사고방식 안에 갇힐 수밖에 없다.<br>• 육신이 내가 아님을 알면 생사 앞에서 두려움이 없다. | |

용한 것임을 알 수 있다.

　이처럼 지수화풍 네 가지 요소로 이루어진 모든 물질세계를 색온이라고 부르며, 사대로 이루어진 우리의 육신 또한 색온이다.

## 색온 무아

색온을 구성하고 있는 지수화풍은 낱낱의 요소들이 고정된 실체적 존재는 아니다. 그것들은 다만 인연 따라 내 육신을 만들었을 뿐이다. 우리가 아침에 먹은 음식이 땅의 요소가 되고, 마신 물과 음료 등이 물의 요소가 되며, 움직이고 운동을 할 때 나는 열·체온 등이 불의 요소가 되고, 숨을 쉬거나 움직일 때 풍의 요소가 인연 따라 모이고 흩어지는 것일 뿐이다.

　그렇기에 사대로 이루어진 육신 또한 인연가합된 것일 뿐, 고정된 실체가 아니다. 이 몸은 내가 아니다!

　현대과학에서도 우리 몸의 최소의 구성요소는 결국 존재하지 않음을 밝혀내고 있다. 물질의 최소단위인 소립자는 어떤 상태에서는 무게를 가지다가 어떤 상태에서는 무게 없이 사라진다. 관찰자의 마음에 따라 입자가 되었다가 파동이 되고, 있다가 없어지는 것이다. 물질도 결국 마음에서 인연 따라 연기한 것임을 밝혀주고 있는 것이다.

　원자의 구조를 놓고 보더라도, 물질의 미시적인 구조는 거의가 비어 있는 상태로 있음이 밝혀졌다. 원자는 99,999%가 다 비어 있으며, 0.001%도 안 되는 전자와 양자만이 공간을 차지하고 있는데, 그 또한 실체적 알맹이는 없다. 99.999%가 다 텅 비어 있는 몸이지만 반발력 때문에 딱딱하다고 느끼는 것일 뿐이다.

　이와 같이 색온, 즉 우리의 몸은 실체적으로 존재하는 것이 아니다.

　그럼에도 사람들은 육신을 '나'라고 여기기 때문에 육신의 죽음을 곧 나의 죽음으로 여긴다. 그러나 육신이 '나'가 아니라는 색온무아(色蘊無我)를 깨닫게 된다면 늙고 병들고 죽는 현실 앞에서 괴로워할 이유가 없다.

# 수온受蘊—느낌은 내가 아니야

### 수온이란?

십팔계가 '촉'하게 되면 그에 따라 수·상·행이라는 마음이 생긴다. 안·이·비·설·신이라는 우리 오관에서 각각 색·성·향·미·촉의 대상을 만날 때 수·상·행·식이라는 마음작용이 생겨나며, 의(意)와 법(法)이 만날 때 즉 마음 내부에서도 수·상·행·식이 일어난다.

눈으로 무언가를 볼 때, 귀로 어떤 소리를 들을 때, 코로 냄새 맡고, 혀로 맛보고, 몸으로 촉감을 느낄 때 우리는 그 대상에 대해 있는 그대로 받아들이는 것이 아니라, 좋거나 나쁜 어떤 특정한 느낌으로 받아들인다.

비 오는 날에 대해 어떤 사람은 눈으로 비를 보고, 귀로 빗소리를 들으며, 습기 머금은 축축한 느낌을 몸으로 감촉하면서 '싫은 느낌'을 느낄 수도 있고, 또 어떤 사람은 이런 비를 '좋은 느낌'으로 받아들일 수도 있다.

이처럼 대상을 받아들일 때 우리는 대상 자체를 있는 그대로 받아들이는 것이 아니라, 자기 식대로 받아들이고 느낀다.

이처럼 어떤 대상을 받아들일 때는 언제나 좋거나 싫거나 그저 그런 느낌 중 한 가지로 받아들인다. 이것을 삼수(三受)라고 하여, 싫은 느낌을 고수(苦受), 좋은 느낌을 낙수(樂受), 좋지도 싫지도 않은 그저 그런 느낌을 불고불락수(不苦不樂受) 혹은 사수(捨受)라고 한다.

이와 같이 세 가지 느낌이 일어날 때 우리는 이 느낌이 나의 마음속에서 일어나다 보니 이 느낌을 '내 마음', '내 느낌', '내 감정'이라고 여긴다. 느끼는 마음을 자아라고 여기는 것이다. 이것이 수온이다.

## 수온 무아

수온은 실체적으로 존재하는 것일까? 그렇지 않다. 수온은 주관적인 감정일 뿐이다. 동일한 대상을 보고도 사람에 따라 좋게 느끼기도 하고 나쁘게 느끼기도 하며, 같은 사람일지라도 어떤 상황이냐에 따라 좋게도 나쁘게도 느낀다.

이뿐 아니라 시대와 나라, 문화적 배경에 따라서도 다르게 느낀다. 어떤 아프리카 부족은 뚱뚱한 여인일수록 남자들에게 사랑을 받는다.

또 눈으로 똑같은 음식을 볼 때, 그 음식을 좋아하는 사람에게는 좋은 느낌이 일어나지만, 싫어하는 사람에게는 싫은 느낌이 일어난다. 또한 같은 음식이라도 배가 부를 때는 맛이 없게 느껴지고, 배가 고플 때는 맛있게 느껴지는 것을 볼 때, '느낌'이라는 것이 실체가 없음을 알 수 있다.

귀로 소리를 들을 때도 마찬가지다. 아이들이 집안에서 소리치며 뛰어노는 소리가 마음이 활짝 열려 있을 때는 듣기 좋고 행복하게 들리다가 기분이 나쁘거나 마음이 닫혀 있을 때는 화를 내며 야단치기도 한다.

코로 냄새를 맡거나, 혀로 맛보거나, 몸으로 감촉을 느낄 때도 마찬가지다. 더운 여름날 땀이 흘러내릴 때는 찝찝하고 짜증스러운 느낌을 느끼기도 하지만, 그보다 더운 사우나에서는 오히려 '시원하다'고도 하지 않는가.

생각도 마찬가지다. 똑같은 월급을 받을지라도 어떤 사람은 많이 받는다고 느끼며 행복해하고 풍요를 느끼는가 하면, 어떤 사람은 너무 조금 받는다고 투덜대며 불행과 궁핍을 느낄 것이다.

이와 같이 동일한 상황에서 좋은 느낌을 느낄 것인지, 싫은 느낌을 느낄 것인지는 결정되어 있는 실체가 아니기에, 내 스스로 선택할 수 있다. 외적인 상황의 수동적인 피해자가 되는 것이 아니라, 어떤 상황 속에서도 그 상황과는 별개로 내 스스로 외적인 상황의 주인이 되어 무엇을 느낄지를 선택할 수 있는 것이다.

빅터 프랭클은 모든 자유가 강탈된 나치 강제수용소에서 오직 남은 것이라고는 주어진 상황에서 자신의 태도를 선택할 수 있는 자유밖에 없음을 깨달았고, 그 최악의 괴로운 상황을 자신의 마음을 바꿈으로써 그 속에서조차 스스로 행복을 느낄 수 있었다. 느낌과 감정에는 고정된 실체가 있지 않기 때문이다.

| 수온(受蘊) | |
|---|---|
| 의미 | 대상을 받아들일 때 일어나는 느낌과 감정 |
| 성격 | 우리는 대상 자체를 있는 그대로 받아들이는 것이 아니라, 자기 식대로 받아들이고 느낀다. |

느낌은 내가 아니다

· 인연 따라 생겨난 느낌인 수온을 내 느낌이라 착각한다.
· 대상을 있는 그대로 느끼지 않고 자기 식대로 느낀다.

| 상온(想蘊) | |
|---|---|
| 의미 | · 비교, 판단, 추리, 총괄, 개념화 등을 통해 대상을 지각하는 것<br>· 여러 사상을 비교, 대조, 총괄, 추리로 판단하고 사유하는 것 |
| 성격 | 상온은 허망한 상으로서, 우리가 만들어 낸 개념작용이며 표상작용일 뿐, 실재라고 착각해서는 안 된다. |

생각은 내가 아니다

· 상온은 고정되게 실체적으로 존재하는 것이 아니라 인연 따라 끊임없이 변화해 가는 것이다.
· 상온을 통해 사유와 생각, 사상과 이념과 철학 등을 만들어 내지만 이것은 절대적인 진실이 아니다 — 상온무아(想蘊無我)

# 상온 想蘊 — 생각은 내가 아니야

## 상온이란?

수온이 감성(感性)이라면 상온은 이성(理性)이고, 수온이 감각적(感覺的)이며 감성적이라면 상온은 지성적(知性的)이고 이지적(理智的)이다. 쉽게 표현하면 수온은 느낌으로 상온은 생각으로 단순화시켜 이해할 수도 있다.

그런데 상온은 엄밀히 이해한다면 표상작용이라는 용어가 가장 적절하다. 표상(表象)작용의 사전적 의미는 '추상적인 사물이나 개념에 상대하여 그것을 상기시키거나 연상시키는 구체적인 사물로 나타내는 것'으로, 어떤 대상을 '이름'과 '모양'으로 표상지어 아는 것이다.

쉽게 말해 어린아이가 처음 글자를 익힐 때, 비행기 사진을 보여주고, '비행기'라고 말하며, '비행기'라고 쓰인 글자를 보여줌으로써, 비행기와 비행기라는 말과 글자를 하나로 합쳐서 기억하게 하는 작용이 바로 표상작용이다.

눈·귀·코·혀·몸·뜻으로 색·성·향·미·촉·법을 접촉할 때 수·상·사가 생긴다고 했는데, 눈으로 사람을 보고 '홍길동'이라고 이름 붙여 아는 것도 표상작용이며, 꽃을 보고 '장미꽃'이라고 알 수 있는 것도 표상작용이다.

표상작용이 일어나려면 과거의 경험을 통해 개념을 만들어 놓은 지식과 언어적 개념들의 데이터베이스가 있어야 한다. 그 수많은 정보와 지식, 개념들을 비교하고 총괄하여 현재 눈앞에 보이는 대상에 대해 이성적으로 드러낼 수 있는 것이다. 그래서 넓게 보면 비교·판단·추리·총괄·개념화하는 모든 이성적 사유나 생각들을 상온이라고 할 수 있다.

비교·판단·추리·총괄·개념화 등을 통해 현재 내 앞에 있는 대상을 지각하는 것이기에 상온을 지각작용이라고도 한다. 이런 지각·표상작용을 통해 나아가 보다 깊은 이념, 철학, 과학 등 다양한 사상을 확장시켜 연구할 수도 있다.

그런 점에서 상온은 꼭 물질적 대상만을 사유의 대상으로 하는 것은 아니다. 선과 악, 미추(美醜), 장단(長短), 행복과 불행, 지혜와 자비, 평화와 자유 등 정신적인 이성적 언어개념들 또한 상온의 대상이 된다. 어떤 행위를 보고 선행인지 악행인지를 비교·대조·총괄·추리를 통해 이성적으로 판단하고 사유하는 것이다.

인간이 동물과 다른 점이 바로 이 상온일 것이다. 색온·수온은 동물들에게도 있을 수 있지만, 상온, 즉 이성적으로 사유하고 개념 짓는 활동은 사람들만이 할 수 있는 능력인 것이다.

상온이 너무 어렵다고 느껴질 법도 한데, 쉬운 이해를 위해 이러한 모든 상온의 작용을 통틀어 개괄적으로 설명할 수 있는 단어가 '생각', '사유' 혹은 '이성'이라고 할 수 있다. 구체적으로 말하면 표상작용이지만, 개괄적으로 '생각'이라고 쉽게 이해할 수도 있다.

## 상온 무아

상온은 언제나 고정되어 있는 실체적인 것일까? 앞서 설명한 것과 같이 표상·개념화의 정신작용은 과거 기억된 정보의 데이터베이스를 비교·추리·총괄함으로써 드러내고 나타낸 것에 지나지 않는다. 실제 내 안에 '생각하는 나', '사유하는 나', '지각하는 나'가 있는 것이 아니다. 그럼에도 우리는 눈앞의 대상을 보면 언제나 '이것은 국화꽃이고, 저것은 소나무고, 저것은 자동차고, 이 사람은 아무개다'라고 표상지어 알기 때문에 내 안에 그러한 표상작용, 개념작용, 지각작용이 고정되게 실존하는 것으로 착각한다.

다만 내가 어릴 때 '소나무'라고 배웠고, '스님'이라고 이름을 붙여 기억했을 뿐이기에 그렇게 임시로 저장된 것일 뿐이다. 내가 만약 미국인이라면 그 소나무를 'pine'이라고, 스님을 'buddhist monk'라는 표상으로 기억했을 것이다. 또한 스님이라는 이름에 따른 이미지도 사람마다 나라마다 다 다를 것이다. 기복불교만 접해본 사람은 우리를 위해 기도해 주시는 분이라고 이해할 것이고, 명상하는 스님을 주로 생각하는 외국인이라면 명상하는 구도자 정도로 이해할 수도 있다. 이처럼 표상작용이란 저마다 다르지 고정된 실체가 아니다.

내 안에 상온이라는 사유와 생각하는 정신작용이 실재한다고 여기는 것처럼, 우리는 내 바깥 세계에도 실질적인 생각의 대상, 표상의 대상, 사유의 대상들이 실존한다고 여긴다. 앞서 설명한 것처럼 사실은 바깥 세계에 그런 언어적 개념을 가진 사유의 대상들이 실제로 존재하는 것이 아니다.

정신적 사유의 대상도 마찬가지다. 선과 악, 정의와 사랑, 길고 짧은 것, 굵고 가는 것, 아름답고 추한 것 등이 실제로 존재한다고 여기지만, 그런 것은 우리 안에서 만들어 낸 개념적 가설일 뿐, 실체적으로 고정되게 존재하는 것은 아니다.

보통 사람들은 상온을 통해 사유와 생각, 나아가 사상과 이념과 철학 등을 만들어 내고, 그렇게 스스로 만들어 낸 이념과 사상 등이 실체적 진실이라고 여기며, 사로잡히고 집착함으로써 나와 다른 생각을 가진 사람들과 다투고 논쟁을 벌인다. 그러나 상온무아(想蘊無我)의 가르침에 의하면, 이러한 사유와 생각, 사상과 이념 등은 절대적인 진실이 아니다.

상온이 무아임을 안다면 자신의 견해를 고집하지 않기에 사회적인 갈등이 해소되고, 대립을 넘어 화합하고, 서로가 서로를 활짝 열린 정신으로 받아들일 수 있는 평화와 무쟁(無爭) 사회를 이룰 수 있다.

## 상을 타파하라

이처럼 개념작용, 표상작용인 상온은 비실체적인 것이지만, 실체적인 것으로 착각하여 상온을 '나'라고 생각함으로써 많은 집착과 욕망, 번뇌를 야기한다. 내 안에는 생각하고 사유하는 '나'가 있다고 여김으로써 '나'에 집착하고, 내 바깥에는 생각되는 대상이 존재한다고 여김으로써 '세계'에 집착하게 만든다.

그렇기 때문에 이 상은 타파해야 할 것으로 경전에서는 설하고 있다. 상온은 말 그대로 허망한 상으로서 우리가 만들어 낸 개념작용이며 표상작용일 뿐이므로 거기에 얽매여 그것이 실재한다고 집착해서는 안 되는 것이다.

물론 개념 짓고 표상작용을 일으키며 비교·총괄·사유하는 작용을 일절 하지 말라는 뜻은 아니다. 필요할 때는 당연히 표상작용을 일으키고 생각하고 사유함으로써 인생을 살아가야 한다. 그러나 중요한 점은, 그렇듯 생각과 사유를 하며 살아갈지라도 그것이 본질적으로는 실체가 아니며 무아이므로 그 생각과 사유에도 집착할 필요가 없음을 깨달아야 한다.

'불교'나, '종교'라는 이름도 하나의 표상이다. 그 또한 자기 스스로 만들어 저장해 놓은 표상일 뿐이지, 실체적 진실은 아니다. 어떤 사람은 '불교'뿐 아니라, 일체의 '종교' 자체를 무조건적으로 싫다고 여기며, 종교는 사회악이라고 여기는 사람이 있다. 그런 사람은 아무리 괴로운 일에 처했더라도, 자기의 마음속에서 종교는 나쁜 것이라는 표상 때문에, 종교인과 상담을 통해 괴로움을 해결할 수 있는 가능성을 아예 닫아 놓고 살기도 한다.

상온의 추상과 추리작용도 마찬가지다. 있지도 않은데 있는 것으로 오인하여 추측하고 추상함으로써 우리는 머릿속에서 무수한 괴로운 일들을 만들어 낸다. 회사 사람 두 명이 모여서 내 욕을 하는 것을 들었다면, 그 사람은 그 상황에 추측과 추상을 더한다. '우리 회사 사람들이 모이면 이렇게 내 뒤에서 나를 욕하는 것 아닐까? 난 다음 승진에서 분명히 떨어지고 말 거야! 퇴사하게 되겠지? 이 나이에 나를 받아줄 회사는 아마도 없을 거야. 난 실패한 인생이야.'

이런 식으로 생각은 무수한 추측과 상상의 나래를 펴며, 쓸모없고 소모적인 추측 속에서 스스로 괴로움을 만들어 낸다. 우리는 이런 식으로 상온을 끊임없이 확대 재생산해 냄으로써 스스로를 곤경에 빠뜨리고, 괴롭힌다.

이런 비교·판단·추상·추리·표상과 개념화 등을 통해 종합적으로 현실을 총괄하는 사유 또한 상온의 역할이다. 그러나 앞의 비교와 추상 등이 무상하고 무아인 비실체적인 것들이다 보니 그 정보들을 가지고 종합하고 총괄하는 사유작용 또한 '있는 그대로의 실재를 있는 그대로 본 것'이라고 할 수 없다.

이처럼 상온은 비실체적인 것으로서, 전혀 집착할 것도 못 되고, 실재라고 착각해서도 안 된다.

# 행온行蘊—의지는 내가 아니야

## 행온이란?

행온(行蘊)은 의지 작용, 형성 작용이다. 무언가를 행하려는 의지·의도·의향 등을 나타내는 것이며, 하고자 하는 욕구나 바람의 의미도 담고 있다. 이것은 업(業)을 일으키는 형성력이 된다. 그래서 업(業)과 행(行)이라는 용어는 같은 의미로 쓰이기도 한다.

십팔계가 촉하면 수·상·행이 나타난다고 했는데, 눈이 무언가를 보았을 때 수온으로 좋고 나쁜 느낌을 느끼고, 상온으로 그것이 무엇인지를 개념화하여 사유하고 나면, 행온에서 좋은 것은 더 가지고 싶고, 싫은 것은 멀리하고 싶은 의지·욕구가 일어나는 것이다.

배고픈 상황에서 눈으로 사과나무를 보았을 때, 수온은 배가 고프다는 인연따라 그 사과에 대해 좋은 느낌을 일으키고, 상온은 그것을 먹을 수 있는 '사과'라고 개념 지어 지각하고, 행온은 사과를 따 먹고자 의도·의지·욕구를 일으키는 작용을 하는 것이다.

그런데 이 행온은 항상 복수로 나타나는 것으로, 엄밀히 말한다면 '의지작용을 필두로 하는 수많은 심리현상들'을 의미한다. 행온은 수·상·식을 제외한 모든 정신작용을 다 포함한다. 『청정도론』에서는 50가지의 심리현상을, 『구사론』에서는 46가지 심리현상을 행으로 들고 있다. 예를 들면 의도뿐 아니라 주의·집중·의욕·탐욕·성냄·믿음·양심·수치심 등이 모두 행온에 속한다.

그러나 이 중에도 특히 의도·의지작용이 행온의 주요한 심리작용이다 보니 행온은 주로 의지·의도로서 쉽게 이해되고 있다.

이러한 의지작용이 내 안에서 일어나면서 업을 지어 가다 보니, 우리는 이러한 의지작용을 가진 '의도하는 나'가 있다고 착각한다. 이러한 내 안에서 일어나는 '의도하는 마음작용'이 바로 행온이다.

　행온은 이처럼 의지작용, 형성 작용을 말한다고 했는데, 교리적으로 살펴보면, '유위(有爲)를 조작한다'는 의미를 담고 있다. 유위를 조작하는 존재가 내 안에 있다고 생각하고 바로 그 유위를 조작하는 마음인 행온을 나의 일부로 여기는 것이다.

　유위(有爲)란 '만들어진 것', '조작된 것'을 뜻한다. 유위법은 '일체 모든 존재', '일체 모든 만들어진 것'이다.

## 행온 무아

『상윳따 니까야』에서는 "행온들을 자세히 관찰하고 깊이 조사해 보면 그것들은 텅 빈 것으로 드러나고 허망한 것으로 드러나며 실체가 없는 것으로 드러난다. 비구들이여, 이러한 행온에 무슨 실체가 있겠는가?"라고 함으로써 행온 또한 비실체적인 무아임을 설하고 있다.

　우리가 일으키는 의도와 의지, 욕구와 바람 등은 결정적으로 정해진 것일까? 예를 들어 공무원이 되고자 하는 의지를 가진 사람이라도 뜻밖의 인연을 만나면 새로운 사업에 도전하거나, 회사에 취직하기도 한다. 우리의 의지와 욕구는 정해진 것이 아니라, 계속 변하는 것일 뿐이다. 부와 풍요, 성공만을 위해 달려가던 사람도 어느 순간 그러한 삶이 허망한 것임을 깨닫고는 가진 부와 재산을 다 나누어 주고 수행자의 길을 걷기도 한다.

　이처럼 의지라는 것은 내 안에 고정되게 존재하는 '나'가 아니다. '의도하는 나'는 정해져 있지 않다.

　이 사실을 안다면, 어떤 특정한 한 가지 의지나 욕구를 끝까지 고집할 필요가 없다. 자기가 원하는 방식대로 일이 되어야 한다고 고집하게 되면, 다른 의도를 가진 사람들과 다투게 되고, 사고가 한 가지 방향으로만 제한되어 꽉 막힌 채 의식이 닫히고 갇혀 버린다.

　타인이 내 의도와 다른 제안을 하며 내 의도를 꺾고자 하면, 내가 공격받았다고 여기기도 한다. 이것은 내 안에 '의도하는 나'가 있다고 여기며 그것을 나와 동일시하기에 내가 공격받는다고 착각하는 것이다. 사실 '의도'는 하나의 인연 따라 생겨난 비실체적인 마음일 뿐, 그것이 '나'인 것은 아니다. '의도하는 나'는 없다.

## 행위는 있는데 행위자는 없다

행온(行蘊)은 형성하는 힘으로서 '업(業)'을 짓게 하는 의도적 행위다. 보통 우리는 업을 지으면 그것은 내 안에 저장되고, 지금까지 짓고 쌓아 온 업의 무더기들을 나라고 여긴다. 과거에 악업을 지었다면 그로 인해 언제까지고 죄의식에 사로잡힌다. 악업을 짓고 죄를 지은 실체적인 '나'가 있다고 여기기 때문이다.

『잡아함경』「제일의공경」의 "업보(業報)는 있으나 작자(作者)는 없다"라는 관점에서 본다면, 업의 과보는 있을지언정 '업 짓는 나'라는 고정된 실체적인 존재는 없다.

업을 지으면 그에 따르는 과보를 받는다. 그러나 실체적 존재로서 업을 '짓는 자'와 '받는 자'는 없다는 말이다. 예를 들면 촛불이 처음 탈 때의 불꽃과 시간이 흐른 뒤에 타는 불꽃은 전자와 후자가 같은 불꽃이라고 할 수는 없다. 그러나 전혀 다른 불꽃이라고도 할 수 없다. 전자와 후자는 끊임없이 흐르며 이어지는 변화 속에서의 연결성은 있지만(業報), 독자적이고 실체적인 어떤 실체(作者)로 있는 것은 아니다. 업보는 있되 작자는 없는 것이다.

10년 전에 악했던 사람이 참회하고 완전히 성격이 바뀌었다고 생각해 보자. 10년 전의 그와 지금의 그는 같은 사람일까, 다른 사람일까? 10년 전의 성격 나쁜 남자가 죄를 지었고, 그 과보로 10년 뒤에 과보를 받았을 때, 이것이 바로 업보(業報)가 있는 것을 의미한다. 성격이 좋아졌어도 과거에 지은 업은 받아야 한다. 그러나 분명 과거에 악업을 지은 '그'와 현재의 선량해진 '그'는 전혀 다른 사람이다. 우리는 흔히 똑같은 자라고 규정해 왔지만, 10년 전부터 지금까지를 연결해 주는 실체적인 '자'는 없다는 것이다. 무아이기에 짓고 받는 '자'는 없다.

보통 우리는 '저 사람 어때?' 하고 물으면, '착한 사람이야' 혹은 '별로야'라고 답변하곤 한다. 그러나 그 사람에게 '착한 사람'이라는 고정된 실체가 있다면 그는 어떤 짓을 해도 영원히 착한 사람이겠지만, 그에게는 착한 사람이라는 고정된 실체가 없기 때문에, 착한 행위를 했을 때 착한 사람으로 불리는 것일 뿐이다. 착한 사람이 먼저가 아니라 착한 행위가 먼저다. 착한 행위〔業〕를 하면 착한 사람〔報〕이 되는 것이지, 착한 사람〔작자. 실체적 존재〕이라는 실체가 있는 것은 아니다. 즉 업보는 있되 작자는 없다.

보통 우리는 사람들을 착하거나 나쁜 어떤 사람으로 규정짓고 실체화하기를 좋아한다. 상온으로 개념화하는 것이다. 나쁜 놈, 도둑놈, 배신자, 착한 사람, 수행자, 보시하는 사람 등으로 규정짓곤 한다.

한 번 배신을 한 사람은 계속 배신을 할 것이라고 여기면서 배신자라는 꼬리표를 계속해서 달아주는 것이다. 업보는 있되 작자는 없다는 이치에서 본다면, 사실 배신자라는 실체는 없다. 다만 배신〔業〕이라는 행위를 했을 때 배신자〔報〕라는 말을 듣고, 배신자 취급을 받는 과보를 받을 뿐이다.

그렇기에 누구든 아무리 잘못을 했더라도, 언제든 참회와 용서를 통해 새로운 사람이 될 수 있다. 과거의 그 사람은 본래 없었기 때문이다.

## 유위행과 무위행

내가 원하는 방식대로, 내가 좋아하는 것들만을, 나에게 이익 되는 쪽으로 행하려는 의도로써 행동하는 것이 유위행(有爲行)이다. 이러한 의도가 개입된 유위행은 내가 원하는 방식대로 삶이 일어나야 한다고 집착하며, 자기 식대로 결과를 예상한다. 그래서 원하는 방향대로, 예측한 방향대로 일이 벌어지면 행복을 느끼고, 원하고 예상한 대로 되지 않을 때 불행, 고통을 느낀다. 스스로 정해 놓은 방식에 스스로 속박되고 구속되는 것이다.

이것이 바로 중생들이 집착과 분별로 인해 결박당하는 방식이다. 그러나 행온이 무아임을 깨달은 수행자는 자기가 원하는 특정한 방식과 결과에 집착하지 않는다. 다만 그때그때 상황에 따라 즉각적으로 행동한다.

행온이나 오온이라는 '나'에 기초한 행위가 아닌 그저 있는 그대로의 '지금 여기'라는 상황과 필요에 따라서 행동하는 것이다. 거기에는 특정한 의도가 개입되지 않는다. 특정한 결과나 원하는 방식의 결론은 없다. 그저 매 순간 해야 할 일을 아무런 흔적 없이 행할 뿐이다. 하되 함이 없이 하는 것이며, 머무는 바 없이 행하는 것이다. 이것이 바로 행온무아를 깨닫는 데서 오는 무위행(無爲行)이다.

## 행온(行蘊)

| 정의 | • 무언가를 행하려는 의지, 의도, 의향, 욕구나 바람<br>• 이러한 의지 작용을 가진 의도하는 나가 있다고 착각 |
|---|---|
| 성격 | • 업(業)을 일으키는 형성력이 된다.<br>• 의도는 하나의 인연 따라 생겨난 비실체적인 마음일 뿐, 그것이 나인 것은 아니다. 의도하는 나는 없다.<br>• 업보(業報)는 있으나 작자(作者)는 없다. |
| 실천 | • 행하되 행한 바 없이, 머무는 바 없이 행하자.<br>• 부처님의 가르침 앞에서는 그 어떤 악행이라 할지라도 다 용서받을 수 있고, 참회가 가능하다. |

### 행온 무아와 무위행(無爲行)

상황을 자기 식대로 통제하려 하지 않고,
특정한 의도에 집착하지 않으며,
머무는 바 없이, 하되 하는 바 없이 행하는 것이
곧 무위행이며 행온 무아의 실천

# 식온 識蘊─마음은 내가 아니야

## 식온이란?

식온(識蘊)이란 일반적으로 마음을 뜻하는 것으로, 식별, 분별, 의식, 알음알이, '대상을 분별하여 아는 마음' 정도로 이해할 수 있다. 우리가 대상을 의식하고 알 때는 '있는 그대로 아는 것'이 아니라, 자기 식대로 주관적으로 분별하고 식별해서 알게 된다.

눈이 색이라는 대상을 볼 때 그 대상을 보고 분별하여 아는 마음이 안식(眼識)이다. 귀에서 소리가 들리는 것을 아는 마음이 이식(耳識)이고, 코에서 냄새 맡아지는 것을 아는 마음이 비식(鼻識)이며, 설식(舌識) · 신식(身識) · 의식(意識)도 마찬가지다. 안 · 이 · 비 · 설 · 신 · 의 육근(六根)이 색 · 성 · 향 · 미 · 촉 · 법 육경(六境)을 접촉하면서 여섯 의식이 일어나기에 육식(六識)이라고 부른다.

그런데 앞서 안 · 이 · 비 · 설 · 신 · 의가 색 · 성 · 향 · 미 · 촉 · 법을 접촉할 때 수 · 상 · 행이 생겨난다고 했는데, 이 말은 식이 일어날 때 수 · 상 · 행 또한 함께 일어남을 의미한다.

예를 들면 대상을 단순히 인식하고 알기도 하지만, 수온의 도움을 받아 대상을 '느껴서 알고', 상온의 도움을 받아 대상을 '개념화하고 생각해서 알며', 행온의 도움을 받아 대상에 대해 '의지를 일으킴을 통해서 알게' 되는 것이다.

정리해 보면, 수온(受蘊)과 상온(想蘊)이라는 기초적인 마음의 정보들을 바탕으로 행온(行蘊)이 유위를 조작하고 그 조작된 유위를 명색(名色)으로 종합적으로 분별해서 인식하는 것이 식온(識蘊)이다.

처음 어떤 여인을 보았는데, 느낌[受蘊]과 생각[想蘊]이라는 마음의 데이터에서 좋은 느낌과 좋은 생각이 일어났고, 연이어 그 여인을 사랑하는 마음이 일어나기 시작한다. 유위를 조작한 것이다. 이것이 행온이다. 그렇게 사랑하게 된 여인은 어떤 이름(名)을 가졌고, 어떤 모습(色)을 가진 내가 사랑하는 사람이라고 식온이 인식하게 된다.

이처럼 식온은 수온·상온·행온의 작용을 통해 종합적으로 대상을 분별하여 인식하는 마음이기에 분별심이라고도 한다.

우리가 흔히 '마음'이라고 부르는 것이 바로 식온이다. 초기불교의 부처님의 가르침을 상세하게 주석을 달고 연구를 한 부파불교에서는 식을 '심왕(心王)'이라고 하고, 수·상·행 등을 '심소(心所)'라고 부름으로써, 식이야말로 마음의 대표임을 드러내고 있다.

이 식은 성장하는 특징이 있는데, 이를 『잡아함경』 39경에서는 다음과 같이 설하고 있다.

"식은 네 가지에 머물면서 반연(攀緣)한다. 네 가지란 무엇인가? 식은 색 가운데 머물고 색을 반연하며 색을 즐기면서 살아가고 커 간다. 또한 식은 수·상·행 가운데 머물고 수·상·행에 반연하며 수·상·행을 즐기면서 살아가고 커 간다."

쉽게 말하면, 식은 수·상·행에 머물면서 수·상·행의 도움을 받아 대상을 분별하면서 커 가는 것이다. 분별하는 능력이 커지는 것이다.

학교에서의 배움은 곧 식이 증장하는 과정이다. 삶의 많은 경험을 통해 모르던 것들을 배워감으로써 대상이 무엇인지를 분별해서 아는 마음이 커가는 것이다.

**식온 무아**

이와 같이 '분별해서 아는 작용'인 식온은 고정되고 실체적으로 존재하는 것이 아닌, 인연 따라 조건에 의해 생겨나고 사라지는 연기적인 것이다. 식온 무아(識蘊無我)인 것이다. 식온은 눈·귀·코·혀·몸·뜻이 색·성·향·미·촉·법을 만난다는 조건에 따라 생겨나고 사라지는 것일 뿐이다. 이처럼 식은 연기적인 조건발생일 뿐이다. 그런데 보통 사람들은 우리 안에 '의식하는 존재', '의식하는 나'가 있다고 여긴다.

앞에서 살펴본 것처럼 식은 색·수·상·행에 머물고 커 가며 성장할 수는 있지만, 그렇다고 지속적으로 머물면서 성장하는 실체적인 자아로서의 '의식의 주체'가 있는 것은 아니다. 많은 사람들은 식이 성장하고 커 간다고 하니, 그것을 보고 의식의 주체로서의 영속적인 식이 있을 것이라고 착각하는 것이다.

이 식, 즉 마음을 참나, 아트만(ātman)처럼 영속적이고 고정불변의 어떤 실체로서 받아들이면 안 된다. 특히, 이 식을 아트만처럼 잘못 알아듣고, 고정된 윤회의 주체로 여겨 이번 생에서 죽고 다음 생에 태어나면서 윤회를 반복할 때마다 계속 이어지는 어떤 실체로 여기면 안 된다. 이런 식의 이해가 바로 브라만교에서 주장하는 아트만이고, 불교는 이러한 실체적인 아트만 사상을 타파하기 위해 무아(無我)를 설했음을 기억해야 한다.

## 무분별심

불교에서는 '분별심을 버려라', '알음알이를 놓아라'는 말을 많이 한다. 이 분별심, 알음알이가 바로 식이다. 이 말은 아무런 분별심이나 알음알이를 전혀 내지 말라는 말이 아니라, 그 마음을 일으켜 쓰되 그것이 실체인 줄 집착하지 말라는 의미다.

어떤 사람을 보고 우리는 좋은 사람이라거나 나쁜 사람이라고 분별하여 의식한다. 어떤 음식을 보고도 몸에 좋은 음식이라거나 나쁜 음식이라고 분별한다. 어느 대학을 나왔느냐에 따라 상대방을 분별하여 인식한다.

우리는 이러한 분별심을 '내 마음'이라고 여기면서, 내 안에 변함없이 존재하는 의식활동이라고 믿는다. 그 분별심에 고집하고 집착하는 것이다. 그럼으로써 모든 괴로움이 생긴다.

만약 분별심이 없이 사람을 대할 수 있다면, 그 사람을 편견 어린 시선으로 보는 것이 아니라 '있는 그대로' 보아 줄 수 있을 것이다. 그 사람의 외모나 경제력이나 얼굴색이나 학벌이나 지위를 따지고 분별해서 인식하는 것이 아니라, 분별심을 놓아버리고 텅 빈 마음으로 있는 그대로의 한 존재로 바라봐 주는 것이다.

이것이 바로 식온무아를 아는 지혜로운 이의 세상을 보는 인식이다.

| 식온(識蘊) | |
|---|---|
| 의미 | • 대상을 분별해서 아는 마음, 분별심<br>• 분별이란 대상을 좋고 싫음 등의 둘로 나누어 인식하는 마음<br>• 수온·상온·행온을 통해 본 대상을 분별하여 인식하는 마음 |
| 성격 | • 식(識)의 증장 – 식은 색·수·상·행에 머물면서 의지하고,<br> 도움을 받아 대상을 분별하면서 성장해 나간다.<br>• 식의 성장은 의식의 주체로서 영속적이고 불변하는<br> 실체적인 것이 아니라, 그 연결되는 흐름으로써의<br> 인연 따라 생겨난 것뿐이다. |

### 식온 무아와 무분별심

• 식온은 고정된 실체적인 마음이 아닌, 허망한 분별심일 뿐.
• 분별심(식온)으로 좋은 것은 집착, 싫은 것은 거부하며
  취사간택하는 마음 때문에 괴로움이 생긴다.
• 식온 무아인 줄 알아 분별하지 않고 있는 그대로 보라.

### 나는 왜 내가 아닌가 – 오온 무아(五蘊無我)

물질적인 나, 느끼는 나, 생각하는 나, 의도하는 나, 분별하여 의식하는
나가 진짜 있는 것으로 착각하는 것일 뿐이다.
이 모든 것은 십이입처가 촉함으로써 인연 따라 발생한 것일 뿐,
오온은 모두 비어 있고 실체가 없다.

# 오온 무아―'나'는 왜 내가 아닌가

이 장에서는 오온에 대해 종합적으로 이해해 보자.

예를 들어, 조용히 숲 속에 앉아 있는데 갑자기 눈앞의 감나무에서 감이 떨어졌다. 눈으로 감이 떨어지는 것을 보고, 귀로 감이 떨어지는 소리를 듣는다. 육내입처와 육외입처가 만난 것이다. 이러한 십이입처를 인연으로 식이 생긴다.[십팔계] 눈에서 감이 떨어지는 것을 보면, 즉각적으로 무언가가 떨어졌다는 것을 보아서 아는 안식이 생기고, 떨어지는 소리를 귀로 들어서 아는 이식이 생겨난다.

이렇게 생겨난 십팔계가 '촉'하게 되면 촉에 의해서 수·상·행이 생겨난다고 했다. 즉, 마침 배가 고프던 상황에서 무언가가 나무에서 떨어지는 것을 보고 먹을 수 있을 거라는 좋은 느낌[受蘊, 樂受]을 일으킨다. 그리고 상온이 그 떨어진 것이 무엇인지를 표상작용을 통해 알아내 그 이름이 '감'이고 먹을 수 있는 것이라는 사유를 일으킨다. 감을 보고 좋은 느낌을 일으키고, 먹을 수 있는 감이라고 알아낸 뒤에는 행온이 감을 주위서 먹으려는 의도를 일으킨다. 십팔계에서 수·상·행·식이 생겨난 것이다. 그렇게 되면 의도인 행온의 작용에 의해 우리는 몸[色蘊]을 일으켜 감을 주위서 맛있게 먹게 될 것이다.

그런데 먹어 보니 감이 아직 다 익지 않아 떫은맛이다. 그러면 곧장 수온은 나쁜 느낌[苦受]으로 바뀌며, 상온은 떫은 감이라고 개념화하고, 행온은 먹는 것을 그만두려는 의도를 일으킨다. 수·상·행의 도움을 받아 색온인 몸은 먹는 것을 그만두는 것을 행동에 옮기고, 식온은 최종적으로 '먹기 힘든 떫은 감'이라고 분별하여 의식하게 된다. 그러면서 행온은 다른 익은 감이 없는지를 찾고자 하는 의도를 일으키고, 몸[色蘊]은 행동을 하여 익은 감을 찾고, 익은 감을 찾아 먹게 되면 다시 수온은 좋은 느낌을 일으키며, 상온은 떫어서 먹기 힘든 감과 다 익어 먹을 수 있는 감을 비교·총괄·사유하게 되고, 이러한 색·수·상·행온의 노력에 의해 최종적으로 식온은 떫어서 먹기 힘든 감과 다 익어 맛있는 감 두 가지를 나누어 분별하여 의식하게 된다.

다음날 다시 그 숲을 찾게 되었을 때, 식온은 어제 먹었던 감에 대한 분별심을 가지고 있기 때문에, 즉 식의 성장이 있었기 때문에, 오늘은 처음부터 떫어서 먹기 힘든 감과 다 익어서 맛있는 감을 제대로 분별해서 알게 될 것이다.

이와 같이 십이입처가 '촉'하여 십팔계가 될 때 '식'과 수·상·행이 생겨남을 통해 대상을 아는 것이다.

이런 방식으로 색·수·상·행·식이 일어나는 것을 보고, 우리는 그것을 '나' 라고 규정짓는다. 물질적인 나, 느끼는 나, 생각하는 나, 의도하는 나, 분별하여 의식하는 나가 진짜 있는 것으로 착각하는 것이다. 그러나 이 모든 것은 십이입 처가 촉함으로써 인연 따라 발생한 것일 뿐, 내 안에 영속적으로 고정된 몸, 감 정, 생각, 의지, 의식이 있어서 그것이 주체가 되어 세상을 느끼고 생각하고 의 식하는 것은 아니다.

그래서 부처님께서는 『상윳따 니까야』에서 "색은 거품과 같고, 수는 물거품 같 으며, 상은 아지랑이 같고, 행은 파초등치 같고, 식은 마술과 같다."고 하시면서, "깊이 있게 관찰해 보면 이처럼 오온은 모두 비어 있고 실체가 없으니, 부지런히 밤낮으로 오온을 관찰하라."고 설하고 계신다.

# 괴로움을 소멸하는 오온

우리가 '나'라고 생각하는 것은 오취온(五取蘊)이다. 색·수·상·행·식 오온이 쌓여 이루어진 인연가합의 존재를 우리는 나라고 착각하기 때문에, 무아(無我)를 실체적인 '자아'로 여기는 것이다. 오온이 나라면, 나의 괴로움은 곧 오온의 괴로움이다.

뒤에 사성제에서 공부하겠지만, 부처님께서 하신 모든 설법은 궁극적으로 '괴로움과 괴로움의 소멸'에 대한 것이다. 인간에게 고(苦)가 없다면, 부처님께서는 법을 설하지 않았을 것이다.

마찬가지로 이 오온의 가르침 또한 우리의 괴로움과 괴로움의 해결에 도움을 주기 위해 생겨난 가르침이다. 괴로움을 소멸하려면 괴로움이 어디에서 왔는지를 알아야 한다.

오온은 말 그대로 '나'라는 존재의 다섯 가지의 쌓임이다. 그렇다면 '내가 괴롭다'고 할 때, 그 괴롭다는 것은 곧 오온 중에 어떤 요소가 괴롭다는 말이다. 즉, 우리가 괴로울 때는 다섯 가지 요소 중의 하나 때문에 괴롭다. 물론 두세 가지의 요소가 합쳐져서 괴로울 수도 있고, 다섯 가지 요소 모두가 총체적으로 다 괴로울 수도 있다. 그렇다면, 이제부터는 괴로울 때 그 괴로움이 오온의 어떤 요소에서부터 비롯된 괴로움인지를 살펴볼 수 있을 것이다.

색·수·상·행·식의 다섯 가지 요소 가운데 어떤 요소 때문에 괴로운지를 알게 된다면, 그 괴로움의 문제를 해결하기가 훨씬 쉬워진다. 색·수·상·행·식은 앞에서 살펴본 바와 같이 무아이기 때문이다.

이처럼 그저 막연하게 '괴롭다'라고 했던 것을, 오온의 가르침을 통해 다섯 가지로 해체해서 살펴보고, 그 각각이 실체가 없다는 사실을 사유하여 깨닫게 된다면 괴로움에서 벗어나는 길이 더욱 구체적이고 실천적인 방법이 될 것이다.

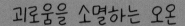

# 괴로움을 소멸하는 오온

색·수·상·행·식 오온이 쌓여 이루어진
인연가합의 존재를 나라고 착각

⬇

무아(無我)를 실체적인 자아로 여기는 것

⬇

오온이 나라면, 나의 괴로움은 곧 오온의 괴로움

⬇

오온의 가르침
우리의 괴로움과 괴로움의 해결에
도움을 주기 위해 생겨난 가르침

⬇

괴로움이 어디에서 왔는가?
오온 중에 어떤 요소가 괴롭다는 말인가?

⬇

그 괴로움이 오온의 어떤 요소에서부터
비롯된 괴로움인지를 살펴보자.

⬇

그 각각이 실체가 없다는
사실을 사유하여 깨닫는다.

⬇

괴로움에서 벗어난다.

# 육체적(色) 괴로움의 소멸

먼저 '색온(色蘊)의 괴로움'이다. 누군가에게 맞았거나, 육체적인 고된 노동을 하거나, 몸에 상처가 나게 되었다면 색온의 요소가 괴로운 것이다.

이러한 색온, 즉 육체적인 괴로움은 실체적인 것일까? 그렇지 않다. 산길을 무거운 짐을 짊어지고 며칠이고 계속해서 걷는 것은 괴로울 수 있지만, 스스로 선택해서 히말라야 트레킹을 갔다면 이는 행복한 산행이 될 수도 있다.

직접적으로 몸에 통증이 느껴질 때도 마찬가지다. 전쟁터에서 살아 돌아온 분의 인터뷰를 보면, 그 지옥 같던 상황에서는 오른손이 통째로 날아갔다는 사실을 전혀 모르고 있다가 뒤늦게 깨닫게 되었음을 고백하곤 한다.

이처럼 몸의 통증이나 상처가 곧장 괴로움과 연결되는 것은 아니다. 이처럼 색온의 괴로움은 결정론적이거나 실체적인 것은 아니다.

그럼에도 우리는 이 육체를 '나'라고 생각한다. 그렇기에 육체 안에 갇힌 제한된 존재로서의 '나'라는 관념에 사로잡혀 살 수밖에 없다. 여기 육체가 내가 아니라는 생생한 사실을 깨달은 애런 롤스턴(Aron Ralston)의 실화가 있다.

롤스턴은 깊은 계곡에서 혼자 등반을 하다가 굴러 떨어진 큰 바윗 덩어리가 오른팔을 짓누르는 사고를 당했고, 손을 빼내기 위해 사투를 벌이기를 닷새가 지났지만 꼼짝없이 죽는 것 외에는 다른 방법이 없었다. 죽음을 받아들였더니 공포가 사라지고 육신의 집착도 사라졌다. '팔이 나'라고 생각할 때는 팔이 바위에 깔려 꼼짝 못하고 죽게 될 때 '나'도 꼼짝 없이 죽게 된다고 생각했지만, 육신의 집착을 버리고 났더니 팔이 나인 것은 아니며, '나는 팔 이상의 존재'임을 깨달았다. 비로소 팔을 잘라내고 살아날 수 있었다.

색온은 무아다. 우리는 색온 그 이상의 존재다. 색온을 나와 동일시하는 데서 벗어날 때 비로소 색온의 괴로움에서 벗어날 수 있게 될 것이다.

# 감정적<sup>受</sup> 괴로움의 소멸

감정적인 상처를 받았거나, 싫은 느낌을 계속해서 받아야 한다면 그것은 '수온 (受蘊)의 괴로움'이다. 고수(苦受), 즉 싫은 느낌이 올 때 우리는 괴로움을 느낀다. 그렇다면 이 괴로운 느낌은 항상 실체적이거나 고정된 것일까? 그렇지 않다.

예를 들어 내가 미워하는 사람이 있다. 나에게 그는 '싫은 느낌'을 주는 사람 이지만, 그의 부모님에게 그는 '좋은 느낌'을 주는 사람일 것이다. 그 사람 자체 에 고정된 실체적인 '싫은 느낌'이 정해져 있지 않기 때문이다. 사랑했던 사람이 라도 배신감을 느끼고 헤어졌다면, 일순간 '싫은 느낌'으로 바뀌게 되기도 한다.

상황도 그렇다. 덥고 땀이 날 때는 '싫은 느낌'이겠지만, 사우나에 있거나, 운 동을 통해 다이어트를 하는 사람에게는 땀나는 상황이 '좋은 느낌'일 수도 있다.

이처럼 우리가 좋다고 느낄 것인지, 싫다고 느낄 것인지는 외적인 바깥 상황 에 달려 있는 것이 아니라 자신의 마음에 달려 있다.

그렇기 때문에 우리가 느끼던 괴로움의 원인이 '수온의 괴로움'이라고 판명 났 다면, 이제 수온 무아의 사유를 통해 그 괴로움에서 벗어날 수 있다.

어쩔 수 없이 타의에 의해 운동을 시작하게 되어 너무 하기 싫은 느낌이었을지 라도 마음을 바꾼다면 그 운동이 건강 관리의 행복한 느낌으로 바뀔 것이다. 이 처럼 어떤 싫은 느낌이 일어날 때, 무작정 그 느낌에서 괴로움을 받지 않아도 된 다. 느낌은 실체가 아니기에 얼마든 그 느낌을 바꿀 수 있기 때문이다.

그러나 느낌을 바꾸는 것보다 더 근원적인 수행이 있다. 올라오는 느낌을 분별 하지 않고 있는 그대로 알아차리는 수념처(受念處)의 수행이다. 올라오는 느낌을 있는 그대로 관찰하기만 해도 그 느낌의 굴레에서 벗어나게 된다. 통찰을 통해 좋거나 나쁘다는 것이 실체가 아닌 내가 만든 착각이었음을 깨닫게 되기 때문이 다. 느낌 관찰을 통해 느낌에 속지 않고, 수온이 무아임을 깨닫게 된다.

## 🪷 육체적(色) 괴로움의 소멸

| 괴로움의 대상 | 색온(色蘊)의 괴로움 — 육체적인 괴로움 |
|---|---|
| 괴로움의 본성 | 색온은 무아, 색온의 괴로움은 비실체적인 것. 우리는 육체적인 괴로움을 뛰어넘을 수 있는 더 큰 존재임 |
| 괴로움의 소멸 | 색온을 나와 동일시하는데서 벗어날 때 비로소 우리는 육체적인 괴로움, 즉 색온의 괴로움에서 벗어날 수 있다. |

## 🪷 감정적(受) 괴로움의 소멸

| 괴로움의 대상 | 수온(受蘊)의 괴로움 — 정서적인 괴로움 좋고 싫은 느낌, 감정, 감성적인 괴로움 |
|---|---|
| 괴로움의 본성 | 일상생활 속에서 우리가 느끼는 수많은 감정과 느낌들은 고정된 실체적인 것이 아니다. |
| 괴로움의 소멸 | 올라오는 느낌을 있는 그대로 관찰하여 수온이 무아임을 깨닫는다. — 수념처(受念處)의 수행 |

# 관념적想 괴로움의 소멸

'상온(想蘊)의 괴로움'은 생각·사유·관념적인 괴로움이다. 예를 들어 어릴 적에 버림받은 기억이 있는 사람은 사회생활을 하면서도, 결혼생활을 하면서도 늘 마음속에는 '버림받으면 어쩌지' 하는 두려움이 관념 속에 자리 잡게 될 지도 모른다. 어릴 적 상처나 트라우마로 인한 괴로움도 '상온'의 일종이다.

'나는 운동신경이 없어', '나는 미술에는 소질이 없어', '나는 많은 사람들 앞에만 서면 떨려', '나는 축구는 못해', '나는 능력이 없어' 등의 생각들 또한 스스로 과거의 경험을 통해 만들어 놓은 표상이며 관념일 뿐이다.

많은 사람 앞에서 발표를 하다가 망신을 당했던 경험이 있는 사람이라면 스스로 '나는 사람들 앞에서는 말을 잘 못한다'는 관념에 사로잡힐 것이고, 그런 기회가 생기면 괴로울 것이다. 그러나 상온은 고정된 실체가 아니다. 언제든 바꿀 수 있다. 불교 수련회에서 이런 학생이 있었는데, 발표 후 크게 칭찬을 받고 난 뒤에 스스로 발표에 대한 두려움을 깬 것이 큰 성과라고 말하기도 했다.

고정관념·편견·가치관 등이 절대로 바뀔 수 없다고 생각하거나, 자신의 생각을 유연하게 변화시킬 생각은 못한 채 한 가지 생각과 선입견에 사로잡혀 있게 된다면 점점 더 상온의 괴로움에서 벗어나기 어려워질 것이다. 상온의 괴로움에서 벗어나려면 가슴을 활짝 열고, 고정관념에서 벗어날 수 있어야 한다.

상온의 괴로움에 쉽게 빠지거나 사로잡혀 있는 사람은 '나는 옳다', '나는 안다'는 자기 생각에 대한 고집이 큰 사람이다. '모름', '불확실함', '열어 놓음', '집착 없음', '정해진 것 없음', '모든 가능성을 받아들임'이라는 덕목들이 자칫 불완전해 보이겠지만, 이런 것들이야말로 우리 삶에 꼭 필요한 것들이다.

이처럼 상온의 괴로움에서 벗어나는 방법은 마음을 열고 수용하는 것, 아집과 고정관념을 내려놓는 것, 올라오는 생각을 관찰하는 것 등이 있다.

## 🪷 관념적(想) 괴로움의 소멸

| | |
|---|---|
| 괴로움의 대상 | 상온(想蘊)의 괴로움 – 생각, 사유, 관념적인 괴로움 표상, 상(相), 모양, 고정관념, 편견에서 오는 괴로움 |
| 괴로움의 본성 | 상온의 생각과 관념들은 언제든 바뀔 수 있고, 변화해 가는 것이지, 고정된 것은 아닌 것 |
| 괴로움의 소멸 | • 마음을 활짝 열고 받아들이기<br>• 나는 옳다, 나는 안다는 생각에 사로잡히지 않기<br>• 고정관념과 선입견, 편견과 자기고집을 내려놓기<br>• 생각이 올라올 때는 잘 관찰하기<br>• 과거의 상처와 트라우마를 치유하기 |

## 🪷 유위적(行) 괴로움의 소멸

| | |
|---|---|
| 괴로움의 대상 | 행온(行蘊)의 괴로움 — 의도적 행위의 괴로움 의도, 욕구, 의지에 대한 집착에서 오는 괴로움 |
| 괴로움의 본성 | 행온은 무아다. 어떤 의도일지라도 내 스스로 그 의도에 집착함으로써 괴로워질 뿐이지, 본래부터 절대적으로 이것만이 옳은 의도는 없다. |
| 괴로움의 소멸 | • 수없이 다양한 무수한 방식을 향해 마음을 열어 두자.<br>• 행하되 머물러 집착함 없이 행위하기<br>• 절대적으로 반드시 이렇게 되어야 한다고 고집할 필요는 없다. |

# 유위적行 괴로움의 소멸

'행온의 괴로움'은 특정한 의도·욕구·의지를 고집하게 될 때 그로 인해 괴로운 것이다.

예를 들어 적어도 A대학 정도를 가야 한다고 집착하는 사람이라면 그보다 못한 대학에 갔을 때 괴로울 것이다. 그러나 그것은 내 스스로 만들어 낸 행온의 괴로움일 뿐이다. 즉 내가 스스로 'A대학'이라는 생각과 목표에 집착하고 있었기 때문에 괴로운 것일 뿐이다. A대학을 가지 않은 사람들이 다 괴로운 것은 아니지 않은가.

반드시 진급해야 한다는 의도에 대한 집착이 강한 사람이라면 진급에서 떨어졌을 때 그렇지 않은 사람에 비해 크게 괴로울 것이다. 어떤 특정한 여인과 반드시 결혼해야겠다는 의도에 대한 집착이 크면 클수록 그 여인과 결혼하지 못하는 데서 오는 괴로움도 커지기 마련이다.

이처럼 한 가지 의도에 과도하게 집착하게 되면, 그것 이외의 다른 의도나 가능성은 가치를 상실하게 되고 만다. 의도 즉 행온에서 자유로운 사람은 이래도 좋고 저래도 좋다. 이 회사에 취직해도 좋고 저 회사에 취직해도 좋다. 모든 직업에 대해 활짝 열린 가슴으로 받아들이기에 무한한 가능성이 그 앞에 놓인다.

그러나 한 가지 특정한 의도에만 집착하고 사로잡혀 있는 사람은 그것 아니면 절대 안 되는 줄 알고, 심지어 그것을 못 하면 실패한 인생으로 낙인찍기를 서슴지 않는다. 이것이 바로 행온에 집착하는 데서 오는 어리석음이다.

행온은 무아다. 어떤 의도일지라도 내 스스로 그 의도에 집착함으로써 괴로워질 뿐이지, 본래부터 절대적으로 이것만이 옳은 의도는 없다.

이 세상에 절대적으로 고정되어 있는 것이 없는데, 절대적으로 반드시 이렇게 되어야 한다고 고집할 필요는 없지 않은가?

# 인식적識 괴로움의 소멸

식온(識蘊)의 괴로움은 분별과 인식의 괴로움이다. 있는 그대로의 대상을 있는 그대로 인식하면 괴로울 것이 없다. 그러나 다른 것과 비교하여 분별해서 차별적으로 이해하면 거기에는 좋고 나쁜 것이 생기고, 열등과 우월이 생겨나기 때문에 결과적으로 괴로움이 생겨난다.

식온은 수온과 상온의 도움을 받아 행온이 만들어 낸 세상을 왜곡하고 분별하여 자기 식대로 인식한다. 그런데 수온과 상온·행온 자체가 실체가 없고, 왜곡되기 쉬운 데이터이기 때문에 당연히 식온 또한 허망하다.

우리는 눈·귀·코·혀·몸·뜻으로 마주하는 색·성·향·미·촉·법의 모든 대상을 식이 분별하여 인식한다. 예를 들면 빨간 장미꽃에 비해 진달래꽃은 덜 아름답다고 인식하게 될 수도 있다. 그러나 그 인식은 진실일까? 어떤 사람은 진달래꽃을 장미꽃보다 덜 아름답다고 인식할 수도 있겠지만, 또 다른 사람은 강렬한 장미꽃보다 오히려 은은한 진달래꽃을 더욱 아름답게 인식할 수도 있다.

어떻게 인식하느냐는 이처럼 사람에 따라 다를 수 있다. 어떤 분별심이 더 옳거나 틀리다고 할 수 없다. 그러나 자신이 분별하여 인식하는 것만이 옳다고 집착하게 된다면 다른 사람의 인식과 달라 의견 대립이 생겨날 뿐이다.

직장에서 어떤 어려운 일을 시킬 때, 어떤 사람은 좋은 기회라고 생각할 수도 있고, 또 다른 사람은 너무 힘들어서 차라리 퇴사를 고민할 수도 있을 것이다.

주어진 상황에 대해 어떻게 받아들이고, 어떻게 분별하느냐에 따라 동일한 상황도 행복으로 느껴질 수도 있고, 불행으로 느껴질 수도 있다.

만약에 내가 괴로워하고 있는 것이 단순히 나의 분별심으로 인한 것이라면 우리는 무조건 그 상황에서 절망에 빠져 있을 것이 아니라 나의 인식과 분별을 변화시킴으로써 새로운 삶으로 나아갈 수도 있을 것이다.

## 🪷 인식적(識) 괴로움의 소멸

| 괴로움의 대상 | 식온(識蘊)의 괴로움 − 분별·인식하는 괴로움<br>둘로 나누어 비교 분별하는 데서 오는 괴로움 |
|---|---|
| 괴로움의 본성 | • 분별하는 마음은 허망하여 실체가 없음<br>• 왜곡되기 쉬운 데이터 |
| 괴로움의 소멸 | • 어떻게 마음 쓰고, 인식하느냐에 따라 대상이<br>　괴로울 수도 즐거울 수도 있다.<br>• 나의 인식과 분별을 바꿈으로써 새로운 가능성으로<br>　전환될 수 있고, 동일한 조건도 다르게 느껴진다. |

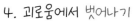

## 괴로움에서 벗어나는 오온명상

1. 오온을 관찰 : 사념처 혹은 위빠사나 (관 수행)
2. 괴로움을 사유 : 오온으로 분석하고 해체
3. 괴로움의 요소들이 실체가 아니며 공함을 통찰
4. 괴로움에서 벗어나기

바라보면　　　　사라진다

# 괴로움에서 벗어나는 오온 명상

우리가 괴롭다고 느낄 때, 그 괴로움을 가만히 오온으로 해체하여 사유해 보면 오온 중 어느 요소 때문에 괴로운 지가 드러난다.

직장 상사가 그런 일 하나 제대로 못하느냐고 부하직원들 보는 앞에서 화를 냈고, 그로 인해 화와 수치, 괴로움이 일어났다. 이런 경우에 수·상·행·식이 전부 괴롭다. 가장 큰 것은 아마도 의지작용 즉, 행온일 것이다. 부하직원 앞에서 상사에게 욕을 얻어먹고 싶지 않은 욕구, 칭찬받고 싶고 인정받고 싶은 욕구와 의지가 있다. 그 의지와 욕구가 깨지기 때문에 괴로운 것이다.

이런 식으로 행온이 나를 '인정받지 못한 나', '부하들 앞에서 창피한 나'를 조작해 내고, 식온은 축 처져 있고 부끄럽고 창피한 나를 인식하게 된다. 이때 수온과 상온은 함께 순환적으로 괴로움을 증폭시킨다.

사실 현실은 절대적인 '괴로운' 상황이 아니라 어느 회사에서든 '그럴 수도 있는' 보편적인 상황이다. 그럼에도 불구하고 나에게는 큰 괴로운 일이 되는 이유는 바로 오온을 '나'로 착각했기 때문이다.

인정받고자 하는 의도를 내려놓고, 비판 받을 수도 있음을 겸허히 인정하고 수용하게 된다면 행온의 괴로움에서 벗어날 수 있을 것이다. 욕을 먹고 마음 상한 느낌을 '나'라고 동일시하지 않은 채, 그 순간 있는 그대로 올라오는 느낌을 관찰함으로써 그 느낌, 수온의 괴로움에서 벗어날 수도 있다.

올라오는 모든 생각에 힘을 실어 주지 않고, 그 생각을 계속해서 증폭시키지 않게 된다면, 두 번째 화살을 맞지 않을 뿐더러, 그 생각은 '허망한 생각일 뿐' 실체가 아님을 관찰하게 될 것이다.

바로 이것이 사념처 혹은 위빠사나라고 알려진 불교 명상의 핵심, 관(觀) 수행이다.

# 십이연기

# 십이연기와 연기법

『잡아함경』 299경에서는 다음과 같이 십이연기를 설한다.

"연기법은 소위 이것이 있으므로 저것이 있고, 이것이 일어날 때 저것이 일어나는 것이다. 다시 말하면 무명이 있으므로 행이 있고 내지 큰 괴로움이 있으며, 무명이 멸하기 때문에 행이 멸하고 내지 큰 괴로움이 멸한다는 것이다."

부처님이 깨달은 연기법은 곧 십이연기다. 십이연기는 구체적으로 노병사(老病死)라는 인간 고(苦)의 문제가 어떻게 생겨나게 되었으며, 또한 어떻게 사라지는지를 연기적으로 밝혀 주는 가르침이다.

『잡아함경』 299경에서는 십이연기를 구체적으로 설한다.

"연기법이란 무엇인가? 이른바 무명(無明)을 인연하여 행(行)이 있고, 행을 인연하여 식(識)이 있으며, 식을 인연하여 명색(名色)이 있고, 명색을 인연하여 육입(六入)이 있고, 육입을 인연하여 촉(觸)이 있고, 촉을 인연하여 수(受)가 있고, 수를 인연하여 애(愛)가 있고, 애를 인연하여 취(取)가 있고, 취를 인연하여 유(有)가 있고, 유를 인연하여 생(生)이 있으며, 생을 인연하여 노병사와 우비고뇌(늙음·병·죽음과 근심·슬픔·고통·번민)가 이루 다 말할 수 없다."

즉 십이연기란 무명(無明), 행(行), 식(識), 명색(名色), 육입(六入), 촉(觸), 수(受), 애(愛), 취(取), 유(有), 생(生), 노사(老死)이다.

십이연기는 괴로움의 원인을 밝혀내는 순차적인 작업이기도 하지만, 사실 하나하나의 지분 모두가 독립적으로 괴로움을 발생시키는 조건이 된다. 그렇기에 십이연기의 어느 한 지분을 소멸하게 되면, 연이어 다음 지분이 소멸되고, 결국 노병사의 근원적인 괴로움은 소멸된다. 십이연기의 모든 지분이 제각기 독립적으로 괴로움을 소멸하는 방법이 된다. 십이연기를 살펴보면 불교에는 왜 그토록 다양한 괴로움 소멸 방법이 있는지를 이해할 수 있을 것이다.

# 십이연기가 곧 연기법

**연기법**

이것이 있으므로
저것이 있고,
이것이 일어날 때
저것이 일어난다.

⟹

무명이 있으므로
행이 있고
내지 큰 괴로움이 있으며,
무명이 멸하기 때문에
행이 멸하고 내지
큰 괴로움이 멸한다.

=

**12연기**

십이연기는 구체적으로
생로병사 우비고뇌라는
인간 고(苦)의 문제가
어떻게 생겨나게 되었으며,
또한 어떻게 사라지는지를
연기적으로 밝혀주는 가르침.

⟹

무명(無明)
행(行)
식(識)
명색(名色)
육입(六入)
촉(觸)
수(受)
애(愛)
취(取)
유(有)
생(生)
노사(老死)

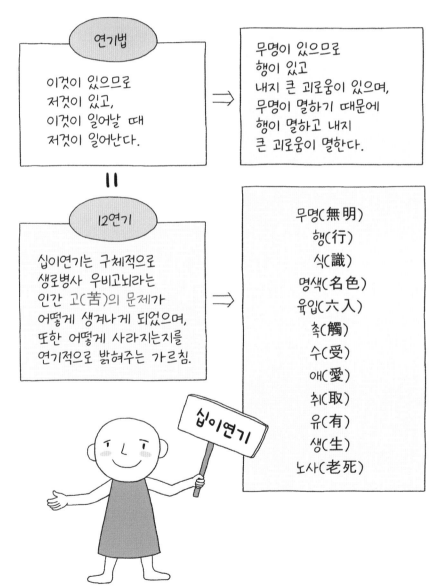

십이연기

# 순관과 역관, 유전문과 환멸문

십이연기를 관찰하는 방법에는 순관(順觀)과 역관(逆觀)이 있다. 순관은 무명에서 노사까지 순서대로 사유하는 방법이고, 역관은 반대로 노사에서 무명까지 거꾸로 관찰하는 방법이다.

또 다른 십이연기의 이해는 유전문(流轉門)과 환멸문(還滅門)이다. 중생의 생사라는 괴로움이 어떻게 생겨나고 있는가 하는 생사유전을 보여주는 것이 유전문이고, 그렇게 만들어진 생사윤회라는 괴로움, 노사라는 괴로움이 본래 착각이었음을 밝혀 허망한 괴로움의 세계를 멸하여 본래적인 삶으로 환원시켜 주는 길이 환멸문이다. '괴로움이 일어나는 원리'를 설명해 주는 것이 유전연기(流轉緣起)이고, '괴로움을 소멸시키는 원리'를 설명해 주는 것이 환멸연기(還滅緣起)다.

'무명이 있으므로 행이 있고 행이 있으므로 식이 있고 내지 생이 있으므로 노사가 있다'는 것처럼 '이것이 있으므로 저것이 있다'는 방식이 유전문이고, '이것이 멸하므로 저것도 멸한다'는 방식이 환멸문이다.

유전문과 환멸문 모두 역관과 순관의 두 가지 방식으로 관찰해 볼 수 있다.

'노사(老死)의 원인은 생에 있고, 생의 원인은 유에 있고, 내지 행의 원인은 무명에 있다'는 것이 유전문의 역관이며, '무명이 있으므로 행이 있고, 행이 있으므로 식이 있고, 내지 생이 있으므로 노사가 있다'는 것이 유전문의 순관이다.

'노사를 멸하면 생이 멸하고, 내지 행이 멸하면 무명도 멸한다'는 것이 환멸문의 역관이며, '무명을 멸하면 행이 멸하고, 내지 생이 멸하면 노사도 멸한다'는 것이 환멸문의 순관이다.

유전문의 역관이 곧 고성제(苦聖諦)이고, 유전문의 순관이 집성제(集聖諦)이며, 환멸문의 역관은 멸성제(滅聖諦)이고, 환멸문의 순관은 도성제(道聖諦)라고 설명하기도 한다. 이처럼 사성제와 십이연기는 따로 떼어내 생각할 수 없다.

## 십이연기 각 지분의 이해

| 십이연기 각<br>지분의 이해 | **십이연기**<br>모든 괴로움은 십이연기의 순환적인 관계성 속에서<br>생겨나기도 하지만 **각각의 지분 하나하나**가<br>독자적으로 모든 괴로움을 소멸시키는 방법이 된다. |
| --- | --- |
| 관찰 방법 | 순관(順觀)과 역관(逆觀) |
| 이해 방식 | 유전문 : 이것이 있으므로 저것이 있다는 방식<br>환멸문 : 이것이 멸하므로 저것도 멸한다는 방식 |

- 유전문의 역관(생) : 고성제
- 환멸문의 역관(멸) : 멸성제
- 유전문의 순관(생) : 집성제
- 환멸문의 순관(멸) : 도성제

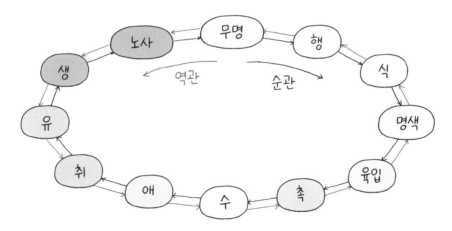

- 유전문의 역관 : 노사(老死)의 원인은 생에 있고, 생의 원인은 유에 있고 …
- 유전문의 순관 : 무명이 있으므로 행이 있고, 행이 있으므로 식이 있고 …
- 환멸문의 역관 : 노사를 멸하면 생이 멸하고, 내지 행이 멸하면 무명도 멸한다.
- 환멸문의 순관 : 무명을 멸하면 행이 멸하고, 내지 생이 멸하면 노사도 멸한다.

# 무명無明

무명이란 글자 그대로 '명(明)이 없다'는 말로, 그 의미는 각 경전마다의 해석이 조금씩 다르다. 일반적으로 진리에 대한 무지를 말하며, 『잡아함경』과 『상윳따니까야』에서는 보다 구체적으로 '사성제(四聖諦)에 대한 무지'로 정의되고 있다.

진리에 대한 무지란 연기법에 대한 무지로서, 이 세상은 모두 연기되어진 존재이며, 그 모든 것들은 무상하고 무아이므로 고정된 자성이 없다는 것을 모르는 것을 의미한다. 이것이 곧 사성제. 사성제에 무지하면 괴로움과 괴로움의 원인을 모르고, 괴로움을 어떻게 해결해야 할지 모르며, 괴로움이 소멸된 열반을 알지 못한다. 이처럼 십이연기의 무명은 곧 연기와 사성제, 무아에 대한 무지를 말한다.

우리가 분명히 아는 것은 무엇인가? 이렇게 어디서 와서 어디로 가는지조차 모르며, 내가 누구인지조차 모르고 산다면 어떻게 지혜로운 삶을 살아갈 수 있겠는가? 이처럼 삶에 대해, 우주에 대해, 나에 대해, 과거와 미래에 대해 모르고 살기 때문에 어리석은 삶을 살 수밖에 없다. 그래서 불교에서는 무명의 타파를 가장 중요하게 여긴다. 무명을 타파하여 명(明:밝음=지혜)을 드러내는 것이야말로 불교의 핵심이다. 무명이 소멸될 때 결국 모든 괴로움이 소멸되기 때문이다.

모르기 때문에 짓는 어리석은 행위인 업행(業行), 그것이 바로 다음에 등장하는 행(行)이다. 지혜로운 행위, 하되 함이 없는 행위가 무위행(無爲行)이라면 어리석은 행위인 이 행(行)은 유위행(有爲行)이다. 하면서 스스로 한다는 유위의 행위이기에, 유위행은 유위업(有爲業)을 발생시키고, 그것은 업보(業報)라는 결과를 가져온다. 이처럼 행은 모르기 때문에 짓는 업행이며, 선행도 악행도 근원에서는 모두가 유위행으로써 업을 늘리는 무지의 행이 아닐 수 없다.

# 행行

무명을 조건으로 해서 행이 있다. 행이란 행위, 즉 업(業)을 가리키는 것으로, 삶을 향한 맹목적인 동기와 욕구를 형성한다. 쉽게 말하면 무명에 의해 실체적으로 존재한다고 여겨 집착된 대상을 실재화하려는 의지작용이다.

그런 의미에서 행은 '유위(有爲)로 조작하는 것'이라고도 한다. 조작한다는 것은 한마디로 없던 것을 만들어냈다는 것이다. 본래 텅 빈 바탕 위에 어리석음이라는 무명을 일으킴으로써 무언가를 만들어 낸 것이다. 마음에서 먼저 만들어 내고, 말을 만들어 내고, 행위를 만들어 낸다.

무명이 없는 지혜로운 사람은 이 세상이 인연 따라 비실체적으로 생겨난 것인 줄 아는 까닭에 '나'에도 '세상'에도 집착하지 않고, 이 모든 것이 무아(無我)임을 안다. 그러므로 그 어떤 행위를 하더라도 그 모든 행위가 마치 꿈속에서 행하는 것처럼 비실체적인 것임을 알아 스스로가 일으킨 그 어떤 행위에도 집착하지 않고, 그렇기에 행위를 했어도 한 바가 없는 무위(無爲)의 행이 되며, 따라서 그 어떤 것도 조작하여 만들어 내지 않는다. 만들어 냈다고 할지라도 그 또한 환영이며 신기루임을 알기 때문에 그것은 만들어 낸 것이라고도 할 수 없다.

그러나 어리석은 사람은 반대로 이 세상이 모두 실재인 줄 알아 나와 세상에 집착하고, 그 모든 것을 가지려고 함으로써 말과 생각과 행동을 통해 자신의 삶을 조작해 내는 것이다. 말과 생각과 행동으로 조작해내는 것, 그것이 바로 행이다. 어리석은 무명을 원인으로 하여 사람들은 자연스러운 무위의 삶에서 벗어나 억지로 조작하는 유위의 삶을 살게 된 것이다.

이러한 행동과 말과 생각을 3가지 종류의 행, 이른바 신행(身行)과 구행(口行)과 의행(意行)이라고 한다. 즉, 어리석음, 무명 때문에 세상이 진짜인 것으로 착각하고 그 착각으로 인해 그러한 세상을 내 것으로 더 많이 가지려고 하고, 남들보다 더 많이 소유하려고 하는 신구의 삼행(三行)의 행위를 일으키게 되는 것이다.

신·구·의(身口意) 삼행은 몸으로 짓는 신행(身行)에 살생(殺生)·투도(偸盜:도둑질)·사음(邪淫:삿된 음행)의 3가지와 말로 짓는 구행(口行)에 망어(妄語:거짓말)·양설(兩舌:이간질)·악구(惡口:욕설, 험담)·기어(綺語:이치에 어긋나는 궤변)의 4가지, 생각으로 짓는 의행(意行)에 탐(貪:탐욕)·진(瞋:분노, 화)·치(痴:어리석음)의 3가지가 있다. 이를 합치면 10가지로 신·구·의 삼행으로 선을 닦으면 십선업(十善業)이 되고, 악을 지으면 십악업(十惡業)이 된다.

신·구·의 삼행이 곧 신·구·의 삼업(三業)인데, 이 세 가지 업은 다시 그 행위의 좋고 나쁨에 따라 선업(善業), 악업(惡業), 무기업(無記業)으로 나뉜다. 무명으로 인해 유위행을 한다는 것 자체가 이미 선악의 분별이 시작되었음을 의미하고, 이로 인해 선업과 악업에 따른 과보가 발생한다. 그럼으로써 선악이라는 인간 근원의 괴로움이 생겨나는 것이다.

우리가 일으키는 모든 행은 어리석은 마음, 무명에서 일어난 행위로 거의 대부분이 유위행이다. 사랑을 하더라도 그 사람이 실체인 줄 아는 어리석음 때문에 그 사람을 내 사람으로 만들려는 집착의 행을 일으킨다. 이것이 바로 행위에 집착이 개입되어 있는 유위행이다. 이와 같이 무명이 있으면 행이 생겨난다.

반면에 밝음, 명, 지혜에서 일어난 행위는 해도 한 바가 없어 흔적이 남지 않는 무위행(無爲行)이다. 즉 명(明:지혜)에서는 유위행이 일어나지 않는 것이다. 그래서 불교에서는 행을 소멸함으로써 모든 괴로움이 소멸됨을 설하고 있다.

이 말이 모든 행위를 하지 않는다는 뜻은 아니다. 행위를 하되 함이 없이 한다, 집착 없이 한다는 것을 의미한다. 행을 소멸하게 되면, 모든 유위행이 무위행으로 바뀌기 때문에 해도 한 바가 없고, 흔적이 없는 것이다. 이것이 바로 하되 한 바가 없는, 흔적을 남기지 않는 부처님의 행이다.

| | (1) 무명(無明) | |
|---|---|---|
| 의미 | 명(明)이 없다는 말로, 진리에 대한 무지, 연기법에 대한 무지, 사성제(四聖諦)에 대한 무지 | |
| 괴로움의 원인 | 연기와 무아를 모르기에 무상한 존재에 대해 실재하지 않는 것에 집착하기에, 그것이 곧 괴로움이 된다. | |
| 괴로움의 소멸 | 무명을 타파하여 명(明:밝음=지혜)을 드러낼 때 괴로움은 소멸한다 | |

| | (2) 행(行) | |
|---|---|---|
| 의미 | • 행이란 행위, 즉 업(業)<br>• 행은 유위(有爲)로 조작하는 것<br>• 무명에 의해 대상을 실재화 하려는 의지작용 | |
| 유위행 (有爲行) | 이 세상이 실재인 줄 알고 집착하며, 그 모든 것을 가지려고 함으로써 말과 생각과 행동으로 자신의 삶을 조작해 내는 것 | |
| 삼행 | • 신행 (身行) : 살생, 투도(도둑질), 사음(삿된 음행)<br>• 구행 (口行) : 망어(거짓말), 양설(이간질), 악구(욕설, 험담) 기어 (이치에 어긋나는 궤변)<br>• 의행 (意行) : 탐 (탐욕), 진 (분노, 화), 치 (어리석음) | |
| 삼업 | 신구의 삼행이 곧 신구의 삼업(三業) | |
| 괴로움의 소멸 | 무위행(無爲行)<br>밝음, 명, 지혜에서 일어난 행위는 해도 한 바가 없어 무위행(無爲行)이다. 행을 소멸함으로써 모든 괴로움이 소멸된다. | |

147

# 식 識

행을 조건으로 식이 있다. 눈·귀·코·혀·몸·뜻으로 보고, 듣고, 냄새 맡고, 맛보고, 촉감하고, 생각하는 것에 따라 인식이 일어나게 되는 것을 말한다.

식(識)이란 대상을 파악하여 아는 마음, 즉 분별심이다. 행을 조건으로 해서 식이 있다고 했는데, 행 자체가 유위 조작으로써 대상을 선행과 악행으로 나누는 것이며, 바로 이렇게 나누는 분별 작용이 바로 식이다. 행이 일어나면서 식도 함께 일어나는 것이다.

시간적으로 보면, 많은 행이 일어나 쌓이면 행업이 되고, 비슷한 행업이 쌓여 업습(業習)이 되고, 그 업습은 쌓여서 삶에 장애를 가져오기에 업장(業障)이라고 부른다. 이 업장은 훗날 비슷한 다른 경험을 하게 될 때까지 영향을 미쳐 그 경험을 보자마자 곧장 걸러서 인식하게 되니 그것이 업식(業識)이다.

악업이 많은 사람은 악한 업식이 많아서 같은 대상을 보더라도 악하게 생각하고 인식할 확률이 높아진다. 행과 식은 업식(業識)이라는 말처럼 하나처럼 활동하며 서로 도움을 주면서 업장을 키우고, 식의 증장을 가져온다.

그러면 식은 왜 소멸되어야 하는 것일까? 식이 대상을 분별해서 보기 때문에 괴로움을 만들어 내기 때문이다. 식의 소멸은 곧 분별심(分別心)이 무분별심으로 바뀌는 것으로, 무분별이란 대상을 분별 없이 있는 그대로 보는 것이다. 무분별심은 곧 대 평등심이다. 대상을 분별 없이 평등하게 자비로써 보는 것이다.

앞의 세 지분을 정리해 보자. 십이연기의 모든 지분은 소멸해야 할 허망한 의식이다. 무명이라는 어리석은 의식이 소멸되어 명(明)이라는 지혜로 바뀌고, 행즉 유위행이라는 허망한 의식이 소멸되어 무위행으로 바뀌고, 식이라는 분별심이 소멸되고 무분별심으로 바뀔 때, 연이어 십이연기의 나머지 모든 지분도 연쇄 소멸되어 결국 노병사라는 모든 괴로움이 소멸된다는 구조.

| (3) 식(識) | |
|---|---|
| 의미 | 눈·귀·코·혀·몸·뜻으로 보고, 듣고, 냄새 맡고, 맛보고, 촉감하고, 생각하는 것에 따라 인식이 일어나게 되는 것을 말한다. 과거의 행의 쌓임인 업행으로 걸러서 대상을 분별하는 마음 |
| 분별심 | 있는 그대로의 대상을 있는 그대로 인식하는 것이 아니라, 분별하여 자기 식대로 바라보는 인식이다. |
| 업식 (業識) | 행과 식은 업식(業識)이라는 말처럼 하나처럼 활동하며 서로 도움을 주면서 업장을 키우고, 식의 증장을 가져온다. |
| 괴로움의 소멸 | • 식의 소멸은 곧 분별심(分別心)이 무분별심으로 바뀌는 것.<br>• 일체 모든 존재를 있는 그대로, 텅 비어 맑은 시선으로 바라보게 되는 무분별의 인식이 있게 될 때 모든 괴로움은 소멸한다. |

" 지난 경험과 행위가
  만들어낸 분별심이 식(識) "

# 명색名色

식을 조건으로 해서 명색(名色)이 있다. 식의 대상을 명색이라고 한다. 명(名)은 정신적인 작용을, 색(色)은 물질적인 부분을 말한다. 즉 명색은 일체 모든 인식의 대상, '식(識)의 대상'을 말하는 것으로, 명은 '이름'이고, 색은 '모양, 형태'다.

자동차라는 물질은 '색과 명'으로 기억하고, 고백·질투·사랑 등의 정신적인 것은 '이름[名]'으로 기억한다. 정신적인 것이든 물질적인 것이든 모든 대상은 이처럼 명과 색으로 인식된다.

여기에서 분명히 알아야 하는 점이 하나 있는데, 그것은 명색은 외부에 있는 생생한 대상 그 자체가 아니라, 그 대상이 나에게로 와서 이름과 모양을 통해 내식대로 인식되는 나의 '의식 상태'를 말한다는 점이다. 대상이 나에게 와서 인식되려면 어떤 특정한 이름으로 기억되거나, 특정한 모양으로 기억되어야 한다.

모든 인식은 자기 식대로 왜곡되고 분별되어 인식된다. 사람들은 저마다 '무명-행-식'이 다르기 때문에, 세상을 바라보는 방식과 인식이 다 다를 수밖에 없다. 이처럼 사람들은 대상을 있는 그대로 보는 것이 아니라, 자기 업에 따라 자기식대로 왜곡하고, 분별하여 바라본 뒤에, 내 식대로 분별된 대상을 특정한 이름과 모양으로 즉, '명색'으로 만들어 낸다. 그러니 명색은 진실한 것이 아니다.

사과라는 '이름(名)'과 사과라는 '모양(色)'으로 사과를 인식했을지라도 '사과'라는 명색에는 사과가 없다. '사과'라는 이름과 모양이 진짜 사과라면 배고플 때 '사과', '사과'라고 말만 해도 배가 불러야 할 것이다. 이처럼 '사과'라는 명색에는 사과가 없다. 그저 사과라는 대상을 쉽게 이해하기 위해 우리가 의식으로 '모양과 이름'을 만들어서 붙인 것이기 때문이다. 그렇기에 명색은 허망하다.

그렇기에 명색을 멸해야 한다. 대상 그 자체를 소멸시켜야 한다는 말이 아니라, 내 안에 명색으로 인식되어진 허망한 의식을 소멸시켜야 한다는 것이다.

명색을 실체라고 생각하면, 그러한 실체적인 대상에 집착하지 않을 수 없다. 돈이나 아파트나 자동차라는 명색을 실체라고 생각하면, 더 많은 돈, 더 좋은 아파트, 더 좋은 자동차에 집착할 수밖에 없다. 그러나 명색이 비실체적이며 무상하고 무아인 줄 안다면, 그 어떤 대상에 대해서도 집착하지 않을 것이다.

『잡아함경』298경에 따르면 구체적으로 명은 수·상·행·식을 말하며, 색은 지·수·화·풍의 사대와 사대로 이루어진 물질을 말한다. 즉, 오온(五蘊)을 물질과 정신으로 나누어 놓은 것이다.

여기에서는 다음에 나올 육입(六入)이라는 주관적 감각기관의 객관적 대상인 육경(六境)을 지목한 것이라고 해석할 수도 있다. 오온을 명색이라고 할 수도 있지만, 육경 또한 명색이기 때문이다.

오온도 명색이고, 육경도 명색이다. 앞에서 식의 대상을 명색이라 했듯, 의식할 수 있는 모든 것들은 전부 다 명색이다. 식은 오온을 나로 인식하고, 마찬가지로 육근을 나의 감각으로 인식하며, 육경을 감각의 대상이라고 인식한다. 식은 오온도 인식하고 육경도 인식하는 것이다.

명색을 멸하게 된다면, 즉 대상을 실재 이름과 모양을 지닌 실체적인 존재로 착각하는 마음이 소멸하게 된다면, 오온과 육경에 대한 집착 또한 사라지게 될 것이다.

식을 조건으로 해서 명색이 있다는 말은, 식이 있기 때문에 명색을 명색으로 인식함을 의미한다. 내 바깥에 이름과 모양을 가진 정신적·물질적인 대상이 있을지라도 내 안에서 인식되지 않는다면 그것은 없는 것이다.

지하철에서 옆에 앉아 있는 여자 친구에게 떨리는 마음으로 사랑을 고백했지만 그 여자 친구는 이어폰을 한 채 노래를 듣느라 고백을 듣지 못했다면 그 여자 친구에게 고백은 없는 것이다. 식을 조건으로 해서 명색이 있는데, 그녀는 그 고백이라는 이름의 '명'을 인식하지 않았으므로, 즉 식이 없으므로 명도 없는 것이다.

# 육입六入

명색을 조건으로 해서 육입이 있다. 육입은 육내입처(六內入處)다. 명색이 생기면 명색이라는 대상을 눈으로 보고, 귀로 듣고, 코로 냄새 맡고, 혀로 맛보고, 몸으로 감촉을 느끼고, 뜻으로 생각하면서 그러한 보고, 듣고, 냄새 맡고, 맛보고, 촉감을 느끼고 생각하는 주체가 곧 '나'라는 생각을 하게 된다. 명색을 감각하는 존재를 '나'라고 착각하는 의식이 바로 육입이다.

당연히 이 육입은 멸해야 할 것이다. 육입을 멸한다는 것은 곧 '나'라는 허망한 착각을 멸하는 것으로, 이는 곧 무아를 깨닫는 것과 다르지 않다.

앞에서 설명했듯이 육입은 육경[名色]이라는 인연과 화합하여 연기적으로 생겨난 것일 뿐 실체가 아니다. 연기는 곧 비실체성이며, 무아이기 때문이다.

육입이라는 허망한 착각을 소멸시킨다는 것이 곧 여섯 가지 감각기능이 마비되어 쓰지 못한다는 것은 아니다. 내가 사라진다는 것도 아니다. 그러한 여섯 가지 감각기능과 활동을 보고 '나'라고 착각하지만 않을 뿐, 우리는 여전히 여섯 가지 감각기능을 잘 사용할 수 있다. 그것이 바로 육근 청정(六根淸淨)이다. 육근이 청정해지면, 눈으로 무엇을 보든, 귀로 무엇을 듣든, 혀로 어떤 것을 맛보든 그 대상에 휘둘리지 않고, 사로잡히지 않는다. 괴로움에 물들지 않는 것이다.

십이연기에서는 식-명색-육입의 순서로 나와 있다 보니 이를 시간적인 선후 관계로 착각할 수도 있지만, 사실 식·명색·육입은 동시적인 것, 연기적인 것이다. 연기적으로 생겨난 것은 동시생 동시멸이며, 연생(緣生)은 무생(無生)이라 연기적으로 생겨난 것은 생겨나도 생겨난 바가 없다. 그런데 우리의 의식은 식·명색·육입을 실체적으로 존재하는 자아와 대상과 의식이라고 파악하기에, 그렇듯 실체화하는 허망한 착각을 소멸시켜야만 착각으로 인한 모든 괴로움이 소멸될 수 있는 것이다.

| (4) 명색(名色) | |
|---|---|
| 의미 | • 식의 대상, 즉 인식의 대상, 분별의 대상<br>• 명(名)은 정신적인 작용, 색(色)은 물질적인 부분<br>• 모든 대상은 명과 색으로 인식된다.<br>• 명색은 대상 그 자체가 아니라 그 대상이 나에게로<br>　와서 내 식대로 인식되는 나의 의식 상태다.<br>• 왜곡되고 분별되어진 인식이며, 진실한 것이 아닌 허망한 것 |
| 오온<br>육경 | 오온도 명색이고, 육경도 명색이다. 식의 대상을 명색이라 했듯,<br>의식할 수 있는 모든 것들은 전부 다 명색이다. |
| 괴로움의<br>소멸 | • 명색을 멸하게 된다면 오온과 육경에 대한 집착은 사라진다.<br>• 대상이 내 안에서 인식되지 않는다면 그것은 없는 것이다. |

| (5) 육입(六入) | |
|---|---|
| 의미 | • 육내입처(六內入處)를 뜻한다.<br>• 명색을 감각하는 존재를 나라고 착각하는 의식 |
| 무아 | 육입은 멸해야 할 것이며 육입을 멸한다는 것은 곧 나라는<br>허망한 착각을 멸하는 것으로, 이는 곧 무아를 깨닫는 것.<br>육입은 인연 따라 생겨난 것이며 비실체적인 것임을 아는 것 |
| 괴로움의<br>소멸 | 육근 청정 – 육입처라는 허망한 의식은 소멸하였지만, 육근은<br>청정하게 수호하는 것. 육근이 청정해지면 대상에 휘둘리지<br>않고, 사로잡히지 않으며 괴로움에 물들지 않는다. |

# 촉 觸

육입을 조건으로 해서 촉이 있다. 촉이란 육입을 '나'라고 생각하면서 나에 의해 접촉되는 것들이 외부에 실제로 '있다'는 착각을 하는 허망한 의식이다. 식과 명색과 육입, 즉 십팔계가 접촉하는 것, 인연 따라 화합하는 것이 바로 촉이다. 촉을 촉입처(觸入處)라고도 부르며, 입처란 곧 허망한 의식임을 뜻한다.

내가[육입=육내입처] 대상을[명색=육외입처] 보자마자[촉=접촉] 의식[육식]이 생겨나는 과정은 연기적으로 동시에 일어난다. 눈으로 색을 보는 접촉, 귀로 소리를 듣는 접촉 내지 뜻으로 생각을 일으키는 접촉을 '촉'이라고 하며, 이러한 접촉을 통해 우리는 무언가가 '있다'는 허망한 의식을 일으킨다.

이 촉입처 또한 멸해야 할 허망한 의식이다. 촉을 멸한다는 것은 눈으로 대상을 보지도 않고, 의식하지도 않는다는 뜻이 아니다. 접촉을 하지만 접촉하는 무언가가 실재·존재한다는 허망한 착각을 하지 않는 것이다.

사람들은 주로, 내가 두 눈으로 똑똑히 보았기 때문에 사실로 존재한다고 주장한다. 두 눈으로 똑똑히 보았을지라도 자신이 잘못 본 것일 수도 있고, 환영을 본 것일 수도 있다. 귀로 똑똑히 들었다고 할지라도 잘못 들었을 수도 있다.

전날 밤에 길을 걷다가 뱀을 보고 놀라 먼 길로 돌아갔는데, 그 다음날 보니 그것이 새끼줄이었다면, 그 뱀은 실제로 존재하는 것일까? 아니다.

이처럼 촉 또한 허망한 의식일 뿐이며, 소멸해야 할 의식이다. 촉입처가 소멸하면 우리는 눈으로 보았다고 해서 다 있다고 착각하지 않을 것이다.

촉입처가 멸하면, 실체화하는 허망한 착각이 사라지기에, 십이연기의 촉 다음 지분인 '수(受)-애(愛)-취(取)' 즉 느낌과 애욕과 집착이 연이어 무성하게 생겨나는 것을 차단시킨다. 실재·존재한다는 착각 때문에 느낌, 애욕, 취착하는 것이기 때문이다. 실재가 아님을 알면 수-애-취 또한 연이어 소멸되게 된다.

# 수受

촉을 조건으로 해서 수(受)가 있다. 즉, 육입(六入)과 명색(名色) 그리고 식(識)의 삼 자가 촉함으로써 수가 있게 된다. 내가[六入] 대상[名色]을 접촉[觸]하여 있는 것으 로 의식[識]할 때 느낌, 감정[受]이 일어나는 것이다. 즉, 대상이 실제로 '있다'고 여길 때[觸入處] 우리는 그 대상에 대해 좋거나 싫은 감정을 일으킨다.

안·이·비·설·신·의 여섯 가지 감각기관이 색·성·향·미·촉·법 여섯 가 지 대상을 인식하고 접촉하면 좋거나[樂受] 싫거나[苦受] 그저 그런[不苦不樂受] 3가 지 느낌이 일어난다. 여기에서부터 모든 문제는 시작된다고 해도 과언이 아니다.

삼자의 접촉은 있을지언정 좋거나 싫은 느낌으로 이어지지 않는다면 다음에 살펴볼 애욕이나 취착으로 이어지지도 않을 것이다. 그러나 촉을 조건으로 해서 좋거나 싫은 느낌이 있기 때문에, 좋은 느낌은 더욱 취하려고 하고, 싫은 느낌 에서는 멀어지려고 하며, 그로 인해 탐욕과 성냄 등의 번뇌가 일어나는 것이다.

그러니 당연히 수는 멸해야 할 것이다. 수를 멸한다는 말은 아무런 감정도 느 끼지 못하는 존재가 된다는 것은 아니다. 느끼되 느끼는 그 대상에 속지 않는 것 이다. 느낌이 진짜가 아님을 아는 것이다. 그 느낌은 '촉'에서 나왔음을 알기 때 문이다.

여기에서 한 가지 더 살펴보고 넘어가야 할 점이 있다. 십이연기에서는 수(受) 만 언급되어 있지만, 『잡아함경』306경에서는 "촉에서 수·상·사가 함께 생겨난 다"라고 함으로써 수(受)뿐 아니라, 상(想)과 사(思)가 함께 생겨남을 설명하고 있 다. 수·상·사는 곧 오온의 수·상·행(受想行)이다.

결국 촉에서는 수만 생기는 것이 아니라 상(想)과 행(行)도 함께 생긴다. 여기에 서 오온이 생겨나는 것이다.

# 애愛

수를 조건으로 해서 애(愛)가 있다. 애란 갈애(渴愛)로서 욕망·애욕·탐욕을 말하는 것으로, 앞서 수(受)에서의 좋고 싫다는 느낌이 더욱 깊어진 상태로, 좋은 것은 더욱 갈망, 욕망하려 하고, 싫은 것은 멀리하려는 것이다.

낙수(樂受)인 좋은 느낌의 대상을 만나면 갈애가 생겨나고, 고수(苦受)인 싫은 느낌의 대상을 만나면 증오를 일으킨다. 증오 역시 애의 일종이다.

좋거나 싫은 대상에 대한 갈애가 커짐으로써 좋은 대상은 더욱 더 갈망하고[貪心], 싫은 대상은 더욱 더 증오[嗔心]하는 등의 중도에서 벗어난 극단적인 치우침의 어리석은 마음[癡心]이 생겨난다. 이것이 탐·진·치(貪嗔癡) 삼독(三毒)이다. 그래서 십이연기의 모든 지분 가운데에도 탐·진·치 삼독 가운데 탐심과 진심의 원인인 '갈애'와 치심인 '무명'을 가장 큰 괴로움의 원인이라고 본다.

이러한 애(愛)에는 욕계(欲界)의 욕망인 욕애(欲愛), 색계(色界)의 욕망인 색애(色愛), 무색계(無色界)의 욕망인 무색애(無色愛)가 있다고 한다. 욕계·색계·무색계라는 다양한 차원의 천상세계의 의식을 지닌 존재들 또한 각자 자신의 업에 해당하는 다양한 욕망이 있다는 것이다.

애(愛) 또한 소멸되어야 한다. 애욕이 소멸되면 곧 괴로움이 소멸된다. 수많은 부처님의 가르침에서 끊임없이 애욕과 욕망을 버리라고 설하는 이유도 여기에 있다. 애욕을 소멸할 때 모든 괴로움에서 벗어날 수 있기 때문이다.

이러한 욕망 중에는 죽을 때 본능적으로 나타나는 세 가지 애착심이 있다. 첫째는, 자체애(自體愛)라 해서, 자신의 몸뚱이에 대한 애착을 나타내는 것이고, 둘째로, 경계애(境界愛)라 하여, 사랑하는 사람·자식·부모·재산·명예 등 내 주위 경계에 대해서 애착을 나타내는 것이며, 셋째로, 당생애(當生愛)라 하여, 다음 생에 좋은 세상에 좋은 사람으로 태어나기를 바라는 애착심이다.

| | (6) 촉(觸) |
|---|---|
| 의미 | 촉이란 육입을 나라고 생각하면서 나에 의해 접촉되는 것들이 외부에 실제로 있다는 착각을 하는 허망한 의식이다. |
| 괴로움의 소멸 | • 접촉을 하지만 접촉하면서 접촉하는 무언가가 실제로 존재한다는 허망한 착각을 하지 않는 것. <br> • 허망한 것이어서 실재가 아님을 알면 수-애-취라는 십이연기의 지분 또한 연이어 소멸된다. |

| | (7) 수(受) |
|---|---|
| 의미 | 대상이 실제로 있다고 여길 때(촉입처) 그 대상에 대해 좋거나 싫은 감정을 일으키는 것 |
| 괴로움의 원인 | 촉을 조건으로 해서 좋거나 싫은 느낌이 있기 때문에, 좋은 느낌은 더욱 취하려고 하고 싫은 느낌에서는 멀어지려고 하며 그로 인해 탐욕과 성냄 등의 번뇌가 일어난다. |
| 괴로움의 소멸 | • 느낌을 느끼되 느끼는 대상에 속지 않는 것 <br> • 느낌은 그저 인연 따라 오고 갈 뿐 실체가 아님을 깨닫기 <br> • 수념처 수행으로 느낌을 있는 그대로 관찰하기 |

| | (8) 애(愛) |
|---|---|
| 의미 | 갈애(渴愛)로서 욕망, 애욕, 탐욕, 미움과 증오도 애의 일종 갈애는 무명과 더불어 십이연기 순관에서 밝히고 있는 괴로움의 원인 가운데 가장 직접적이며 중요한 것 |
| 괴로움의 소멸 | • 모든 괴로움은 모두 다 애욕이 근본이 된다. <br> • 애욕과 욕망을 소멸할 때 비로소 모든 괴로움에서 벗어난다. |

# 취取

애를 조건으로 해서 취가 있다. 취는 취착, 집착, 혹은 아집(我執)을 의미한다. 애욕, 욕망에 의해 추구된 대상을 완전히 자기화하려는 것으로, '내 것'으로 만들려고 붙잡아 집착하는 것이다. 애욕이 커지면서 발생하는 강렬한 취착심이다.

이러한 취착에는 다시 사취(四取)가 있으니, 그것은 욕취(欲取), 견취(見取), 계취(戒取), 아취(我取)이다.

욕취는 애욕의 대상을 '내 것'으로 만들려는 취착이다. 끊임없이 애욕의 대상을 자기 것으로 만들고자 하는 아집으로 인해 더 많이 소유하려 하고, 더 많이 축적하려 하는 것이다. 애욕의 대상에는 색·성·향·미·촉의 다섯 가지 대상과 다섯 가지 욕망인 재물욕, 성욕, 음식욕, 명예욕, 수면욕 등이 있다.

다음은 견취로 이는 갖가지 잘못된 견해를 진실로 알고 자기화하여 집착하는 것이다. '내가 옳다'고 하는 자기 생각에 대한 집착심으로 그릇된 의견, 사상, 학설에 사로잡혀 집착하는 것이다.

계취는 계금취(戒禁取)라고도 하며 그러한 잘못된 견해나 사상을 바탕으로 행하는 잘못된 삶의 방식 내지는 계율 등에 집착하는 것을 의미한다.

다음은 아취인데, 아취는 아어취(我語取)라고도 하며 오온을 나라고 집착하는 견해다. 즉, '나'라는 것은 다만 사대(四大)인 색과 정신인 수·상·행·식 다섯 가지의 요소가 인연 화합하여 이루어졌음을 알지 못하고 '나'를 실체화하여 집착하여 아집을 일으키는 것을 말한다. 사실 모든 인간 고의 뿌리는 앞서 사고팔고에서도 살펴보았듯이 오취온에 대한 잘못된 집착, 즉 아취에 있다.

당연히 취 또한 소멸되어야 할 것이다. 불교는 무집착의 종교라고 할 수 있을 정도로 집착을 버리라는 가르침을 중요시 여긴다. 집착을 소멸시키는 것이야말로 십이연기를 실천하여 고를 소멸하는 핵심 방법이기 때문이다.

# 유有

취를 조건으로 해서 유가 있다. 유(有)란 존재 혹은 생존이다. 혹은 업(業)으로 이해되거나 존재 양식, 생활 방식 등으로 이해되기도 한다.

유(有)에도 욕유(欲有), 색유(色有), 무색유(無色有)의 세 가지 존재가 있다. 욕애는 욕유, 욕계와 대응하고, 색애는 색유, 색계와 대응하며, 무색애는 무색유, 무색계와 대응한다. 즉, 욕계의 애욕인 욕애가 있으면 욕계에 대응하는 감각적 욕망을 가지게 되고, 그러한 욕계의 애를 취착하려는 집착심을 일으키며 그로 인해 결국 욕계에 태어날 수밖에 없는 욕계의 업인 욕유가 생겨나는 것이다. 색유와 무색유 또한 마찬가지다. 이는 곧 욕계를 초래하는 욕유의 생존 방식이 있고, 색계를 초래하는 색유의 생존 방식이 있으며, 무색계를 초래하는 무색유의 생존 방식이 있음을 의미한다.

쉽게 설명하면, 식욕이나 성욕, 명예욕 등의 욕계의 욕망을 지니며 살아가게 되면 욕계의 감각적 욕망을 집착하고 취하는 삶을 이어가게 되고, 그렇게 애와 취가 계속되면 결국 욕계에 태어날 수밖에 없는 업이 생겨나게 되는 것이다. 그것이 욕유다. 욕유는 욕계의 업들이 생겨나는 것, '있는 것(有)' 정도로 해석해 볼 수도 있겠다. 욕계의 업이 있게 되면 그 욕유를 조건으로 다음 지분인 욕계의 세상에 태어나는 생(生)이 있는 것이다.

이것이 전통적인 해석인데, 사실 십이연기의 모든 지분은 '지금 여기'에서 괴로움이 어떻게 생기는지를 설하는 가르침이다. 우리의 괴로움은 과거나 미래에 있을 괴로움이 아니라 바로 지금의 괴로움이기 때문이다. 유(有) 또한 바로 지금 여기에서 생성되는 유(有)다.

즉, 애욕(愛)과 취착(取)을 원인으로 좋아하고 집착하는 대상을 가지려는 마음이 생겨난 것[有]이다. 한 여인을 사랑하면 그녀를 애욕하고 내 사람으로 만들고 싶어 취착심을 일으키며, 이런 애욕과 취착은 곧장 내 안에 전에는 없던 하나의 마음·의도를 생성하는데, 이것이 바로 유(有)다. 이 유가 있기 때문에 생(生)과 노사(老死)도 생겨난다.

즉 생과 노사 또한 다음 생에 다시 태어난다는 의미의 생이 아니라 전에 없던 의도·마음인 유가 생겨나면 내 안에 생겨난 의도인 유(有)로 인해 그녀를 내 여인으로 만들기 위한 다양한 행위로 이어지게 된다.

말로, 생각으로, 행동으로 즉 신·구·의 삼업으로 그녀에게 고백하고 행동하는 것이다. 이처럼 유(有)란 행동, 즉 업을 일으키는 원동력이 되는 의도하는 마음이기에 업유(業有)라고도 부른다.

이렇게 행동함으로써 그녀와의 데이트도 생겨나고[生], 사랑도 생기고[生], 다양한 업이 현실로 이어져 현실로 생겨나는 것이니, 이것이 바로 생(生)이다. 막연한 하나의 의도인 유(有)가 구체적으로 현실화한 것이 곧 생인 것이다.

그렇게 생겨난 둘 사이의 사랑[生]은 생겨난 모든 것들이 겪는 변화와 소멸의 과정을 겪는다. 즉 생로병사(生老病死), 생주이멸(生住異滅)로 이어진다. 애와 취로 인해 그녀를 사랑하는 마음이 생겨나면(有) 결국 그로 인해 둘 사이의 사랑이 현실화되고(生) 그렇게 생겨난 사랑은 머물다가 변화하고 사라지는 노병사, 주이멸, 주괴공의 과정을 거치니, 이것이 십이연기의 '노사(老死)'다.

이와 같이 애욕과 취착심은 곧 유형무형의 모든 것을 생겨나게 한다. 정신적인 모든 것과 물질적인 모든 것들이 애와 취로 인해 생겨나는 과정이 바로 유와 생인 것이다. 이렇게 생멸법, 연생법의 모든 것들이 생겨난다. 이렇게 생겨난 모든 것들은 노사(老死)라는 변화와 소멸의 길을 다시 걸으니, 이렇게 해서 생로병사라는 일체 모든 괴로움이 연기되는 것이다.

이처럼 십이연기에서의 생-노사는 꼭 태어남과 늙고 죽는 괴로움만을 의미하는 것이 아니라, 살아가면서 생겨나는 유형무형의 모든 것들을 말한다. 사랑도 미움도 원한도 질투도 의심도 성공도 실패도 화도 모두 이와 같이 생겨나고, 돈도 집도 차도 건물도 내 몸도 우주도 전부 이와 같이 생겨나고 사라진다.

| (9) 취(取) | |
|---|---|
| 의미 | · 취착, 집착, 혹은 아집(我執)<br>· 애욕, 욕망에 의해 추구된 대상을 완전히 자기화하려는 것 |
| 사취<br>(四取) | · 욕취 : 애욕의 대상을 내 것으로 만들려는 취착<br>· 견취 : 내가 옳다고 하는 자기 생각에 대한 집착심<br>· 계취 : 잘못된 삶의 방식 내지는 계율 등에 집착하는 것<br>· 아취 : 나를 실체화하여 집착하여 아집을 일으키는 것 |
| 괴로움의<br>소멸 | 무집착, 방하착<br>집착을 소멸시키는 것이야말로 12연기를 실천하여 고를<br>소멸하는 핵심 방법 |

| (10) 유(有) | |
|---|---|
| 의미 | · 유를 업이라고도 하고, 생존, 존재방식 등으로도 이해<br>· 애욕(愛)과 취착(取)을 원인으로 좋아하고 집착하는<br>  대상을 가지려는 마음이 생겨난 것<br>· 유(有)란 행동, 즉 업을 일으키는 원동력이 되는 의도하는<br>  마음이기에 업유(業有)라고도 부른다. |
| 괴로움의<br>연기 | 애욕과 취착심은 유형무형의 모든 것을 생겨나게 하고(生),<br>이렇게 생겨난 모든 것들은 노사(老死)라는 변화와 소멸의<br>길을 다시 걸으며 괴로움이 연기된다. |

# 생 生

유(有)를 조건으로 해서 생이 있다. 전통적인 해석으로 생(生)이란 업(業)에 의해 태어남으로써 정신적·육체적 기관인 오온과 여섯 감각기관인 육근을 받는 것이다. 유 즉, 업이야말로 태어남의 원인이다. 태어남이란 이상에서와 같은 12가지 조건으로 인해 생겨나는 것이다.

이처럼 생이란 인간의 탄생이라고 생각할 수 있지만, 보다 근원적으로는 태어나도 태어난 바 없는 불생불멸(不生不滅)을 깨닫지 못한 채, 어리석은 무명에 갇혀 이렇게 오온이 허망하게 생겨난 것을 가지고 실제 내가 태어났다고 생각하는 허망한 착각이다. 부처님의 지혜에서 본다면, 본래는 불생불멸(不生不滅)이다. 그저 매 순간 존재할 뿐이지, 그 존재하는 놈을 상정해 놓고 그 존재하는 '나'가 태어나고 죽어간다고 생각할 필요는 없다. 이것이야말로 오온무아(五蘊無我)에 무지한 어리석은 중생들의 허망한 착각이다.

예를 들어보자. 어느 날 A대학에 다니는 친구 딸을 보고는[觸] 좋아 보여서[受] 애욕[愛]과 취착[取]이 생겨 내 자식도 A라는 대학에 보내야겠다는 마음이 생겼다. 이것이 유(有)다. 이렇게 생겨난 유로 인해, A대학이라는 목표가 생겼고[生], 자식에게 A대학을 가라고 말하고 학원도 보내는 등의 행동이 시작되었다. 전에 없던 의도가 생겨[業有]나면서, 동시에 A대학을 보내려는 업유가 생(生)으로 현실화된 것이다. 자녀는 그때부터 A대학을 목표로 학원도 다니고, 열심히 공부에 몰입하는 일이 생겨났으니, 이것이 생(生)이다. 자녀도 열심히 공부했지만 결국 더 이상 성적이 오르지 못해 A대학을 포기했다고 해 보자. 이것이 노사(老死)다. A대학을 목표로 노력하려는 의도가 생겨났고[有], 열심히 학원도 다니며 공부를 하게 되었으며[生], 노력하다가 결국에는 힘들어 포기해 버렸다.[주이멸. 노병사] 생로병사라는 괴로움이 생겨난 것이다. 이렇게 괴로움은 연기한다.

# 노사 老死

생을 조건으로 해서 노사가 있다. 『증일아함경』 46권에서는 노사를 "늙음이란 중생의 몸에서 이가 빠지고, 머리털이 세며, 기력이 쇠하고, 감관이 녹으며, 수명이 줄어들어 본래의 정신이 없는 것이고, 죽음이란 중생들이 받은 몸의 온기가 없어지면서 덧없고 변하여 오온을 버리고 목숨이 끊어지는 것이다."라고 설한다. 그런데 노사란 늙음과 죽음만을 의미하는 것이 아니라 노병사를 포함한 인간의 모든 괴로움을 의미하는 것이다. 노병사 우비고뇌 즉, 늙음과 병듦, 죽음과 근심, 걱정, 고통, 번민 등 인간의 모든 괴로움을 의미한다.

당연히 앞의 십이연기의 각각의 지분이 소멸하게 된다면, 그로 인해 연기한 노사로 대표되는 괴로움 또한 소멸될 수밖에 없다. 모든 짐승들의 발자국이 코끼리 발자국에 포섭되듯이 부처님의 가르침은 괴로움과 괴로움의 소멸에 대한 가르침, 즉 사성제(四聖諦)에 포섭된다. 그런 점에서 바로 이 노사라는 괴로움과 괴로움의 소멸이야말로 십이연기의 핵심이며, 불교의 핵심이 되는 것이다.

이상에서와 같이 무명(無明)을 조건으로 해서 유위의 행(行)이 일어나고, 행을 조건으로 해서 식(識)·명색(名色)·육입(六入)이 일어나며, 이 세 가지가 접촉〔觸〕함에 따라 좋고 나쁜 느낌의 수(受)가 일어나고, 연이어 애욕〔愛〕과 집착〔取〕을 일으킴으로써 결과적으로 존재〔有〕와 태어남〔生〕, 그리고 노사(老死) 등의 온갖 괴로움이 생겨나게 된다는 것이 십이연기의 순관이다.

이처럼 십이연기를 통해 인간 존재뿐 아니라 존재가 만들어 내는 수많은 괴로움들이 어떻게 만들어지게 되었는지를 알 수 있다. 또한 그 12가지 지분이라는 허망한 의식들을 소멸시킴으로써 연이어 그 뒤에 뒤따르는 지분 또한 소멸되고, 그로 인해 모든 괴로움이 소멸되는 것 또한 알 수 있다. 십이연기는 괴로움과 괴로움의 원인과 괴로움의 소멸과 소멸에 이르는 길을 밝혀주는 가르침이다.

| (11) 생(生) | |
|---|---|
| 의미 | 기존의 전통적인 해석으로 인간의 탄생이라고 생각할 수 있지만 불생불멸을 깨닫지 못한 채, 오온이 허망하게 생겨난 것을 가지고 실제 내가 태어났다고 생각하는 허망한 마음 |
| 오온 무아 | 태어나고 죽는다는 것은 그저 인연 따라 허망하게 일어나고 사라지는 하룻밤 꿈과 같은 일일 뿐. 실체적인 어떤 것은 없다. 본래 생멸이 있는 것이 아니라, 본래는 불생불멸이다. |

| (12) 노사(老死) | |
|---|---|
| 의미 | 늙음과 죽음만을 의미하는 것이 아니라 노병사를 포함한 우비고뇌 즉, 늙음과 병듦, 죽음과 근심, 걱정, 고통 번민 등 인간의 모든 괴로움을 의미한다. |
| 괴로움의 소멸 | 십이연기의 각각의 지분이 소멸하게 된다면, 그로 인해 연기한 노사로 대표되는 괴로움 또한 소멸될 수밖에 없다. |
| 사성제 (四聖諦) | · 괴로움과 괴로움의 소멸에 대한 가르침, 사성제에 포섭.<br>· 노사라는 괴로움과 괴로움의 소멸이야말로 십이연기의 핵심이며, 나아가 부처님 가르침의 핵심이 되는 것 |

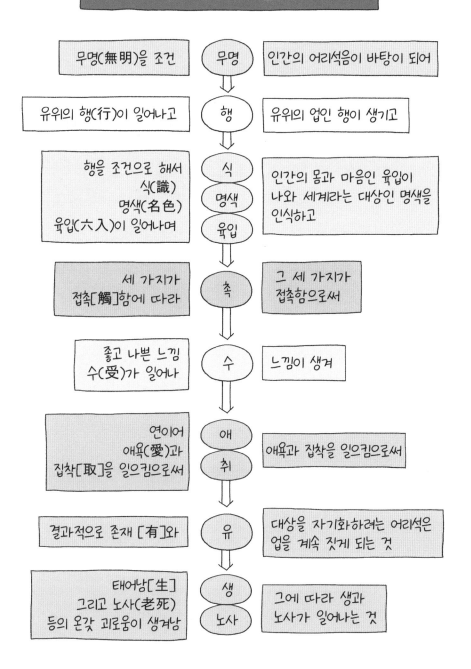

# 십이연기의 순관

| | | |
|---|---|---|
| 무명(無明)을 조건 | 무명 | 인간의 어리석음이 바탕이 되어 |
| 유위의 행(行)이 일어나고 | 행 | 유위의 업인 행이 생기고 |
| 행을 조건으로 해서<br>식(識)<br>명색(名色)<br>육입(六入)이 일어나며 | 식<br>명색<br>육입 | 인간의 몸과 마음인 육입이<br>나와 세계라는 대상인 명색을<br>인식하고 |
| 세 가지가<br>접촉[觸]함에 따라 | 촉 | 그 세 가지가<br>접촉함으로써 |
| 좋고 나쁜 느낌<br>수(受)가 일어나 | 수 | 느낌이 생겨 |
| 연이어<br>애욕(愛)과<br>집착[取]을 일으킴으로써 | 애<br>취 | 애욕과 집착을 일으킴으로써 |
| 결과적으로 존재 [有]와 | 유 | 대상을 자기화하려는 어리석은<br>업을 계속 짓게 되는 것 |
| 태어남[生]<br>그리고 노사(老死)<br>등의 온갖 괴로움이 생겨남 | 생<br>노사 | 그에 따라 생과<br>노사가 일어나는 것 |

제 6 장

사성제

# 고苦와 고의 소멸에 대한 진리

『맛지마 니까야』에서는 사성제에 대해 다음과 같이 설하고 있다.

"비구들이여, 움직이는 모든 동물들의 발자국들이 모두 코끼리의 발자국에 포섭될 수 있고 코끼리의 발자국이야말로 가장 큰 크기인 것과 같이 어떤 가르침이든 그것들은 모두 네 가지 성스러운 진리에 포섭된다. 무엇이 네 가지인가? 그것은 괴로움의 성스러운 진리, 괴로움의 원인에 대한 성스러운 진리, 괴로움의 소멸에 대한 성스러운 진리, 괴로움의 소멸에 이르는 수행이라는 성스러운 진리이다."

이처럼 사성제의 교설은 마치 코끼리의 발자국이 다른 모든 동물의 발자국을 포용하듯이, 불교의 모든 가르침을 포괄하는 가르침이다.

사성제의 구체적 내용은 고성제(苦聖諦), 집성제(集聖諦), 멸성제(滅聖諦), 도성제(道聖諦)다. 그 내용은 경전에서와 같이 고성제는 괴로움의 성스러운 진리, 집성제는 괴로움의 원인에 대한 성스러운 진리, 멸성제는 괴로움의 소멸에 대한 성스러운 진리, 도성제는 괴로움의 소멸에 이르는 길이라는 성스러운 진리를 나타낸다.

이 사성제의 교설은 마치 의사가 병에 따라 약을 주듯이, 환자가 병을 치료하는 방법에 비유할 수 있다. 노병사라는 괴로움의 상태인 고성제는 환자가 병을 발견한 상태라고 할 수 있으며, 병을 발견했으므로 그 병의 원인을 알아야 하듯이 괴로움의 원인을 발견하는 작업이 바로 집성제이다. 병을 다 치료하여 건강한 상태는 어떠한가를 보여주는 것이 바로 괴로움의 소멸인 멸성제이다. 여기에서 환자는 병이 다 치유된 상태를 보게 되고, 치유될 수 있다는 확신을 가지게 된다. 그렇다면 가장 중요한 것은 병을 치료하는 방법이다. 괴로움을 소멸시키는 방법에 대하여 구체적인 실천의 가르침을 베풀고 있으니, 그것이 바로 도성제다.

# 고(苦)와 고의 소멸에 대한 진리

## 사성제(四聖諦)

사성제(四聖諦)는 연기법의 이치에 기초하여 괴로움과 괴로움의 원인, 괴로움의 소멸과 소멸에 이르는 길을 체계적으로 설하고 있는 교설로서 십이연기의 가르침을 실천적으로 재조직한 교설이다.

## 사성제의 내용

| 내 용 | 성스러운 진리 | 병을 치료하는 방법에 비유 |
|---|---|---|
| 고성제(苦聖諦) | 괴로움 | 환자가 병을 발견한 상태 |
| 집성제(集聖諦) | 괴로움의 원인 | 그 병의 원인을 알아내는 것 |
| 멸성제(滅聖諦) | 괴로움의 소멸 | 병을 다 치료하여 건강한 상태는 어떠한가를 보여주는 것 |
| 도성제(道聖諦) | 괴로움의 소멸에 이르는 길 | 병을 치료하는 방법 |

# 고성제—인생이 왜 괴로움이지?

불교는 지극히 현실적인 종교이다. 불교의 총설이라고 할 수 있는 사성제(四聖諦)의 첫 번째인 고성제(苦聖諦)는 '삶은 괴롭다'는 것으로, 현실에 대한 관찰과 그 관찰을 토대로 한 현실의 실상을 밝히는 것이다.

우리 중생들이 살고 있는 세계를 관찰해 보니 모두가 없는 괴로움을 스스로 만들어 스스로 괴롭다는 착각에 빠져 있더라는 것이다.

이렇게 현상의 세계를 '괴롭다'라고 하니, 혹자는 '불교는 허무주의에 빠져 있는 것이 아닌가' 하고 성급한 결론을 내리기도 한다. 그러나 실로 사성제의 첫 번째 진리인 고성제는, 우리가 처해 있는 현실을, 더하지도 빼지도 않고, 그저 있는 그대로 관찰해서 얻어낸 성찰이다.

다른 것은 놓아두고 일단 죽음의 고통을 보자. 우리는 마냥 행복한 삶을 살 수 있을 것 같지만, 우리들 모두는 반드시 죽게 마련이다.

시한부 인생을 사는 사람을 가정해 보면, 죽음을 눈앞에 두고 괴로워하지 않을 사람이 얼마나 될까? 사실 우리는 언제, 어디에서, 어떻게 죽음을 당할지 아무도 알 수 없는 시한부 인생들이다. 이렇듯 죽음이라는 한 가지 절대불변의 현실만을 관찰하더라도 우리의 현실은 결국 괴로움으로 귀결된다는 것을 알 수 있다.

이와 같이 죽음만을 놓고 보더라도 우리의 인생은 괴로움이라고 할 수 있다. 그러나 우리의 괴로움은 죽음에만 한정되는 것이 아니다. 태어나고, 늙고, 병드는 것도 괴로움이다. 좋아하는 대상을 만나지 못하는 것, 싫어하는 대상과 만나야 하는 것, 구하고자 하지만 얻지 못하는 것, '나다' 하는 아상을 유지하고자 하는 것, 즉, 오온이 치성한 데서 오는 괴로움 등 사고팔고(四苦八苦)가 우리를 끊임없이 괴롭히고 있다.

# 고성제―괴로움이 왜 성스러운 진리일까?

부처님께서는 이처럼 중생들이 현실 세계를 괴로워하며 살고 있음을 통찰해 보셨다. 그렇다면 왜 이러한 '괴로움'이라는 현실 관찰에 대해 '성스러운 진리'라고 하셨을까? 그것은 바로 현실이라는 삶에 대한 통찰을 담고 있기 때문이다.

불교의 목적은 괴로움에서 벗어나는 것이다. 괴로움이 있기에 괴로움에서의 해탈도 있다. 해탈을 설하기에 앞서 지금 현 상황을 있는 그대로 살펴 괴로워하고 있다는 현실을 직시해야만 한다. 그래야만 그 현실 위에서 괴로움의 해결을 어떻게 할 것인지를 밝혀낼 수 있기 때문이다. 이런 점에서 괴로움이라는 현실 통찰은 성스러운 진리가 아닐 수 없다. 진리 탐구의 첫 시작이기 때문이다.

우리 삶의 목적은 귀의(歸依)에 있다. 불법승(佛法僧)에 귀의한다는 것은 곧 내 근원인 부처와 진리와 수행자의 성품으로 되돌아가 의지한다는 것이다. 삶이란 괴로움이라는 성스러운 진리를 통해 배우고 깨달아 나감으로써 결국에 귀의를 완성하는, 곧 나온 자리로 되돌아가는 삶의 여정이다.

그런 점에서 괴로움은 고통인 것처럼 보이지만, 사실 우리는 고(苦)를 통해서만 고에서 벗어나려는 간절한 마음을 낼 수 있다. 이것이 발심(發心)이다. 이것이 바로 괴로움이 '성스러운 진리'인 이유다.

사람들은 행복할 때는 절을 찾지도 않고, 수행이나 기도를 하지도 않다가, 괴로운 일이 생길 때 수행에 관심을 가진다. 이처럼 괴로움은 우리를 그 괴로움에서 벗어나게 만드는 동력이 되기도 한다.

우리가 사는 이 세계를 사바세계(娑婆世界)·인토(忍土)·감인토(堪忍土)라고 하는데, 참고 인내하는 세계라는 뜻이다. 괴로움을 참고 인내하게 되었을 때, 비로소 그 괴로움이 우리에게 주려고 했던 보배로운 지혜가 드러나게 되는 것이다.

그런 점에서도 '괴로움'은 '성스러운 진리'가 아닐 수 없다.

# 고성제—괴로움의 진리 받아들이기

사실 괴로움이란, 있는 그대로의 현실을 내가 분별 의식으로 내 식대로 해석해서 나온 분별의 결과일 뿐이다. 그렇기에 중생의 입장에서는 '괴로움'이지만, 실상을 깨달은 입장이 되면 괴로운 것처럼 보였던 현실이 그대로 진실임을 깨닫게된다. 그래서 대승불교 경전에서는 번뇌즉보리(煩惱卽菩提)라는 말을 쓰고, 선(禪)에서는 입처개진(立處皆眞), 촉목보리(觸目菩提)라고 하여, 지금 서 있는 그 자리가 참된 진실의 자리이며, 눈에 보이는 그대로가 깨달음이라고 했다. 괴로움이 곧성스러운 진리임을 아는 것이다.

괴로움의 성스러운 진리를 깨닫게 되면, 괴로움이 사라지고 행복한 현실로 바뀌는 것이 아니라, 괴로움이라고 생각했던 현실이 그대로 진실이었음을, 지금이대로가 그대로 성스러운 진리였음을 깨닫게 된다. 그러니 지금 이대로의 현실이 어떠하든 분별 없이 그 삶을 받아들여 주게 된다. 삶이 곧 진실이기 때문이다.

그러나 우리가 괴로움을 받아들이지 못하는 이유는, 있는 그대로의 현실에 내스스로 '좋다'거나 '나쁘다'고 둘로 나누어 해석하고, 그렇게 나눈 것 중에 좋은 것은 집착하고, 싫은 것은 거부하면서 취사간택하기 때문이다.

뒤에 다시 설명하겠지만 이 분별과 취사간택심을 내려놓고 있는 그대로를 있는 그대로 보는 것이 곧 정견(正見)이고 중도(中道)다. 그러나 정견의 안목이 없는 중생은 좋은 것은 더 가지고 싶고, 싫은 것은 거부하고 싶어 하니, 있는 그대로를 받아들이지 못하는 것이다. 분별과 취사간택을 버리고, 현실을 있는 그대로 보게 되면, 저절로 삶을 받아들이게 된다. '괴로움'이라고 분별 해석하지 않으니, 그저 이대로를 있는 그대로 받아들이는 것이다.

괴로움은 성스러운 진리이다. 괴로움이 올 때, 성스러운 진리가 오고 있음을 바로 알아 괴로움을 통째로 수용하고 받아들여 보라.

# 고성제—괴로움은 거부할수록 지속된다

괴로움을 거부하면 오히려 그 괴로움은 더욱 지속될 수밖에 없다. 괴로움을 거부하려는 마음이 바로 내가 스스로 만든 분별의 괴로움을 실체화시키고 강화시키기 때문이다. 강하게 거부한다는 것은 곧 그 거부하는 대상이 진짜라고 착각하기 때문이지 않은가.

스스로 만든 분별의 괴로움에 실체성을 부여한 채, 거기에서 벗어나려고 애쓰니, 한쪽에서는 내 스스로 괴로움을 만들고, 다른 한쪽에서는 그 괴로움을 거부하며 멀어지려고 하니, 이 양쪽 마음이 전부 내 마음일 뿐이다. 내 마음 하나를 둘로 나누어 하나는 세우고, 하나는 무너뜨리려 하니, 공연히 내가 나와 싸우는 것이 아니겠는가.

현실은 그저 있는 그대로일 뿐이다. 그 현실에 '괴롭다'고 해석한 것은 내 생각일 뿐이다. 내 생각으로 현실을 '괴롭다'고 해석하고 그것이 옳다고 실체화시켜 믿으니까, 그 괴로운 현실을 거부하려는 두 번째 마음이 또 생기는 것일 뿐이다. 이 둘 다 허망한 망상일 뿐이다.

결과적으로 괴로움을 거부하는 마음을 일으키면 일으킬수록 그 괴로운 현실은 거부되지 않는다. '괴롭다'는 마음이 착각인 줄 모르니, '괴로움을 거부해야 해' 하는 마음을 일으킨 것일 뿐이다. 이것을 모르고 계속 '괴로움을 거부해야 해'라는 마음에 집착하면, 그 앞의 '괴롭다'는 마음 또한 함께 따라 커질 수밖에 없다. 마음이 둘로 나뉘어 서로를 더욱 더 큰 적으로 만들면서 스스로도 그 적에 대응하고자 더 큰 힘을 키우는 것이다. 그러니 괴로움을 거부하려는 마음이 커지면 커질수록 그 괴로움도 함께 커진다. 결국 괴로움을 거부하면 할수록 괴로움은 더욱더 지속될 뿐이다. 공연히 쓸데없이 제 마음만 힘들어질 뿐이 아닌가.

그 거부하는 마음의 원동력이 된 '괴롭다'는 생각 자체가 분별이며 착각이었음을 깨닫는다면, 더 이상 있는 그대로의 현실을 거부하지는 않게 될 것이다. 그저 있는 그대로의 현실을 있는 그대로 살아줄 것이다.

있는 그대로의 현실을 '괴로움'이라고 해석 분별하면 그것은 내게 '괴로움'으로 경험되지만, 있는 그대로의 현실을 그저 있는 그대로 받아들이면 그것은 더 이상 괴로움으로 경험되지 않는다. 괴로움이라는 것이 착각이었음이 밝혀진다.

그동안 내가 해 왔던 모든 괴로움이 사실은 괴로움이 아니었음을 깨닫게 된다. 내가 허망한 망상의 어리석음을 일으켰기 때문에 괴로움이라고 착각했던 것일 뿐이다. 그러니 내가 괴로움이라고 여겨왔던 것이 사실은 괴로움이 아니라 '괴로움이라고 착각된 성스러운 진리'였음을 깨닫게 된다.

# 괴로움의 진실 - 고성제

 **인생이 왜 괴로움이지?**

우리가 살고 있는 세계는 괴롭다.
괴로움은 죽음에만 한정되는 것이 아니라
오온이 치성한 데서 오는 괴로움 등 사고팔고(四苦八苦)가
우리를 끊임없이 괴롭히고 있다.

 **괴로움을 통해 괴로움 너머로**

괴로움이라는 성스러운 진리를 통찰하고 받아들임으로써
괴로움을 극복하고 소멸시키고자 하는 마음과 그 속에서
깨달음을 구하고자 하는 마음을 낼 수 있다.

 **괴로움이 성스러운 진리인 이유**

그러므로 괴로움의 목적은 우리를 깨닫게 하는
자비로운 경계인 것이다.

 **괴로움의 성스러운 진리 받아들이기**

괴로움의 실체를 깨닫고 보니
본래 괴로움이 아니었음을, 그대로가
성스러운 진리였음을 깨닫게 되어
내 안에서의 괴로움은 소멸된다.

# 집성제—십이연기와 집성제

집성제는 괴로움을 해결하기 위해 그 괴로움의 원인이 무엇인지를 밝히는 가르침이다. 다시 말해, 현실에 대한 여실한 통찰을 통해 현실을 괴롭다고 파악했으면 그 원인이 무엇인가를 규명해 보아야 하는 것은 당연한 순서일 것이다.

사고팔고(四苦八苦)라는 괴로움이 생겨난 원인은 무엇일까? 모든 괴로움을 대표하는 괴로움을 불교에서는 사고(四苦)라고 하며, 이는 생로병사(生老病死)다. 이미 태어난 존재에게 있어 가장 큰 괴로움은 늙고 병들고 죽는 것이다. 그렇다면 노병사의 원인은 무엇일까? 그것은 십이연기에서 살펴본 바와 같다. 십이연기의 유전문을 통해 괴로움의 원인에 대한 진리, 즉 집성제를 살펴볼 수 있다.

십이연기의 유전문(流轉門)이란 중생들의 생사윤회라는 괴로움의 유전이 어떻게 해서 생겨나게 되었는가를 보여주는 가르침이다.

십이연기를 통해 노사로 대표되는 괴로움의 원인을 살펴보려면, 순관(順觀)이 아닌 역관(逆觀)을 통해 살펴보는 것이 전통적인 방식이다. 역관을 통해 괴로움의 원인을 하나하나 사유할 수 있었고, 그 결과 순관이라는 결론에 이를 수 있었던 것이기 때문이다. 처음부터 무명이 원인임을 깨달은 것이 아니라 노사 우비고뇌라는 괴로움의 원인을 탐구하다 보니 그 원인이 생에 있음을 아셨고, 나아가 무명에 이르기까지 모든 원인들을 깨닫게 된 것이다.

이와 같은 십이연기를 사유하는 관찰 방법을 역관이라고 한다. 노사에서 무명으로 거꾸로 관찰하는 방법이 역관이고, 무명에서 노사의 방향으로 관찰하는 방법이 순관이다. 부처님께서는 유전문의 순관과 역관을 통해 사성제의 고성제와 집성제를 깨달으셨다.

이 집성제의 장에서는 이러한 십이연기를 통해 괴로움의 원인을 탐구해 가는 과정을 역관을 통해 하나하나 살펴보자.

# 집성제—12가지 괴로움의 원인

불교에서는 무엇을 괴로움이라고 할까? 일체 모든 괴로움을 생로병사 우비고뇌(生老病死 憂悲苦惱)라고 한다. 태어나고, 늙고, 병들고, 죽으며, 근심, 슬픔, 고통, 번민으로 인간의 모든 괴로움을 포괄하여 설명하는 술어다. 이것을 간단히 줄여 노사(老死)라고도 한다.

부처님께서는 노사라는 괴로움의 원인이 무엇인지 사유해 보았더니 그 원인은 생(生)에 있었다. 사실 중생에게는 태어났다는 허망한 착각이 있지만, 진리에서는 태어남도 없고 사라짐도 없다. 불생불멸(不生不滅)이다. 그러나 인간은 오온이 나라는 허망한 착각을 진실이라고 여기기 때문에 이 몸이 태어날 때 나도 태어나고 이 몸이 죽을 때 나도 죽는다고 착각하는 것일 뿐이다.

일체 모든 문제, 괴로움도 마찬가지다. 내 바깥에 노병사 우비고뇌라고 하는 괴로움이 진짜로 있는 것이 아니라 내가 분별심, 의식으로 그렇다고 판단하여 만들어 낸 것[生]일 뿐이다. 이처럼 생(生)이란 '생겨났다'라고 착각된 것들, 분별된 것들이다. 그러니 생을 소멸해야 한다는 말은, 내가 죽어야 한다는 말이 아니라 태어났다는 분별 망상을 소멸시켜야 하는 것이다.

그렇다면 생의 원인은 무엇일까? 바로 유(有)다. 내 안에서 온갖 문제가 생겨나고, 괴로움이 생겨나려면, 그것이 생겨날 만한 원동력의 마음이 있어야 한다. 그것이 바로 유(有)다. 업유(業有)라고 하여 업, 즉 행위를 일으키는 원동력이 되는 유위의 마음이다.

유의 원인은 어디에 있을까? 취(取)에 있다. 즉 집착, 취착심이 있을 때 그 취착하고자 하는 대상을 취하려는 행위인 업을 일으키는 것이다. 대상을 취하여 집착하려는 마음으로 생각을 일으키고, 말을 하고, 행동을 함으로써 신·구·의 삼업을 일으키는 것이다. 이처럼 모든 행위, 즉 모든 업의 원인은 취착심에 있다.

그렇다면 취착심은 어디에서 올까? 취의 원인은 애(愛)에 있다. 애욕, 욕망이 있기 때문에 취하려는 마음이 생기는 것이다.

여기까지 예를 들어 이해해 보자. 지금의 경제력과 현재 살고 있는 빌라에서 행복한 한 가족이 있다. 그런데 친구를 만났더니 다른 친구들은 작은 돈으로 서울 아파트에 투자를 하여 몇 억이 올랐다고 자랑을 한다. 갑자기 내 형편이 위축되고, 무능한 사람처럼 느껴진다. 가난한 사람이라고 여기며 괴로워진다.

이 괴로움의 원인은 어디에서 생겨났을까? 본래 괴로움은 없었지만, '가난'이라는 허망한 의식이 생겨났고[生], 가난해서 괴롭다는 착각이 생겼다.

이것이 생겨난 원인은 남들과 나를 비교하며, 그들처럼 부자가 되기를 바라며[愛], 돈에 집착하고[取], 부자가 되려면 더 노력해야 한다는 의지가 생겨[有=業有]난 것에 기인한다. 부자가 되려는 의지가 생겨나니[有], 행동을 실천하여 현실을 만들어 내게 된다[生]. 부자가 되려는 의도를[有] 가지고, 노력하여 돈도 만들고, 성과도 만들지만[生] 현실은 여전히 부족하여 괴로울 뿐이다.

이처럼 생로병사의 괴로움의 원인은 애-취-유-생-노사로 이어진다.

그러면 애의 원인은 무엇일까? 그것은 수(受)에 있다. 대상에 대해 좋은 느낌이 일어나면 그 좋은 느낌에는 애욕이 따라온다. 싫은 느낌에는 미움과 증오 같은 싫은 마음이 따르고 연이어 거부감이 일어난다.

그러면 수의 원인은 무엇일까? 수의 원인은 촉(觸)에 있다. 좋거나 싫은 느낌이 일어나려면 대상과 접촉해야 한다.

접촉은 어떻게 해서 일어나는 것일까? 그것은 육내입처와 육외입처, 그리고 육식이 화합함으로써 일어난다. 그래서 촉의 원인은 차례로 육입[육내입처]과, 명색[육외입처], 식[육식]이 이어질 수밖에 없다. 접촉을 하려면 당연히 우리 안에 감각 기관, 감각 기능이 있어야 하니 이것이 육입(六入)이다.

육입의 원인은 명색(名色)이다. 대상이 없다면 감각 기능이 있을지라도 감각할 수 없을 것이다. 감각 활동은 감각의 대상이 있을 때 일어난다. 육입의 대상은 육외입처인데, 엄밀히 말하면, 육입이 감각적으로 접촉하는 대상은 육외입처만이 아니라 육내입처도 포함된다. 그런 점에서 육입의 원인은 육외입처라기보다는 명색(名色)이라고 할 수 있다.

명색은 식(識)으로 인해 일어난다. 식과 명색은 순환 연기의 관계에 있다. 눈·귀·코·혀·몸·뜻 육입이 그 대상인 명색을 인식하는 것이다. 육입에 들어온 대상인 명색이 있을 때 비로소 그 대상을 분별하고 인식하여 아는 것이다.

그러면 식의 원인은 무엇일까? 식의 원인은 행(行)에 있다. 수·상·행의 도움을 받아 식이 최종적으로 대상을 분별하여 아는 것이다. 수온과 상온의 기초 자료를 가지고 행온이 의지 작용인 업을 일으켜 유위를 만들어 낸다. 앞에서 업이 유위를 만들어 내면 식온은 행온이 만들어 낸 유위를 인식한다고 했다. 그리고 식이 그 행에 의해 조작된 유위를 인식할 때 명색으로 인식한다. 이 과정이 바로 '행-식-명색'이 일어나는 과정이다. 이 또한 서로 순환되고, 되먹이는 관계다.

즉 식이 있으면 식이 인식할 유위를 만들어 내는 행의 작용이 있는 것이다. 이러한 행의 원인은 무엇일까? 우리가 업을 짓는 원인은 앞에서 취착과 애욕이라고 했다. 여기에서는 그러한 직접적인 업의 원인을 탐구함으로써 그러한 취착과 애욕이 일어나는 근원적인 원인을 묻고 있는 것이다. 그것은 바로 무명(無明)이다.

오온 무아(五蘊無我)에서 본 것처럼 본래 실체적인 것이 아님을 깨달아 안다면 그 어떤 대상에 대해서도 집착하려 하거나 애욕심을 일으키지 않을 것이다. 오온 무아를 모르는 상태가 바로 무명이다. 연기·중도·무아를 모르는 상태가 바로 무명이요, 어리석음인 것이다.

이처럼 우리가 업을 짓는 근원적인 원인은 바로 어리석음에서 기인하는 것임을 부처님께서는 십이연기를 통해 통찰한 것이다.

# 집성제—괴로움의 핵심 원인, 무명과 애욕

집(集)이라는 말은 '집기(集起)'라고 번역할 수 있는데, 이는 '모여서 일어난다'는 뜻으로, '연기'라는 말과 매우 가까운 개념이다. 즉, 집성제는 괴로움의 원인이 어느 특정한 한 가지에만 있는 것이 아니라 연기적으로 여러 가지 원인들이 모여서 일어난 것임을 깨달은 것이다.

이처럼 십이연기를 통해 괴로움의 원인을 살펴보았더니 그 근본 원인은 무명(無明)임을 아셨다. 그러나 무명이 괴로움의 근본 원인이라고는 하지만, 나머지 행·식·명색·육입·촉·수·애·취·유 모두가 생로병사의 원인이 되고 있다는 것을 부인할 수는 없다.

그렇다면, 이러한 십이연기의 지분 중에서 괴로움의 가장 직접적인 원인이 되는 것은 무엇일까? 그것은 바로 애(愛)·취(取)·유(有)이며, 그중에도 애욕이 가장 크다. 『상윳따 니까야』에서도 "수행자들이여, 괴로움의 원인에 대한 성스러운 진리는 바로 갈애이다."라고 설한다. 괴로움의 원인은 애욕과 애욕으로 인해 그 대상에 집착하여 취하려는 취착심, 그리고 그러한 애욕·취착으로 인한 잘못된 행위(有)가 바로 괴로움의 직접적인 원인인 것이다. 이것을 불교에서는 '번뇌(煩惱)'라고 말한다. 이러한 번뇌의 종류는 108가지나 된다고 하지만, 그 근본 원인은 무명에 있는 것임을 올바로 일러주는 교설이 바로 '십이연기'다.

그런 연유로 사성제의 집성제를 '무명'과 '갈애(애욕)'라고 설명하기도 한다. 십이연기에서 가장 직접적 원인이 갈애이며, 근원적인 원인이 무명이기 때문이다.

결론적으로 사성제의 집성제, 즉 괴로움의 원인은 십이연기의 유전문으로 십이연기의 모든 지분을 의미하며, 그것은 근본적으로 무명에서 시작되고, 직접적인 원인으로는 갈애를 들 수 있기 때문에 무명과 갈애라고도 하며, 혹은 생의 직접적 원인이 된다고 하여 집성제를 갈애라고 설명하기도 한다.

# 괴로움의 원인 - 집성제

 **십이연기와 집성제**

십이연기의 유전문을 통해 괴로움의 원인에 대한 진리, 즉
집성제를 살펴볼 수 있다. 십이연기를 사유하는 관찰방법,
역관과 순관 중에서 노사에서 무명으로 거꾸로 관찰하는
방법인 역관을 통해 괴로움의 원인을 살펴볼 수 있다.

 **십이연기를 통해 살펴본 괴로움의 원인**

노사로 대표되는 모든 괴로움의 원인 - 생(生)

생의 원인은 유(有), 유의 원인은 취(取),
취의 원인은 애(愛), 애의 원인은 수(受),
수의 원인은 촉(觸), 촉의 원인은 육입(六入),
육입의 원인은 명색(名色), 명색은 식(識)으로 인해 일어남,
식의 원인은 행(行), 행의 원인은 무명(無明)

노병사로 대표되는 모든 괴로움의 원인을 하나하나 살펴보았더니
위에서 보듯 총 12가지의 지분이 각각 다 상의상관하여 괴로움의
원인으로 작용하였음을 깨닫는 것이 곧 집성제이며, 이 12가지 괴로움의
원인 중에서도 가장 핵심적인 괴로움의 원인은 무명과 애욕이다.

 **괴로움의 2가지 핵심 원인, 무명과 애욕**

12연기의 첫 번째 지분인 무명이
곧 괴로움의 가장 근원적인 원인이며,
보다 직접적인 원인은 좋은 느낌을 일으키는
대상에게 애착과 욕망을 일으키는
애욕에 있다.

# 멸성제—괴로움의 소멸

멸(滅)이란, '니르바나'의 음역으로, '불이 꺼진 상태'를 말하며, 흔히 '열반(涅槃)'이라 표현한다. 다시 말해, 괴로움의 원인인 온갖 번뇌의 불길이 모두 꺼진 상태, 즉, 고(苦)가 소멸된 상태다.

집성제는, 십이연기의 유전문을 통해 괴로움의 원인을 고찰해 십이지분을 거슬러 올라가 보니, 그 근본원인이 무명(無明)이라고 관찰한 것이다. 그렇다면, 괴로움에서 벗어나기 위해서 멸성제는 어떻게 하면 될까?

불교는 현상계가 '괴롭다'라고 하여, 그 원인을 밝히는 것 자체에 목적을 두지는 않는다. 괴로움의 원인을 밝힌 것은, 그 원인을 제거하여 괴로움이 없는 깨달음의 세계로 나아가기 위한 준비 작업일 뿐이다. 집성제인 괴로움의 원인을 십이연기의 유전문을 통해 살펴보았다면, 멸성제에서는 십이연기의 지분을 소멸시켜 나가는 환멸문을 통해 괴로움의 소멸에 이르는 길을 제시하고 있다.

좀 더 자세히 말하면, 노병사의 괴로움을 멸하기 위해 그 원인인 생(生)을 멸해야 하고, 생을 멸하기 위해 그 원인인 유(有)를 멸해야 하고, 유를 멸하기 위해 취(取)를 멸해야 하고, 이렇게 해서 결국에는 무명(無明)을 멸하면 괴로움의 모든 고리가 풀려서 괴로움의 소멸인 열반의 상태까지 다다르게 되는 것이다.

이러한 것을 '십이연기의 환멸문(還滅門)'이라 하며, 이렇게 노사에서부터 무명까지 역으로 관찰하는 관법이 바로 역관(逆觀)이다. 이렇듯 십이연기 환멸문의 역관이 바로 멸성제인 것이다. 그렇기에 멸성제는 다른 말로 괴로움의 원인이 되는 지분이 모두 소멸된 경지이기 때문에 열반이라고도 표현된다.

멸성제에서는 괴로움의 원인이 소멸될 수 있으며, 괴로움의 원인이 소멸되면 열반에 이를 수 있음을 설하고 있다. 이것이 바로 괴로움의 소멸에 대한 성스러운 진리, 곧 멸성제다.

# 괴로움의 소멸 — 멸성제

 **모든 괴로움은 소멸될 수 있다**

괴로움의 원인을 밝힌 것은, 그 원인을 제거하여 괴로움이
없는 깨달음의 세계로 나아가기 위한 준비 작업일 뿐.
멸성제에서는 그 십이연기의 지분을 소멸시켜 나가는
환멸문을 통해 괴로움의 소멸에 이르는 길을 설하고 있다.

── 십이연기의 환멸문(還滅門)

노사에서부터 무명까지 역으로
관찰하는 관법이 바로 역관(逆觀).
십이연기 환멸문의 역관이 바로 멸성제

노병사의 괴로움을 멸하기 위해
그 원인인 생(生)을 멸해야 하고,
생을 멸하기 위해 그 원인인
유(有)를 멸해야 하고,
유를 멸하기 위해 취(取)를 멸해야 하고,
이렇게 해서, 결국에는 무명(無明)을 멸하면
괴로움의 모든 고리가 풀려서 괴로움의 소멸인
열반의 상태까지 다다르게 되는 것.

이 멸성제는 우리에게 깨달음의 가능성과 고를 소멸할 수 있는 가능성에 눈뜨게 한다. 누구나 고를 소멸하고 열반에 이를 수 있다는 확신을 심어주는 것이다.

이것은 결코 교리적인 확신에 그치는 것이 아니다. 불교는 그런 것이 아니다. 멸성제는 지금 여기에 있는 나 자신에게 바로 멸성제의 삶으로 곧장 뛰어들어야 함을 말하고 있다.

멸성제는 교리이거나 이상이거나 큰스님이나 부처님만 갈 수 있는 저 먼 곳에 있는 것이 아니다. 사실은 바로 지금 당신이 바로 그것이다. 지금 여기에 곧장 드러나 있고, 우리는 늘 이 진리와 함께 있다. 용기를 잃지 말고, 저 멀리 있는 것이라고 여기지 말고, 내가 이번 생에 끝끝내 멸성제에 이를 것이라는 믿음을 일으켜 보라. 분명히 길은 있다.

지금 이 순간도 멸성제에 이른 무수히 많은 사람들이 있다고 확신한다! 이제 바로 당신이 이 자리에 이를 차례다. 눈을 뜨고 마음을 열면 길은 있다.

이러한 열반에는 두 가지 종류가 있다고 한다. 살아있는 동안 성취하는 열반을 '생존의 근원, 즉, 육신이 남아 있는 열반'이라 하여 '유여의열반(有餘依涅槃)'이라 하고, '생존의 근원이 남아 있지 않은 열반'을 '무여의열반(無餘依涅槃)'이라 한다.

후자는 완전한 열반을 의미하므로 반열반(般涅槃)이라고 하는데, 이는 정신적·육체적인 일체의 고(苦)가 모두 소멸된 열반의 경지이다.

# 도성제―불교에 수행법이 많은 이유

괴로움의 원인을 어떻게 소멸시킬 수 있는지에 대한 구체적인 실천 수행 방법이 바로 도성제(道聖諦)다. 도성제는 괴로움의 소멸에 이르는 성스러운 길로써 열반에 이르는 길이다. 도성제는 십이연기의 환멸문의 순관을 통해 확인된다.

보통 도성제는 '중도(中道)' 혹은 팔정도(八正道)로 알려져 있다. 양 극단을 떠난 조화로운 실천 수행법인 중도는 구체적으로 팔정도로 구현된다. 또한 팔정도는 계·정·혜(戒定慧) 삼학(三學)의 실천이기도 하다.

도성제에 대해서는 '불교의 수행법'이라는 이름으로 장을 달리하여 살펴보기로 할 것이므로, 여기에서는 십이연기 환멸문의 순관을 통해 십이연기의 가르침 속에 어떤 괴로움의 소멸에 이르는 방법이 담겨 있는지를 살펴보기로 하자.

사람들이 불교를 공부하다 보면 불교의 실천 수행이 너무 방대하고, 복잡하며, 많아서 도대체 어떤 것이 진짜 핵심인지를 잘 모르겠다고 말한다.

어떤 경전에서는 무명을 타파하는 것이 불교의 요체라고 하고, 또 다른 경전에서는 집착만 버리면 열반에 이른다고 하고, 또 어떤 스님들은 애욕이야말로 끊어야 할 가장 중요한 것이라고 말하며, 또 어떤 가르침에서는 업장만 소멸하면 열반에 이른다고 말한다.

그러나 그중에 어느 것이 더 중요한지 그 누구도 이것 하나만이 최고라고 말해 주지는 않는다. 바로 십이연기에 그 원인이 있다. 십이연기에서는 12가지 각 지분을 소멸하는 것이 중요하지, 어떤 특정한 지분만이 더 중요한 것이 아니다.

어떤 지분을 소멸하게 될지라도 연쇄적으로 그다음 지분이 소멸되어 결국 모든 괴로움이 소멸되기 때문이다. 그렇다면 12가지 괴로움의 소멸 방법이 있다는 것이다. 그러면 십이연기의 각 지분에서 말하고 있는 '고의 소멸'을 위한 실천 수행 방법은 무엇이 있는지를 살펴보자.

# 괴로움의 소멸에 이르는 길 — 도성제

 **무명의 소멸에 이르는 길**

어리석음을 타파하고 지혜를 드러내는 반야바라밀의 실천
반야 지혜를 실천하는 것을 통해 저 깨달음의 언덕에 이름.

 **행의 소멸에 이르는 길**

업의 정화와 업장 소멸, 선업의 증장과 악업의 소멸.
유위행(有爲行)을 무위행(無爲行)으로 바꾸는 것.

 **식의 소멸에 이르는 길**

분별심의 소멸, 분별 망상의 타파, 취사 간택심의 소멸.

 **명색의 소멸에 이르는 길**

대상에 대한 나의 허망한 분별 의식을 소멸.
이름과 개념에 사로잡히지 않고, 형색에 사로잡히지 않는 것.

 **육입의 소멸에 이르는 길**

육근 청정과 육근 관찰. 있는 그대로 본다.
아상의 소멸.

 **촉의 소멸에 이르는 길**

실체론을 타파함으로써 모든 존재의 비실체성과
오온무아, 공과 연기를 깨닫게 되는 것.

# 도성제―괴로움의 소멸에 이르는 12가지 길

## 무명의 소멸에 이르는 길

첫 번째 '무명(無明)'의 지분에서는 어리석음을 타파하고 지혜를 드러내는 것이 핵심 수행이다. 이를 초기불교에서는 명지(明智)라고 한다. 또한 초기불교에서는 '탐·진·치(貪瞋癡) 삼독(三毒)의 소멸이 곧 열반'이라고 설한다. 탐·진·치 삼독 가운데 가장 큰 것, 근원적인 것이 바로 치심(癡心)이며, 치심이 곧 무명이다.

대승경전의 시초인 『반야경』에서도 반야 지혜를 닦는 것이야말로 깨달음의 핵심임을 설하고 있다. 반야바라밀(般若波羅蜜)의 실천이 그것이다.

부처님 오신 날이 되면 연등을 달고, 인등을 켜며, 불전에 촛불을 밝히는 모든 행위가 무명을 타파하고 밝은 지혜의 등불을 켠다는 상징적 의미를 담고 있는 이유도 여기에 있다.

## 행의 소멸에 이르는 길

두 번째 '행(行)'의 지분에서 중요한 실천은 업의 정화와 업장 소멸, 선업의 증장과 악업의 소멸에 있다. 나아가 유위행(有爲行)을 무위행(無爲行)으로 바꾸는 것이 참된 행의 수행이다.

초기불교의 중요한 수행법의 모음인 삼십칠조도품(三十七助道品) 중에 사정근(四正勤)이 바로 업을 다스리는 수행이다. 사정근은 모든 악업을 끊어 없애고 모든 선업을 키우기 위해 정진하는 수행이다.

『금강경』에도 「능정업장분(能淨業障分)」에서, 능히 업장을 깨끗이 맑히는 것에 대해 설하고 있으며, 밀교나 진언 수행에도 관세음보살의 멸업장진언(滅業障眞言)과 지장보살 멸정업다라니(滅淨業多羅尼)의 실천 수행법이 있다.

쉽게 말하면, 십이연기에서의 '행의 소멸'을 위한 수행에는 방편과 본질의 2가지로 나누어 볼 수 있다. 첫째는 방편으로 악행보다는 선행을 실천하기 위해 노력하는 유위행이고, 둘째는 본질적인 행의 소멸로서, 하되 행한 바가 없이 하는 무위행의 실천이다.

## 식의 소멸에 이르는 길

세 번째 '식(識)'의 지분에서 중요한 실천은 '분별심의 타파', 즉 무분별심, 무분별지(無分別智)에 있다. 스님들의 '분별심을 내지 말라'는 설법이 바로 식의 소멸이라는 실천을 보여주는 것이다.

식의 지분을 소멸하는 것이야말로 괴로움의 소멸에서 가장 중요하다. 사실 십이연기의 모든 지분이 전부 허망한 분별 의식이라고 했던 것처럼 십이연기의 모든 지분이 전부 다 크게 보면 '식'이라고도 할 수 있기 때문이다.

사찰에 가면 일주문에 『전등록』의 평전보안 선사의 법문을 인용한 '입차문래 막존지해(入此門來 莫存知解)'라는 즉, '이 문 안으로 들어오는 자는 알음알이를 일으키지 말라'는 글귀 또한 무분별지의 실천을 설하고 있다.

또한 승찬 대사는 『신심명』에서 '지도무난 유혐간택 단막증애 통연명백(至道無難 唯嫌揀擇 但莫憎愛 洞然明白)'이라고 하여 '지극한 도는 어렵지 않으니 분별 간택만 하지 않으면 된다. 좋다거나 싫다는 분별심만 일으키지 않으면 통연히 명백해질 것이다.'라고 함으로써, 분별심을 여의는 것이야말로 곧 깨달음의 길임을 설하고 있다.

또 유식사상에서도 전식득지(轉識得智)라고 하여, 우리의 사량 분별심인 식을 지혜로 바꾸는 것을 중요한 실천으로 삼고 있다.

그런데 여기서 중요한 점은 '분별하되 분별함이 없다'는 점이다. 식을 소멸해야 한다고 하니, 어떤 사람은 그러면 생각·분별·판단·해석 등을 전혀 못하는 바보가 되는 것이 아니냐고 우려하기도 한다. 부처님 또한 분별할 것은 다 분별한다. 그러나 그것을 실체화하지 않고, 그 분별에 집착하지 않고, 다만 필요에 의해 쓰는 것일 뿐이다. 이것이 곧 분별하되 분별함이 없는, 하되 함이 없는, 『금강경』식 표현으로 '응무소주 이생기심'하는 무위의 실천이다.

### 명색의 소멸에 이르는 길

네 번째 '명색(名色)'의 지분에서 중요한 실천은 '이름(名)과 형색(色)', 혹은 '정신적인 것과 물질적인 것'에 얽매이지 않는 데 있다. 명색은 인식의 대상을 뜻하니, 인식의 대상에, 특히 바깥 대상에 끌려가지 않는 것을 의미한다.

명색을 소멸시킨다는 것은 곧 바깥 대상 자체를 없앤다는 말이 아니라, 대상에 대한 나의 허망한 분별 의식을 소멸시킨다는 말이다. 소멸시킨다는 말 또한 완전히 없앤다는 말이 아니라, 일으키면서도 그 일으킨 생각에 끌려가지 않는다는 뜻이다. 비실체적인 것임을 아니, 집착하거나 끌려갈 필요가 없는 것이다.

『금강경』에서는 '세계가 세계가 아니라 그 이름이 세계일 뿐'이라거나, '실상은 곧 실상이 아니므로 실상이라고 여래는 설하셨다', '중생은 중생이 아니라고 설하나니 다만 이름이 중생인 것이다' 등에서 볼 수 있듯이, 이름과 형색이라는 것은 다만 이름 지은 것일 뿐 실체가 아님을 무수히 설하고 계신다.

『반야심경』의 '색즉시공 공즉시색(色卽是空 空卽是色)'의 가르침 또한 색이라는 것이 곧 공임을 설하고 있다. 이처럼 명색이란 이름이 명색일 뿐 실체가 아님을 깨달을 때 명색의 지분이 소멸되어 곧 열반에 이르게 된다.

### 육입의 소멸에 이르는 길

육입은 곧 육내입처인데, 육내입처는 곧 눈·귀·코·혀·몸·뜻이라는 여섯 감각 기관을 내 안에 실재하는 '나'로 착각하는 허망한 의식이다. 십팔계에서 살펴보았듯이, 육입은 실재하는 것이 아니라 육경과 육식이 함께 화합함으로써 인연 가합으로 임시적으로 생겨나는 것일 뿐이다. 그렇기에 눈으로 대상을 본다고 해서 여기에 '보는 나'가 실체적으로 존재한다는 착각을 가져서는 안 된다는 것이다. 다만 있는 그대로 볼 뿐이지, '보는 나', '듣는 나', '생각하는 나' 등이 있다고 여기지 않음으로써 아상에 휘둘리지 않게 된다.

나아가 보고 듣는 내가 있다는 착각에서 벗어나게 된다. 이것이 곧 아상의 소멸이다. 대승불교에서도 지속적으로 아상 타파를 실천해야 한다고 강조한다.

## 촉의 소멸에 이르는 길

여섯 번째 '촉(觸)'의 지분은 실체론을 타파할 것을 설하고 있다. 실체론을 타파함으로써 모든 존재의 비실체성과 오온 무아, 공과 연기를 깨닫게 되는 것이다.

부처님께서 실체론을 기반으로 해서 만들어진 쟁론들인 운명론(運命論)이나 우연론(偶然論), 신의설(神意說) 등을 삼종외도(三種外道)라고 하신 이유도 바로 이 모든 존재에 대한 설들이 '있다'라는 것을 전제로 만들어진 것들이기 때문이다. 이처럼 십이연기의 촉의 지분은 모든 실체론적 사유방식을 타파하고, 연기 무아적 비실체성을 드러내 주고 있다.

## 수의 소멸에 이르는 길

일곱 번째 '수(受)'의 지분에서 중요한 실천은 '느낌'과 '감정'을 관찰하는 사념처(四念處) 수행의 두 번째 '수념처(受念處)' 수행이다. 느낌에 끌려가고, 집착하게 되면 그 느낌은 곧바로 애욕과 집착으로 나아가지만, 느낌이 일어날 때 그 느낌을 있는 그대로 판단 없이 관찰하게 된다면 그 느낌은 더 이상 애욕과 집착으로 나아가지 않는다. 일어나는 모든 느낌을 이처럼 그저 허용해 주고, 알아차려 주되, '내 느낌'이라고 생각해 붙잡지 않으면, 느낌이 일어나면서도 느낌에 속지 않게 된다. 느낌이라는 수의 지분이 소멸되는 것이다.

## 애의 소멸에 이르는 길

여덟 번째 '애(愛)'의 지분에서 중요한 실천은 애욕과 욕망, 갈애의 소멸에 있다. 앞서 십이연기의 지분에서 설명한 것처럼 괴로움의 원인 가운데 가장 직접적인 것이 바로 애욕이며, 모든 괴로움은 애욕이 근본이 된다. 수행자들의 계율에 그토록 애욕과 갈애를 즐기지 말 것을 설하는 이유도 여기에 있다.

『사분율』에는 "애욕은 착한 가르침을 태워버리는 불꽃과 같아서 모든 공덕을 없애 버린다. 애욕은 늪과 같고, 꽁꽁 묶인 밧줄과 같고, 시퍼런 칼날과 같다. 애욕은 험한 가시덤불에 들어가는 것과 같고, 성난 독사를 건드리는 것과 같고, 더러운 시궁창과 같다."고 했다.

또한 『법구경』에서는 "애욕은 마치 횃불을 잡고서 바람을 거슬러 달리는 것과 같아서 반드시 손을 태울 염려가 있다. 어리석은 사람은 자기 자신을 애욕으로 얽어매어 피안으로 건너가지 못하게 한다. 애욕은 남도 해치고 자기 자신도 해친다."라고 함으로써 애욕의 위험을 경고하고 있다.

## 취의 소멸에 이르는 길

아홉 번째 '취(取)'의 지분에서는 당연히 '무집착', '방하착(放下著)', '무소유(無所有)', 즉 집착하거나 취하지 않는 수행의 실천이 있다.

법정 스님께서 무소유를 설하신 것도 불교에서 그토록 '집착을 놓으라'고 하는 이유도 선가(禪家)에서 '방하착(放下著)'을 설하는 이유도 모두 십이연기의 취의 지분에 대한 소멸을 설하는 것에 다름이 아니다.

또한 『잡아함경』에서는 "자기 마음에 드는 것에 집착하지 않아야 할 것이니 이것은 탐심을 끊어버리기 위함이다… 수행은 집착하지 않고 동요하지 않는 지혜의 연마이다."라고 했다.

『열반경』에서는 "집착하는 까닭에 탐욕이 생기고, 탐욕이 생기는 까닭에 얽매이게 되며, 얽매이는 까닭에 생로병사와 근심, 슬픔, 괴로움과 같은 갖가지 번뇌가 뒤따른다."라고 했으며, 『화엄경』에서는 "내 것이라고 집착하는 마음이 갖가지 괴로움을 일으키는 근본이 된다. 온갖 것에 대해 취하려는 생각을 하지 않으면 훗날 마음이 편안하여 마침내 근심이 없어진다."라고 했다.

또한 『금강경』에서는 "마땅히 법에도 집착하지 말고, 법 아닌 것에도 집착하지 말아야 한다."라고 함으로써 진리 그 자체에 대해서도 집착해서는 안 됨을 설하고 있다. 이처럼 불교에서는 궁극적 진리에 대한 집착까지도 경계하고 있을 정도로 무집착에 대한 가르침을 중요한 실천으로 여긴다.

## 유의 소멸에 이르는 길

열 번째 '유(有)'란 업을 일으키는 원동력으로 삶이라는 현실[生]을 창조하는 원인[業有]이다. 애욕과 취착심에 근거하여 특정한 의지·의도에 집착하게 되면 그것을 현실화시켜 이루려는 강력한 업유가 만들어진다. 바로 이 유위 조작을 통해 특정 의도가 만들어지는 것이 유인데, 그런 의도는 왜 만들어질까? 그것을 실체라고 여기기 때문이다. 애욕하고 취착하기 때문에 그것을 '내 것'으로 만들려는 강력한 의지가 만들어지고, 그 의지를 실체화시켜 다음 지분인 생으로 창조해 내는 것이다.

그래서 의도하되 거기에 집착하지 않는 실천이 필요하다. 하되 함이 없이 행하는 것이다. 『금강경』의 표현에 의하면 '머무는 바 없이 마음을 내는 것'이다. 어떤 의도를 일으켜도 좋다. 다만 그 의도, 그 의지를 실체화시켜, 이것 아니면 안 된다고 집착하지만 않으면 된다.

그랬을 때 행위하되 행위한 바가 없어진다. 유가 일어나지만 그 유가 괴로움을 생겨나게 하지 않는다. 유가 있으되 유에 걸리지 않고, 나아가 다음 지분인 생이 있되 본래 태어난 바가 없다는 불생불멸의 지혜가 생겨난다.

## 생의 소멸에 이르는 길

열한 번째는 '생(生)'을 소멸하는 것이다. 생의 지분을 소멸한다는 것은 육도윤회의 괴로움에서 벗어난다는 것을 의미한다.

사향사과(四向四果)라는 초기불교의 수행단계를 보면 예류(預流), 일래(一來), 불환(不還), 아라한(阿羅漢)을 설하고 있는데, 예류는 아직 7번을 더 괴로움의 윤회를 반복해야 깨달음을 얻을 수 있는 단계이며, 일래는 한 번만 윤회고(輪廻苦)를 받으면 되고, 불환에서는 더 이상 생을 받아 되돌아올 필요가 없는 단계를 의미한다. 부처님께서는 깨달음을 얻으심으로써 더 이상 생을 받지 않는 완전한 열반에 이르셨다.

　이 또한 실제 윤회의 세계를 태어나고 죽고를 반복한다는 의미라기보다 실상을 깨닫고 나면 괴로움의 반복이 서서히 줄어들게 되어 결국 불환, 즉 더 이상 괴로움의 생을 받을 필요가 없어진다는 뜻이다. 생이란 곧 괴로움이다. 즉 생 자체가 하나의 허망한 태어났다는 착각인데, 생을 받을 필요가 없다는 것은 불생불멸의 이치, 본래 태어나도 태어난 바가 없다는 이치를 확연히 깨달은 것을 말한다.

　연기의 진리를 깨닫게 되어 바른 안목이 갖추어지면 그것이 곧 생의 소멸이다. 생이 있으면서도 생이 소멸된다. 여전히 나도 있고, 너도 있고, 세상도 있고, 삶 속에서 수많은 일들이 계속해서 생겨나고 사라지겠지만, 연기를 깨달은 이에게는 더 이상 생겨나는 모든 것들이 생겨나면서도 생겨난 바가 없게 된다.

## 노사(괴로움)의 소멸에 이르는 길

열두 번째는 '노병사(老病死)'의 소멸이다. 이는 곧 모든 괴로움의 소멸을 의미한다. 불교에서는 이 세상을 고해(苦海)라고 하여 '고통의 바다'라고 한다. 앞서 설명한 것처럼 본래 태어남이 없다는 불생불멸의 이치를 깨닫는다면, 죽음이 더 이상 고통이 아닐 것이다.

　보통 우리는 부처님은 정각을 성취함으로써 생사를 벗어났다고 말한다. 그러나 많은 사람들은 "부처님은 생사의 문제를 해결했다고 하면서 왜 죽었느냐?"고 질문한다. 이 십이연기를 보면 그 답이 보인다.

　부처님께서는 십이연기를 깨달음으로써 생도 멸하고, 노사도 멸하신 분이다. 즉 생이 본래 없고, 노병사가 본래 없으며, 이 모든 것은 서로 연기되어 일어난 비실체적 것일 뿐임을 분명히 보셨다. 무아(無我)임을 보신 것이다. 우리가 늙고 병들고 죽음을 괴로워하는 이유는, 나라는 실체적인 존재가 정말로 '있다'고 생각하기 때문에 그 실제로 있는 내가 죽는다는 것에 대해 괴로워하는 것일 뿐이다. 그러나 나라는 오온이 무아임을 깨닫고, 그렇기에 생과 노사가 본래 없다는 것을 깨닫게 된다면 이 모든 것이 꿈속에서 일어나는 것과 다르지 않은 환영임을 보게 될 것이다. 그렇기에 살아도 살았다거나, 죽어도 죽었다는 관념에 집착하지 않아 생사에서 자유로워지는 것이다. 이것이야말로 진정한 의미의 생사에서 벗어남이다.

이처럼 부처님께서는 십이연기를 통해 생로병사의 모든 괴로움을 소멸하셨다. 그리고 그 괴로움을 소멸하는 과정에서, 괴로움의 원인을 탐구하셨고, 그 괴로움의 원인이 12가지 지분을 원인으로 한다는 사실을 깨달았다. 그 열두 가지 지분 가운데 어느 하나의 지분이 소멸되면 다른 지분 또한 소멸될 것이며, 모든 괴로움은 소멸될 것임을 보셨다.

그렇기에 지금까지 불교의 가르침이 2,500여 년을 이어져 오면서 수많은 경전과 수행자, 스님들은 십이연기의 각 지분을 소멸시키기 위한 다양한 수행법과 가르침을 실천해 오고 있다. 불교의 수행에 수많은 방편이 있고, 수많은 깨달음으로 가는 가르침들이 존재하는 이유는 여기에서 기인한다. 대부분의 수행법들은 전부 이 십이연기의 각 지분을 소멸하기 위한 수행법으로 고안된 것이다.

## 🪷 수의 소멸에 이르는 길

느낌이 일어날 때 그 느낌을 있는 그대로 판단 없이 관찰.
일어나는 느낌을 허용해 주고, 알아차리고, 내 느낌이라고
붙잡지 않으면, 느낌이 일어나면서도 느낌에 속지 않는다.

## 🪷 애의 소멸에 이르는 길

애욕과 욕망, 갈애의 소멸. 내 안에서 일어나는 애욕, 욕구,
욕망, 바람 등을 깨어 있는 마음으로 지켜보기.

## 🪷 취의 소멸에 이르는 길

무집착, 방하착(放下著), 무소유(無所有) 즉 집착하거나
취하지 않는 수행의 실천. 바른 안목— 연기법과 오온, 십이처

## 🪷 유의 소멸에 이르는 길

업의 세력이 강화되고 쌓인 업유를 소멸하는 것.
의도하되 거기에 집착하지 않는 실천이 필요

## 🪷 생의 소멸에 이르는 길

연기의 진리를 깨닫게 되어 바른 안목이 갖추어지면
생이 소멸, 본래 생겨난 바가 없음을 체득.

## 🪷 노사(괴로움)의 소멸에 이르는 길

본래 태어남이 없다는 불생불멸의 이치를 알기.
생이 본래 없고, 노병사가 본래 없으며,
이 모든 것이 서로 연기되어 일어난
비실체적 것임을 깨닫기.

# 불교의 수행법

# 중도—무분별의 지혜

도성제(道聖諦)는 괴로움을 소멸하고 열반에 이르는 길이다. 괴로움을 소멸하는 방법인 도성제는 곧 중도(中道)로 표현되고, 중도의 구체적인 실천이 팔정도(八正道)다. 중도는 지나치게 쾌락적인 생활도 아니고, 반대로 극단적인 고행 생활도 아닌, 양 극단을 떠난 무분별의 실천이다.

부처님 당시에는 쾌락주의자나 고행주의자 같은 외도의 사문들이 성행한 시절이었다. 부처님께서는 처음 출가하자마자 선정주의 수행자인 알라라 카라마와 웃다카 라마풋타를 찾아 선정의 최고 단계에까지 이르렀으나, 그것은 참된 깨달음의 길이 아님을 깨닫고 선정 수행을 버리고 고행주의를 닦았다.

이후 6년 동안 고행을 닦아 고행주의의 극단까지 가 보셨지만 그것 또한 참된 깨달음에 이르는 실질적인 방법은 아님을 깨닫고 당시의 유행했던 실천 수행을 모두 버린 채 중도(中道)의 길로 걸어가셨다.

『소나경』은 이러한 중도에 대해 거문고 줄을 너무 강하게 조여도 소리가 잘 나지 않으며, 너무 느슨하게 해도 소리가 잘 나지 않는 것처럼 수행도 너무 지나치면 마음이 동요되고, 너무 느슨해지면 나태하게 되므로 중도적인 균형을 유지해야 한다고 설하고 있다.

중도의 실천이란 '이것이다'라고 정해 놓을 수가 없다. '이것만이 중도'라고 한다면, 그것은 벌써 중도에서 어긋난다. 중도란 이쪽에도 치우치지 않고 저쪽에도 치우치지 않는 무분별의 실천이기 때문이다.

우리의 분별은 늘 이쪽 아니면 저쪽을 선택한다. 옳고 그름을 둘로 나누고, 좋고 나쁜 것을 둘로 나눠 놓은 뒤에 그중에 옳고 선하고 좋은 것은 집착하고, 반대로 틀렸고 나쁜 것은 거부하려는 취사간택심(取捨揀擇心)을 일으킨다. 바로 이 분별과 취사간택에 끌려가지 않는 것이 중도다.

# 불교의 수행법 – 중도

 **중도의 의미**

중도란 이쪽에도 치우치지 않고 저쪽에도 치우치지 않는
무분별의 실천. 이 분별과 취사간택이라는 허망한 의식에
끌려가지 않는 것이 바로 중도

 **연기, 무아, 자비의 실천이 곧 중도**

인연이 화합할 때 연기적으로 생겨난 것이기에 실체가
아니어서 무아(無我)다. 인연 따라 생겨난 모든 것은
실체가 없고, 그렇기에 중도적으로 이해될 뿐, 이것이다라고
극단으로 치우쳐서 볼 수는 없다.

있는 그대로 본다 ⟹ 지관(止觀), 정혜(定慧)
⟱
중도 ⟸ 팔정도의 정념, 사념처, 위빠사나

일체중생을 분별 없이 있는 그대로 바라보는 것, 그것이 바로
진정한 의미의 동체대비심, 즉 자비심이다

 **절대적으로 옳은 것은 없어**

중도의 실천은 극단적 편견을 버리고, 활짝
열린 마음으로 선입견과 차별심 없이 바라보기.
차별과 분별 없이 다만 자비로운 시선으로
바라보기. 중도를 잘 실천하고 있는지 매 순간
깨어 있는 마음으로 지켜보기.

# 중도—있는 그대로

이 중도의 실천은 언뜻 보면 쉬울 것 같지만, 쉽지만은 않다. 우리가 지금까지 해 온 모든 의식은 곧 분별심이었기 때문이다. 우리가 대상을 파악하여 알 때는 이 식, 의식을 통해서만 분별하여 알 수밖에 없다. 그러나 중도에서는 식이라는 분 별로 보지 말고, 분별 이전에 있는 그대로를 있는 그대로 보라고 설한다.

예를 들어, 우리의 식(識)은 어떤 한 사람을 보고 '키가 크고, 잘생겼고, 능력 있 고, 돈도 많아.' 하는 방식으로 인식한다. 여기에는 분별이 개입되어 있다. 비슷 한 또래의 다른 친구들과 비교했을 때, 혹은 내 머릿속의 어떤 대상 그룹과 비교 해 그렇다는 것이다. 그러나 비교하는 분별 인식은 허망하다. 절대적으로 그렇 다는 것이 아니라 상대적으로만 그럴 뿐이기 때문이다.

중도는 이처럼 허망한 비교 분별심으로 대상을 내 식대로 걸러서 보고, 비교 해서 보는 방식이 아니다. 분별심으로 보면 대상이 좋거나 나쁘고, 옳거나 그르 고, 크거나 작고, 잘났거나 못났지만, 중도로 보면 그런 분별이 아닌 그저 '있는 그대로를 있는 그대로' 보게 된다.

분별심[중생심]으로 보면 좋거나 나쁜 분별이 있고, 연이어 좋은 것은 집착하며 취하고, 싫은 것은 거부하며 버리려는 취사 간택심이 생겨난다. 그러나 중도로 보면 분별심이 없고, 취사 간택심이 없다. 세상을 있는 그대로 볼 뿐이다.

물론 그러더라도 현실적으로는 취하기도 하고, 버리기도 한다. 할 일은 똑같이 다 한다. 옳은 것을 선택하기도 하고, 열심히 삶을 살기도 한다. 다만 하되 과도 한 집착과 거부 없이 그저 인연 따라 가볍게 살 뿐이다. 그 모든 것이 실체가 아 님을 깨달은 까닭이다. 이것을 '하되 함이 없이 한다'고 표현한다. 무위행(無爲行) 이 되는 것이다. 이것이 바로 중도적인 삶이다.

# 중도—모든 교리는 중도의 다른 표현

불교의 기본 교설은 연기법이다. 이 세상 모든 것들은 연기법에 따라 인연이 화합할 때 인연 가합으로 생겨난 것들이기에 실체가 아니어서 무아(無我)다.

길다 짧다, 옳다 그르다, 아름답거나 추하다, 선악, 대소, 장단 등의 모든 상대적인 극단은 사실 인연 따라 그렇게 불리는 것에 불과하다. 이처럼 인연 따라 생겨난 모든 것은 실체가 없고, 그렇기에 그 모든 것들은 중도적으로 이해될 뿐, '길다'거나, '짧다'라고, '이것이다'라고 극단으로 치우쳐서 볼 수는 없다.

긴 것은 짧은 것을 인연으로만 길 수 있기 때문에, 연기적으로만 길 뿐이다. 그러니 '길다'는 것에 집착하는 것은 치우친 견해다. 이처럼 연기법으로 이루어진 모든 것은 상대적으로만 그렇게 규정되는 것일 뿐이기에, 연기된 것은 실체가 없어서, '이렇다'거나 '저렇다'고 극단으로 말할 수 없어 중도다.

이처럼 중도는 양 극단에 치우침 없이, 분별 없이 대상을 보기 때문에 이를 '있는 그대로 본다'고 한다. 있는 그대로 보는 것이 곧 팔정도의 정견(正見)이다. 혹은 정념(正念), 위빠사나라고도 한다. 또한 이것은 분별을 멈추고〔止〕 있는 그대로 보는 것〔觀〕이기에, 지관(止觀), 정혜(定慧)라고도 한다.

중도는 둘로 나누어 보는 것이 아니기에 불이법(不二法)이다. 불이중도다.

이렇게 있는 그대로 보게 되면 대상을 평등하게 바라보게 된다. 일체중생을 분별 없이 있는 그대로 바라보는 것, 그것이 바로 진정한 의미의 동체대비심(同體大悲心), 즉 자비심이다. 이처럼 '보는 것이 곧 사랑하는 것'이다. 중도의 수행은 곧 지혜를 닦는 것임과 동시에 자비를 닦는 수행이다.

이처럼 연기, 무아, 중도, 지관, 자비, 불이, 공 등 불교 교리는 하나의 진리에 대한 다양한 표현이다. 불교는 여러 가지 주장하는 바를 내세우는 종교가 아니라 오로지 하나의 진실, 하나의 법을 다양한 방편과 다양한 교리로 설할 뿐이다.

# 중도—절대적으로 옳은 것은 없어

중도야말로 석가모니 부처님께서 설하신 대표적인 수행 방법이며, 고를 소멸하는 구체적인 방법이다.

요즘 불교를 공부하는 사람들은 수행이라고 하면, 염불하고, 좌선하고, 독경하며, 다라니를 외고, 사경하며, 절하는 것 등만을 수행이라고 여기곤 한다. 그러나 부처님께서는 중도를 실천하라고 하셨을 뿐이다. 중도가 바탕이 된 수행법이라면 어떤 수행법이든 중도의 실천이 되지만, 중도의 바탕 없이 맹목적으로 염불하고 절한다면 그 수행은 바른 수행이라고 하기 어렵다.

절을 3,000번 하고, 10시간씩 앉아서 꼼짝하지 않고 좌선을 하는 그것만이 수행이 아니라 세상을 중도적으로 바로 보는 것이야말로 참된 수행이다.

과도하게 어떤 한 가지 가치에 사로잡혀 있다거나, 특정한 목표에 집착해 있다거나, 한 사람을 유난히 애착하거나 미워한다거나, 특정한 정치적 성향에 과도하게 집착한다거나, 내가 믿는 종교만이 절대적이고 다른 종교는 다 틀린 것이라고 여긴다거나, 심지어 수행과 깨달음에도 과도하게 집착하게 된다면 그 또한 중도에서 어긋난다.

무엇이든 '이것만이 절대'라거나, '이것만이 옳다'고 여긴다면 그것은 중도가 아니다. 아무리 옳은 것일지라도 거기에 과도하게 집착한다면 그것은 중도적 안목이 아니다. 중도적인 사람이라면 어떤 사람에 대해 특별히 과도하게 좋아하거나, 과도하게 싫어하지도 않을 것이다. 머무는 바 없이 마음을 내는 것, 결과에 집착함 없이 마음을 내는 것, 그것이 바로 중도다.

이처럼 중도는 어느 한쪽만을 절대적으로 옳다고 보거나, 다른 한쪽을 틀렸다고 보는 극단적 편견을 버리고, 활짝 열린 마음으로 선입견과 차별심 없이 바라보는 삶의 실천이다.

# 중도—받아들임과 모를 뿐

모든 괴로움은 우리 마음이 분별심과 취사 간택심을 일으키고, 그렇게 일으킨 허망한 의식을 실체화시키며 집착하기 때문에 일어난다. 중도의 실천은 분별하지 않고 취사 간택하지 않는 것이다. 물론 하되 하지 않는 것, 즉 과도한 집착 없이 분별하고 선택하는 것이다.

중도를 실천하지 않을 때 극단에 집착하게 된다. 무엇이 극단인가? 대상을 좋거나 싫다고 분별하고, 좋은 것은 취하고 싫은 것은 버리려는 분별과 취사 간택심이 바로 극단이다. 양 극단이라는 분별에 집착할 때 괴로움도 생겨난다.

중도를 실천하려면, 분별하기 이전의 본래 분별이 없던 자리로 돌아가면 된다. 분별은 행위, 유위(有爲), 조작이다. 그러나 무분별, 분별 이전의 자리는 무위행(無爲行)이다. 아무것도 행하지 않은 자리이기 때문이다. 불교의 중도 수행은 '무언가를 행하는 것'이 아니라, '하던 것을 하지 않는 것'이다. '더하기'가 아니라 끊임없는 '빼기'다.

아무것도 하지 않고, 현실을 그저 그것이 있는 그대로 있도록 내버려 두기만 하면 된다. 대상이 내 앞에서 오고 가도록 허용해 주면 된다. 있는 그대로를 있는 그대로 바라보기만 하면 된다. 이것이 곧 '내맡김'이고, '받아들임'이며, '위빠사나'요, '지관' 수행이다.

주어진 현실은 아무런 분별이 없다. 그저 그럴 뿐이다. 비 오는 날은 그저 비오는 날일 뿐 좋거나 나쁜 날이 아니다. 그럼에도 사람들은 비 오는 날은 싫고, 화창한 날은 좋다고 분별하기에 비만 오면 괴로운 사람이 생겨난다.

인생의 모든 괴로움도 마찬가지다. 비 오는 날이 있듯이 화나는 일도 있고, 욕하는 사람도 있고, 돈도 많아졌다가 적어지기도 한다. 그것은 '괴로운 일'이 아니라 그저 '그럴 뿐'이다. 사실은 화창한 날이 필요한 것과 동등하게 비 오는 날도 꼭 필요하듯이, 우리 인생도 행복한 날만 필요한 것이 아니라 동등하게 괴로운 날들처럼 보이는 날 또한 필요하다.

그럼에도 사람들은 그것을 '있는 그대로' 보지 않고, 자기 식대로 분별하고 판단해서 스스로를 괴로움으로 빠뜨린다.

이제 모든 것을 본래 있던 제자리로 돌려놓으면 된다. 내가 분별하기 이전에 세상은 있는 그대로 존재한다. 그러니 일어나는 이대로라는 '있는 그대로의 진실'을 그저 있는 그대로 있도록 허용해 주는 것이다. 이것이 바로 가장 쉬운 무위의 중도 수행이다.

이 받아들임은 받아들이는 내가 있고, 받아들일 것이 있는 분별적인 받아들임이 아니다. 둘로 나눌 수 없는 불이(不二)의 받아들임이다. 하나는 하나가 되기 위해 억지로 하나를 받아들이지 않는다. 그저 하나일 뿐이다. 이런 측면에서 받아들임이야말로 불이법과 중도의 실천이다. 이런 점에서 중도를 불이중도(不二中道)라고도 한다. 둘로 나누지 않는 것이야말로 참된 중도의 실천이라는 뜻이다.

받아들일 때 분별 없이 받아들이라는 말은 곧 '모를 뿐' 하는 마음으로 받아들이라는 것이기도 하다. 우리는 쉽게 분별하여 '안다'고 하지만 사실은 정말 아는 것이 아니라 분별해서 아는 것일 뿐 진실로 아는 것은 아니기 때문이다. 십팔계(十八界)가 화합하여 '안다'는 착각, 즉 육식을 일으킨 것일 뿐이다. 그러니 참된 진실은 '모른다'는 것이다.

'모를 뿐'이라고 할 때, 육식(六識)이라는 허망한 분별의식이 멈춘다. 육식이라는 의식이 자신을 주인으로 내세워 '나', '내 생각', '내가 안다'고 여기지만, '모를 뿐'이라고 하면 곧장 분별 의식이 멈추고, 중도가 실천되어진다.

그래서 세계 4대 생불이라고 추앙받으며 해외 포교에 매진하셨던 숭산 큰스님께서 그렇게 '오직 모를 뿐'이라는 화두를 설하셨던 것이다. 그것이 바로 현대적인, 선(禪)적인 중도의 실천이기 때문이다.

# 무위의 중도, 있는 그대로 받아들이기

중도의 실천은 과도한 집착 없이 분별하고 취사간택하는 것

→ 무위법(無爲法)

무위란 하되 함이 없이 행하는 것 즉 집착 없이 행하는 것.

중도를 실천하지 않을 때 우리는 극단에 집착하게 된다.

무위의 중도 수행 실천법

양 극단이라는 분별에 집착할 때 괴로움도 생겨난다.

있는 그대로를 있는 그대로 바라보기만 하면 된다.

분별 없이 받아들이라는 말은 곧 모를 뿐 하는 마음으로 받아들이라는 것

내맡김, 받아들임, 위빠사나, 지관수행

안다고 하지만 사실은 정말 아는 것이 아니라, 분별해서 아는 것일 뿐, 진실로 아는 것은 아니다.

참된 진실은 모른다는 것

모를 뿐이라고 하면, 곧장 분별의식이 멈추고, 중도가 실천

# 팔정도—올바른 삶의 길

팔정도(八正道)는 중도의 수행을 구체적으로 설한 가르침이다.

『중아함경』에서는 팔정도에 대해 '고를 소멸하기 위해서', '무명을 끊기 위해서' 수행하는 실천임을 설하고 있으며, 『잡아함경』에서는 '애욕을 끊기 위하여', '삼독을 끊어 없애기 위하여', 또 『증일아함경』에서는 '생사의 어려움을 건너기 위하여' 팔정도를 수행한다고 설하고 있다.

팔정도는 정견(正見), 정사(正思), 정어(正語), 정업(正業), 정명(正命), 정정진(正精進), 정념(正念), 정정(正定)의 여덟 가지 바른길이다.

많은 사람들이 이 팔정도를 처음 접하면서 가장 궁금해하는 점이 바로 '정(正)'이 무엇을 의미하느냐이다. 바른 견해, 바른 사유, 바른 말 등을 해야 하는 것은 알겠는데, 그런 말이야 누구인들 못하겠는가. 그러나 부처님께서 이 팔정도야말로 중요한 수행이라고 하신 것에는, 그만한 이유가 있다. 팔정도에서는 '바른'이라는 수식에 담긴 의미를 이해하는 것이 무엇보다 중요하다.

팔정도의 정(正)은 중도의 중(中)을 의미한다. 그리고 앞서 설명한 것처럼 중도는 곧 연기, 무아, 무분별, 자비를 의미한다. 이는 또한 대승불교의 공사상과 무자성(無自性)과도 같은 의미이다. 부처님께서는 연기법이라는 진리를 이처럼 다양한 방법으로 다양한 측면에서 이해할 수 있도록 설명하셨다.

보통 우리는 좌선을 하고, 절을 하고, 염불을 하는 것만이 수행이라고 여기곤 한다. 그러나 초기불교의 대표적인 수행법이 팔정도라는 사실은 곧 바르게 보고, 사유하고, 말하고, 행동하고, 생활하고, 노력하고, 알아차리며, 고요히 하는 것 자체가 모두 낱낱이 중요한 삶 속의 '수행'이라는 것을 알려 준다. 부처님께서 설하신 고구정녕한 수행법은 염불이나 진언이 아니라 중도요, 팔정도다.

그렇다면 이러한 이해를 토대로 팔정도를 하나하나 살펴보자.

# 팔정도(八正道)

좌선을 하고, 절을 하고,
염불을 하는 것만이 수행이 아니라

바르게 보고 (정견正見)
사유하고 (정사正思)
말하고 (정어正語)
행동하고 (정업正業)
생활하고 (정명正命)
노력하고 (정정진正精進)
알아차리며 (정념正念)
고요히 하는 것 (정정正定)

자체가 모두 낱낱이
중요한 삶 속의 수행이다.

팔정도(八正道)는 초기불교의 대표적인 실천 수행이며,
중도의 수행을 구체적으로 실천 구현하는 방법을 설한 가르침이다.
팔정도의 정(正)은 중도의 중(中)을 의미하며
중도는 곧 연기, 무아, 무분별, 자비를 의미한다.

# 팔정도—정견正見

정견(正見)은 '바른 견해'다. 『잡아함경』 28권에서는 "정견이 있으므로 정지(正志) 내지 정정(正定)을 일으킨다"고 함으로써 정견이 나머지 일곱 가지 실천의 구체적 내용을 규정하고 있으며, 팔정도 성립의 근본임을 설하고 있다.

주로 경전에서는 정견을 '사성제에 대한 바른 지혜', 혹은 '연기에 대한 바른 지혜'라고 설명하며, 이는 곧 무명의 반대가 되는 명(明)과 같은 의미로 사용한다.

'바른' 견해에서 '바른'은 곧 연기와 사성제, 무아와 중도, 자비에 대한 바른 깨달음을 바탕으로 하는 것이다. 정견은 세상을 독자적으로 홀로 존재하는 것으로 보지 않고 연결되어 있는 연기적인 것으로 보는 견해이며, 고정된 실체 관념으로 보는 것이 아니라 비실체적인 무아로 보는 견해이고, 어느 한 극단에 치우친 견해가 아닌 중도적인 견해로 보는 것이다.

모든 것이 연결되어 있기 때문에 너와 내가 둘이 아니고, 그러한 동체적인 자각 속에서 동체대비의 자비심으로 세상을 보게 된다. 이러한 연기·무아·자비·중도의 견해가 생겨나면 비실체성을 자각하기에 어디에도 집착하지 않으며, 세상을 둘로 나누어 분별하는 분별심을 떠나게 된다.

이 모든 것을 아주 쉽게 말하면, 그저 '있는 그대로를 있는 그대로 보는 것'이다. 내 생각이나 분별을 가지고 대상을 해석하고 분별해서 보는 것이 아니라, 왜곡 없이, 판단 없이 있는 그대로 보는 것이다. 중생들이 정견하지 못하는 이유는 자기 생각, 자기 분별이라는 저마다의 필터를 가지고 대상을 자기 식대로 왜곡해서 바라보기 때문이다.

대상을 좋다 나쁘다고 분별해서 보는 것이 곧 정견(正見)이 아닌 삿된 견해다. 좋다 나쁘다는 분별의 견해는 곧 좋은 것은 집착하고 싫은 것은 거부하는 취사간택심으로 이어져 괴로움으로 굳어지기 때문이다. 정견은 분별 없이 보는 무분별의 견해이고, 취사 간택하지 않고 있는 그대로 바라보는 견해다.

이러한 연기와 무아·중도가 바탕이 된 정견은 어떤 특정한 견해를 의미하는 것은 아니다. 오히려 '견해 없음'에 가깝다.

『맛지마 니까야』 72경에서는 "고타마 붓다는 어떤 견해를 취하고 있는가?"라는 질문에 "여래는 그 어떤 견해도 취하지 않으며, 모든 견해를 없애버렸다."고 답하고 있다. 나아가 "여래는 모든 견해, 모든 짐작, 모든 '나'라는 견해, '나의 것'이라는 견해를 깨버렸고, 떠났으며, 멸해 버렸고, 없앴기에 그 어떤 사견도 생겨나지 않아 해탈을 얻었다."고 설한다.

사실 이 세상에는 절대적으로 옳은 일도 그른 일도 없으며, 의미 있는 일도 의미 없는 일도 없다. 그저 인연 따라 모든 것이 왔다가 갈 뿐이다.

그렇기에 누구나 자기답게 살아가면 될 뿐, 남들과 비교하며 다른 사람의 삶을 기웃거릴 아무런 이유도 없다. '특정한 견해'에 따라 살려 하면 그렇게 살지 못하는 내가 불만족하게 느껴지겠지만, 그저 있는 이대로, 나답게 살면 괴로울 것이 없다. 물론 '나답게 사는 것이 곧 진리'라고 정해놓고 그렇게 사는 데 집착한다면 그 또한 정견이 아니다. 그 또한 하나의 견해이기 때문이다.

정견으로 바라보면 이 세상 모든 것들은 있는 그대로 온전하다. 아니, 있는 그대로 그저 그럴 뿐이다. 여기에 어떤 말과 수식, 덧칠이 필요치 않다. 이렇게 하늘은 푸르고, 숲은 우거지고, 바람은 불어올 뿐. 이것이 곧 있는 그대로다. 이것이 곧 정견이다. 그렇기에 모든 존재를 있는 그대로 인정해 주고 존중해 주는 참된 자비와 중도적 지혜가 드러나게 된다.

이처럼 정견은 어떤 특정한 견해, 종교, 사상만을 '바르다'고 규정짓는 치우친 견해가 아니다. 그렇기에 종교 전쟁 같은 것은 발 디딜 수 없고, 나아가 그 어떤 견해를 가진 사람도, 그 어떤 종교나 사상이나 나라나 피부색이 나와 다를지라도 그 모두를 자비롭게 수용하는 동체대비의 자비의 실천이 뒤따르는 것이다.

# 팔정도—정사 正思

정사는 정사유(正思惟) 혹은 정지(正志)라고도 부르며, '바른 생각' '바른 뜻' 혹은 '바른 마음가짐' 정도로 해석된다. 여기에서도 '바른'은 연기와 중도, 무아와 자비를 의미하는 것으로, 대상에 대해 사유할 때 실체관에 사로잡히지 않고, 어느 한쪽에 치우치지 않는 생각이다.

정사유란 생각하되 생각이 없는 것이다. 생각을 아예 하지 않는 것이 아니라 생각을 하되 바르게 하라는 것이다. 어떤 것이 바른 것인가? 그 생각이 인연 따라 잠시 왔다가 가는 것임을 분명히 아는 연기적인 지혜다. 그러니 저절로 생각을 인연 따라 쓰기는 하되, 실체 없음을 자각하기에 그 생각에 집착하지 않게 된다. 생각을 하되 생각에 머물지 않는 것이다. 이것이 참된 정사유다.

그렇기에 정사유는 특정하게 사유하는 방식이 아니다. '이런 생각이 정사유'라고 정해진 것은 없다. 그 생각의 내용을 따라가는 것이 아니라 그 생각의 본질이 연기이며 무아이기에 허망함을 깨닫기만 하면 된다. 이를 선(禪)에서는 생각이 나오기 이전 자리를 확인한다는 표현을 쓴다.

이렇게 되면 올라오는 생각에 집착하지 않을 것이고, 생각이 올라온다고 해서 그 생각을 '내 생각'이라고 붙잡아 나와 동일시하지도 않을 것이다. 좋은 아이디어가 하나 떠오를 때 '내가 똑똑하다'고 여기거나, 이기적인 생각이 올라올 때 '나는 이기적이다'라고 여김으로써 그 올라오는 생각을 나와 동일시하는 것은 정사유가 아니다.

연기와 무아, 중도적인 사유라면 그 생각 또한 무아임을 알아서 그 생각을 '내 생각'이라고 실체화하지 않으며, 그 생각이란 앞에서 오온과 십팔계에서 공부했듯이 십팔계가 촉함으로써 수·상·행이, 즉 생각과 느낌과 의지 작용이 일어나는 것일 뿐임을 알게 될 것이다. 오온과 십팔계의 교리에서 본 것처럼 생각도 느낌도 의지도 모두 인연 따라﹝緣起﹞ 생겨난 것일 뿐 고정된 실체가 있지 않으며 ﹝無我﹞, 그렇기에 어떤 특정한 생각에 치우쳐﹝中道﹞ 집착해서는 안 되는 것임을 깨닫게 된다.

이처럼 정사유란 어떤 생각이 일어날 때에도 그것이 비실체적인 줄 알아 집착하지 않고, 그렇기에 누구도 과도하게 미워하거나 애착하는 생각을 내지 않고 있는 그대로 분별 없이 봄으로써 진정한 자비로움으로 상대방을 대하게 된다. 정사유를 실천하게 될 때 비로소 모든 대상에 대해 참된 자비심이 피어나게 된다.

『잡아함경』에서는 "어떤 것이 정사인가? 탐욕을 뛰어넘은 생각, 성냄을 없앤 생각, 해침이 없는 생각이다."라고 설한다. 즉 정사유를 실천하면 과도하게 애착하여 탐욕을 일으키지도 않고, 내 뜻대로 안 된다고 성내지도 않으며, 그 누구도 분별이나 차별하지 않고 평등한 자비로써 대하기에 해치려는 생각이 없다.

신·구·의 삼업 가운데 가장 중요하면서 근원이 되는 것이 바로 의업(意業)이다. 생각이 바탕이 되어 말과 행동이 나타나기 때문이다. 바른 생각이야말로 현실을 창조하는 삼업 가운데 근원적이며 강력한 힘을 지녔다. 그래서 바른 사유가 중요하다. 사유가 바르지 못하면 연이어 말과 행동 또한 바르지 못하게 될 것이기 때문이다. 이처럼 정사유는 매우 중요한 '수행'이다. 이제 팔정도를 올바로 사유하고 공부한 수행자라면 염불하고 독경하고 좌선하는 것 못지않게 바르게 생각하는 것, 중도적으로 생각하는 것 또한 분명한 수행임을 잊지 않아야 하겠다.

좌선도 오래 하고, 절이며 염불·독경·사경 수행도 많이 했지만 삿된 생각을 일으키고, 탐욕과 성냄과 남을 해치려는 생각이 일어난다면 그 사람의 수행은 올바른 것이 아니다.

'바른 생각의 수행' 다음에 오는 중요한 수행법은 '바른 말의 수행', 즉 정어다.

# 팔정도—정어正語

정어는 '바른 말' '올바른 언어 생활'이다. 입으로 하는 말과 몸으로 하는 행위는 그 바탕에 생각이라는 의업(意業)이 깔려 있다. 그렇기에 팔정도의 순서는 정견에 이어 정사유[바른 의업]와 정어[바른 구업], 정업[바른 신업]이 이어진다. 바른 견해가 있을 때 바른 사유가 뒤따르게 되고, 바른 견해와 사유를 바탕으로 바른 말과 바른 행동이 나오는 것이다.

바른 생각이 현실을 만들어 내는 업력의 힘으로 작용하는 것처럼 말이라는 언어 생활 또한 힘을 가진 행위이다. 의업 즉 생각이 강력한 힘을 가진 업력이라면, 그 의업의 강력한 힘을 현실로 구현하는 첫 번째 기관이 바로 입이며, 말과 언어다.

머릿속에서 희미하게 떠도는 생각일 때는 아직 현실을 창조하는 힘을 지니지 못할 수도 있겠지만, 그것이 말로 튀어나오는 순간 그것은 하나의 강력한 힘을 지닌 업력(業力)이 되어 업보(業報)를 불러오게 된다. 말로 나오는 순간, 소리 파동은 의미와 힘을 지닌 언어인 구업(口業)이 되어 그 말이 결과를 불러오는 업보라는 실질적인 힘으로 굳어진다.

실제로 우리 뇌는 소리 내어 말을 하면, 자신이 한 말도 외부에서 입력하는 지시적 정보로 받아들여서 그 방향으로 작업을 한다고 한다. 그뿐 아니라 수많은 자기계발서에는 자신이 원하는 것을 말로 써서 벽에 붙여 놓고, 소리 내어 반복해 말하면 실제 결과로 이어진다는 성공 사례를 무수히 설명하고 있기도 하다.

『식물의 정신세계』에서는 식물도 인간처럼 생각하고, 느끼고, 기뻐하고, 슬퍼하며, 예쁘다는 말을 들은 난초는 더욱 아름답게 자라고, 볼품없다는 말을 들은 장미는 자학 끝에 시들어 버린다고 한다. 이처럼 식물이나 물 같은 자연환경의 대상들조차 말 한마디에 울고 웃으며, 인간의 말과 언어에 민감하게 반응한다.

우리의 말 한마디는 타인에게뿐 아니라, 내 주변의 자연 만물에 이르기까지 광범위하게 영향을 미치고 있는 것이다.

오늘날 말과 언어는 신문, 잡지, 인터넷, 스마트폰 등의 발달로 인해 그 어느 때보다도 더욱 강력하고도 중요해졌다. 별 생각 없이 올린 인터넷 악성 댓글을 보고 누군가는 자살을 하니 정어(正語) 수행은 요즘 같은 정보화 시대에 더욱 중요한 덕목이 아닐 수 없다.

『잡아함경』28경에서는 "어떤 것이 정어(正語)인가? 망어(妄語), 양설(兩舌), 악구(惡口), 기어(綺語)를 떠난 것이다."라고 설한다. 망어란 진실하지 못한 거짓된 말이며, 양설이란 화합을 깨뜨리는 이간질의 말이고, 악구란 욕설과 같이 거칠고 사나운 말이고, 기어란 쓸데없는 말, 꾸며낸 말, 법답지 못한 말을 통틀어 지칭하는 말이다.

정견과 정사유 없이, 어리석은 견해와 생각이 선행되면 자신도 모르는 사이에 망어, 양설, 악구, 기어와 같은 삿된 말들이 쏟아져 나온다.

'바른 말'에서 바르다는 의미도 물론 연기와 중도, 무아와 자비를 의미한다. 너와 내가 서로 연결되어 있음을 안다면 상대방을 향해 욕설을 한다거나 거짓말이나 이간질하는 말을 할 수 없을 것이며, 상대방이 곧 나라는 동체(同體)와 연기적 자각에서는 자연스럽게 자비로운 말이 나올 수밖에 없다.

또한 무아와 중도라는 자각이 바탕이 된다면 우리의 언어생활은 실체론적인 사고방식을 내포하는 언어나 치우친 언어를 사용하지 않게 될 것이다. 상대방을 향해 옳다거나 그르다는 양 극단의 판단이 내포된 말 대신 그저 있는 그대로의 현실을 고스란히 드러내 주는 무분별의 말들을 사용하게 될 것이다. 남이 나를 향해 격앙된 말투로 큰 소리를 쳤을지라도, '그 녀석이 나에게 화를 냈다'거나, '나를 미워한다'거나 하고 판단하는 대신 있는 그대로 '그가 나에게 큰 목소리로 말했다'고만 말할 수 있을 것이다. 내 안에서 현실을 걸러서 해석한 언어가 아닌 있는 그대로의 현실을 드러내 주는 표현들이 사용될 것이다.

# 팔정도—정업正業

정업이란 바른 행위다. 앞서 설명했듯이, 팔정도를 이 삼업에 대비해 본다면 정사는 의업(意業), 정어는 구업(口業) 그리고 정업은 신업(身業)이다. 정견이라는 무명이 사라진 바른 견해가 먼저 있고 나면 정사라는 의업이 바로 설 수 있고, 그 다음으로 입으로 짓는 구업과 연이어 몸으로 짓는 정업이 바로 설 수 있는 것과 같은 순서의 이치라 볼 수 있다.

정업(正業)은 '연기'적인 견해와 사유가 바탕이 된 바른 행위로, 어느 한쪽에 치우치지 않는 '중도'적인 행위를 의미하고, 실체론적인 집착에 사로잡히지 않는 '무아'의 행위이며, 결과적으로 살생과 도둑질, 사음 등의 몸으로 짓는 악업을 여읜 '자비'로운 행위를 의미한다.

예를 들어 너무 게을러 몸을 전혀 움직이지 않거나, 혹은 몸을 너무 혹사시키는 양 극단을 떠나 조화로운 중도로써 적절히 일하고, 운동하고, 움직이며 행위하는 것도 하나의 정업이다. 또한 이 몸이 지수화풍이 인연 따라 모여 인연 가합된 무아임을 모르고, 이 몸을 '나'라고 착각하여 집착하게 되면 외모 지상주의에 빠져 괴로워하거나, 이 몸이 병들고 늙게 될 때 내가 붕괴되는 어리석은 착각을 일으키게 된다.

『잡아함경』에서는 "어떤 것이 정업인가? 살생과 도둑질과 사음을 떠난 것이다."라고 설명하고 있다. 몸으로 짓는 세 가지 악행을 떠난 청정한 행위이다. 사람이든 자연 만물이든 살생하지 않는 행위, 남의 것을 훔치지 않고 나누어 주는 행위, 삿된 음행을 하지 않는 청정한 행위가 바로 정업의 수행이다.

자연환경을 파괴하고, 자연에서 나무며 산과 광물 등을 마구 베어 내고 채취하는 것, 바닷속에서 자원을 과도하게 빼내어 쓰는 것 등 또한 살생이고 도둑질이라고 할 수 있다.

# 팔정도—정명正命

정명은 '바른 생활' 혹은 '바른 생계', '바른 직업' 등을 아울러 의미하는 것으로, 그릇된 생활태도를 버리고 정당하고 바른 생활을 정당한 직업과 생계로써 해 나가라는 뜻이다. 정견을 가지고 정사·정어·정업이라는 삼업 청정으로 정당한 의식주 생활을 해 나가는 것이다. 출가자에게는 바른 생활 수단을, 재가자에게는 바른 직업을 의미한다.

출가자들의 정명을 『중아함경』에서는 "만족스럽지 못할지라도 여러 가지 축문을 써서 삿된 생활을 존속하지 말라"고 했고, 『맛지마 니까야』에서는 "점을 치며 살아가는 것" 또한 바른 생활 수단이 아님을 설하고 있으며, 『잡아함경』에서는 "정명이란 의복·음식·침구·탕약을 법에 맞게 구하고 법에 맞지 않는 것은 구하지 않는 것"이라고 설한다.

이 세상은 내가 지은 업대로 그 결과를 받을 뿐이지 부적을 써서 지니고 다니는 등의 요행을 바라거나, 사주를 보고 피해갈 수 있다고 여기는 것은 인과를 모르는 삶일 뿐이다. 과거에 나쁜 업을 많이 지어 업장이 많다고 할지라도 매 순간의 현재에 마음을 돌이켜 새롭게 태어나고 새롭게 살아가게 된다면, 기계적인 업보를 넘어 새로운 삶으로 나아갈 수 있기 때문이다. 즉 사주나 관상이나 점이 모든 것을 말해 줄 수는 없다. 더욱이 사주와 관상을 보게 되면, 그 말에 휘둘리고, 오히려 그 말에 얽매여 있지도 않은 사주의 결과를 진짜로 받게 될 수도 있다. 내 마음에서 관상가의 말을 듣고, 두려워하게 됨으로써 그 두려운 마음이 오히려 두려워하는 결과를 끌어오게 되는 것이다. 그래서 불교에서는 과거나 미래보다 매 순간의 현재를 중요시한다.

초기불교에서는 재가자가 출가자에게 보시하는 것으로 의복·음식·침구·탕약 네 가지를 언급하고 있는데, 이 또한 법에 맞게 구할 것을 요구한다. 법에 맞는다는 것은 곧 연기적으로 인연 따라 자연스럽게 온 것이어야 함을 의미한다. 억지로 보시 받기 위해 요구하거나, 구걸하거나, 점이나 관상을 나쁘게 봐 줌으로써 복을 지어야 한다고 겁박하거나, 자신의 깨달음이 높은 것처럼 꾸며 보시를 하도록 유도하는 이런 것들은 모두 법에 맞지 않는 것이다.

재가자를 위한 정명도 있다. 『앙굿따라 니까야』에서는 "무기를 사고 파는 것", "술이나 고기나 독극물 등을 사고 파는 것" 등이 정명에 어긋나는 것이라고 설하고 있으며, 『맛지마 니까야』에서는 "사기를 치는 것", "남을 배신하는 것" 등을 설하고 있다.

무기를 사고 파는 것은 생명을 해치는 도구이기 때문이고, 술이나 고기·독극물 또한 지혜와 자비의 종자를 끊는 것들이기 때문이며, 사기치고 배신하는 것 또한 타인을 해치는 자비롭지 않은 것이다.

연기와 자비의 가르침은 요즘 대기업의 그룹 윤리와 그룹 경영 방침에도 적용되고 있다. 대기업과 중소기업은 연기적으로 연결되어 있기 때문에 비즈니스를 앞세우기보다는 함께 성장·발전해야 할 동체적인 동반자로 생각하는 상생 경영, 동반성장이 많은 대기업들의 주요 경영 방침이 되고 있다. 이것이 연기적인 직업윤리이며, 정명의 실천이 아닐까.

또한 중도적인 정명의 정치는 보수나 진보 어느 한쪽을 선택할지라도, 어느 하나에 극단적으로 집착함으로써, 상대 진영은 전부 틀렸고, 나는 전부 옳다고 여기는 극단을 떠난 자비와 상생, 지혜의 정치다.

『법구경』에서는 "마치 저 벌이 꽃의 꿀을 모을 때 그 꽃의 빛과 향기를 다치는 일이 없이 다만 그 맛만을 가져가는 것처럼 비구가 마을에 들어갈 때도 그러하다"라고 한 것처럼, 자연의 질서를 거스르지 않고, 일체 모든 존재들이 서로 연결되어 있기 때문에 모두가 함께 공존할 수 있도록 최소한의 의식주에 만족하며, 나를 위해 상대방을 다치게 하거나, 나의 이익 때문에 상대의 이익을 줄이는 것이 아닌 모두가 함께 정명을 실천할 수 있도록 하는 공존·공생의 조화로운 삶의 실천인 것이다.

# 팔정도—정정진正精進

정정진은 '바른 노력'이다. 정방편이라고도 부른다. 정정진은 팔정도의 나머지 지분의 실천에 있어 중간에 쉼 없이 게으르지 않는 노력을 행하는 것이다. 『잡아함경』에서는 정정진을 "꾸준히 힘써 번뇌를 떠나려 하고 부지런하고 조심하여 항상 물러나지 않도록 행하는 것이다."라고 하였다.

『중아함경』에서는 "이미 생긴 나쁜 법을 서둘러 없애고, 아직 생하지 않은 나쁜 법을 서둘러 생기지 않게 하고, 아직 생하지 않은 선한 법을 서둘러 생기게 하고, 이미 생한 선법은 물러나지 않도록 머무르게 하는 것"이라고 했다.

즉 정정진은 꾸준히 힘써 번뇌를 떠나고 부지런하고 조심하여 항상 물러나지 않는 노력이다. 이는 구체적으로 이미 생긴 나쁜 법을 서둘러 없애고, 아직 생하지 않은 나쁜 법을 서둘러 생기지 않게 하며, 아직 생하지 않은 선한 법을 서둘러 생기게 하고, 이미 생한 선한 법은 물러나지 않도록 머무르게 하는 것으로 삼십칠조도품(三十七助道品)의 사정근(四正勤)을 의미한다. 결국 정정진은 선법(善法)을 증장하고 악법(惡法)을 버리려는 끊임없는 노력이다.

여기에서 선법과 악법은 단순히 선행과 악행만을 의미하는 것이 아니라 선법은 부처님께서 말씀하신 깨달음의 요인이 되는 칠각지(七覺支)가 더욱 지속되도록 계발해야 한다는 것이며, 악법은 오개(五蓋)를 서둘러 없애고 생기지 않도록 해야 한다는 것을 의미한다. 칠각지와 오개는 사념처에서 조금 더 자세히 살펴보도록 하자.

이러한 정정진은 나아가 다른 모든 팔정도 덕목들을 중도 포기 없이 꾸준히 닦아 나가야 함을 의미한다. 바른 견해를 지속적으로 유지시키고, 올바른 사유와 올바른 말, 생각, 행동, 직업, 나아가 올바른 선정과 깨어 있음을 지속적으로 유지시키고자 꾸준히 노력하는 것이다.

# 팔정도—정념正念

정념은 '바른 전념', '바른 깨어 있음', '바른 관찰', '바른 알아차림' 등으로 해석될 수 있다.

『중아함경』에서는 정념을 "안의 몸을 관찰하기를 몸답게 하고 내지 느낌 · 마음 · 법을 관찰하기를 느낌 · 마음 · 법답게 하나니 이것을 정념이라 한다."고 설명하고 있다.

즉, 정념이란 몸을 있는 그대로 몸답게 관찰하고, 느낌을 느낌 그대로 느낌답게 관찰하며, 마음을 마음 그대로, 법을 법답게 관찰하는 것을 의미한다.

즉 이는 신 · 수 · 심 · 법(身受心法) 즉 몸 · 느낌 · 마음 · 법을 관찰함에 있어 아무런 편견과 분별 없이 있는 그대로 관찰하는 것이며, 매 순간순간 부주의하게 넋을 잃고 있는 것이 아닌 항상 자신을 성찰하고 지켜봄으로써 세심한 주의를 기울여 깨어 있는 삶을 사는 것이다.

정념은 곧 사념처(四念處)를 의미한다. 사념처에 대해서는 다음 장에서 좀 더 구체적으로 살펴보기로 하자.

# 팔정도─정정正定

정정은 '바른 선정', '바른 마음집중'을 뜻한다.

『잡아함경』에서는 "마음을 어지러이 흐트러지지 않게 하고 굳게 거두어 가져 고요한 삼매에 든 일심이다."라고 설명하고 있다. 『맛지마 니까야』에서는 "사념처가 바로 마음집중의 근거"라고 함으로써, 몸과 느낌, 마음과 법이라는 대상에 마음을 집중하고 있는 것을 의미한다.

이처럼 마음 관찰과 마음 집중의 수행은 언제나 함께 실천해야 하는 불교 수행의 두 가지 핵심 수행법이다. 이를 지관(止觀)이라고도 하는데, 지(止)는 '멈춘다'는 의미로 온갖 번뇌 망상과 혼란스러운 마음이 모두 멈추어지고 고요히 어떤 한 대상에 집중하는 수행이다.

이렇게 정정(正定)을 통해 마음이 신·수·심·법이라는 사념처의 한 가지 대상에 집중함으로써 혼란함이 사라지고 고요해지게 된 바탕에서, 고요히 관찰하는 정념(正念)의 수행이 이어질 수 있다. 이 지관 수행을 사마타(止, samatha)와 위빠사나(觀, vipassanā)라고도 부른다. 사마타라는 수행을 통해 삼매에 이르게 되고, 위빠사나의 수행을 통해 지혜를 증득하게 된다. 이러한 지관을 다른 말로는 정혜(定慧)라고도 한다. '지'의 사마타 수행은 선정을 가져오며, '관'이라는 위빠사나 수행은 지혜를 가져오기 때문이다.

그러나 마음 집중이라고 모두 올바른 것은 아니다. 올바른 대상에 마음이 집중되어 있는 것을 정정이라고 하지, 잘못된 생각, 나쁜 행위에 마음이 집중되어 있다면 그것은 정성이 아니다.

그렇기에 정정에서의 '바른'은 연기와 중도, 무아와 자비라는 바른 법이 그 대상이 되어야 한다. 바르게 마음이 집중되고 관찰된다면 그 대상이 무상하고 무아이며, 잠시 인연 따라 만들어진 연기적인 것임을 통찰하게 될 것이다.

# 팔정도 (八正道)

견(見): 바른 견해

사(思): 바른 생각, 바른 뜻, 바른 마음가짐
사유는 곧 의업으로써 현실을 창조하는 힘을 지닌
생각이기에 바른 사유가 중요

어(語): 바른 말, 올바른 언어생활
말로 나오는 순간 구업(口業)이 되어 그 말이
결과를 불러오는 업보라는 실질적인 힘이 되어
타인에게, 자연 만물에까지 영향을 미친다.

업(業): 바른 행위

명(命): 바른 생활, 바른 삶, 바른 직업

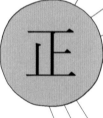

정진(精進): 정방편, 바른 노력
선법을 증장하고 악법을 버리려는 끊임없는 노력.
선법은 깨달음의 요인이 되는 칠각지 등으로
마음 관찰, 기쁨, 마음 집중, 평안 등을 계발.
악법은 감각적 욕망, 악의, 남을 해치려는 마음,
탐진치 삼독심 등을 끊어내야 한다는 것을 의미

팔정도에서 바른의 의미
연기/사성제/무아/중도/
자비/무집착/무분별에 대한
깨달음을 바탕으로 한 바른

념(念): 바른 전념, 바른 깨어 있음, 바른 관찰,
바른 알아차림, 사념처(四念處)를 의미

정(定): 바른 선정, 바른 마음집중
올바른 대상에 마음이 집중되어 있는 것

# 사념처와 중도, 팔정도

## 사념처와 중도, 팔정도

『대념처경』에서는 "비구들이여, 모든 중생들의 청정을 위해, 슬픔과 비탄을 극복하기 위해, 괴로움과 싫어하는 마음을 없애기 위해, 팔정도에 이르기 위해, 열반을 얻기 위해 해야 할 유일한 수행이 있으니, 그것은 바로 사념처(四念處)다." 라고 설한다.

사념처는 신·수·심·법(身受心法)이라는 몸과 느낌, 마음과 법이라는 네 가지를 대상으로 마음을 챙겨 관찰하고 알아차리는 관(觀) 수행이다. 부처님은 팔정도에 이르고, 열반을 얻기 위해 실천해야 할 유일한 수행법은 바로 사념처라고 말씀하심으로써, 사념처가 곧 중도와 팔정도와 다르지 않으며, 이것이 곧 열반에 이르는 길이라고 설하셨다. 사념처를 통해 대상을 분별 없이 보면 어느 한 극단에 치우치지 않고 대상을 있는 그대로 보게 되니, 이것이 곧 중도다. 또한 팔정도의 모든 덕목들은 바로 사념처라는 깨어 있음에서 나온다.

## 신·수·심·법, 관찰의 대상들

그러면 무엇을 관찰해야 하는 것일까? 그 관찰 대상이 바로 네 가지 신·수·심·법(身受心法), 즉 몸과 느낌과 마음과 법이다.

그렇다면 왜 이 네 가지를 관찰할까? 그것이 바로 '나'라고 여겨지는 것, 즉 오온이기 때문이다. 바로 이 점 때문에 사념처에서는 오온을 몸[색온]과 느낌[수온]과 마음[상온, 행온, 식온]으로 나누어 분별 없이 있는 그대로 관찰해 봄으로써 그것들이 결국 실체가 없으며 '나'가 아님을 깨닫게 한다. 여기에서 신·수·심(身受心)이라는 세 가지 관찰을 통해 무상·무아 등의 법을 깨닫게 되는, 진리에 대한 관찰을 법념처(法念處)라고 한다. 신·수·심·법은 '일체 모든 것'을 포괄하는 개념이기도 하다. 몸과 느낌과 마음은 곧 우리가 '나'라고 여기는 것이고, 법은 곧 우리가 '대상'이라고 여기는 것들이기 때문이다. 즉, '일체 모든 것들'을 '분별 없이 있는 그대로 보는 것'이 곧 사념처다.

## 무위의 수행 아닌 수행

우리가 대상을 파악하여 알 때는 늘 분별하여 대상을 알아왔다. 이것이 곧 식(識)이다. 그러나 사념처는 전혀 다른 봄을 설하고 있다. 보자마자 과거로부터 만들어져 온 업식(業識)을 통해 분별해서 무엇인지를 아는 방식이 아닌, 오직 지금 이 순간 눈앞의 대상을 판단 분별 없이 그저 있는 그대로 보는 것이다. 이것은 대상을 보는 전혀 새로운 방식이다. 이 사념처는 내가 억지로 해야 하는 수행이라기보다는 저절로 일어나는 것에 가깝다. 유위(有爲)가 아닌 무위(無爲)다. 내가 '알아차림' 하는 것이 아니라, 저절로 '알아차려짐'이 그저 일어난다. 다만 그동안 우리는 '알아차려짐' 뒤에 내 생각과 분별로 그 알아차려진 대상을 해석 판단함으로써 유위 조작해서 대상을 알았다고 착각한 것일 뿐이다.

우리는 새를 볼 때, 당연하게 '내가 저 새를 본다'고 생각한다. 사실 이것은 눈앞의 현실에 대한 나의 생각, 판단, 분별에 불과하다. '내가', '새를', '본다'고 분별하기 이전에, 사실은 그저 있는 그대로의 '봄', '알아차려짐'이 먼저 있다. 소리가 나면 어떤 소리인지는 사람에 따라 알 수도 있고 모를 수도 있지만, 그렇게 소리를 따라 분별하는 능력 말고, 분별 이전에 소리가 일어났을 때 그 소리가 일어났음을 알아차리는 이 본연의 능력은 우리 모두에게, 심지어 어린 아기에게도 이미 갖추어진 것이다.

바로 이 맨 느낌, 분별 이전의 봄, 이 순수한 텅 빈 분별 없는 알아차려짐, 그것이 바로 사념처다. 없던 능력을 수행을 통해 키우는 것이 아니라, 우리 모두에게 본래적으로 이미 있던 것이지만, 분별로 인해 오염되어 있던 것을 다시 돌이키는 것이다.

본래적인 고유한 지혜로 그저 되돌아가는 귀의(歸依)의 여정일 뿐이다.

# 몸에 대한 관찰

신념처(身念處)는 몸에 대한 관찰인데, 이는 몸에서 일어나는 모든 현상들을 있는 그대로 관찰하는 것이다. 보통 우리가 '나'라고 여기는 것은 첫 번째로 '몸', '육체'다. 그러나 부처님께서는 이 몸 역시 오온 무아, 색온 무아를 통해 실체적인 자아가 아니라고 하셨다. 그렇다면 도대체 어떻게 해야 이 몸이 내가 아님을 깨달을 수 있을까?

단순하다. 이 몸을 아무런 분별 없이 있는 그대로 관찰하는 것이다. 보통 우리가 몸에서 가장 관심 있는 부분은 생김새, 몸매, 건강 등일 것이다. 이러한 외적인 관심사는 대부분 판단과 분별, 비교 등에 의해 만들어진다. 그런데 사념처의 첫 번째 신념처에서는 이러한 판단과 분별, 비교에서 오는 몸에 대한 관심사를 그저 단순하게 '몸' 그 자체에 대한 것으로 바꾸어 볼 것을 요구한다.

잠시 고요히 앉아 몸 안으로 들어가 보자. 지금까지 이끌고 살아왔던 이 몸을 잘났거나 못났다고 단죄하려 들지 말고, 순수한 이 몸 자체의 생명력과 에너지, 기운과 상태를 판단 없이 지켜봐 주는 것이다. 분별 없이 지켜보고 관찰하는 것이야말로 진정한 의미의 자비라고 했다. 신념처가 곧 내가 나를 진정으로 사랑하는 길이다.

눈앞에서 손가락이 움직여지고 있을 때, 우리는 그 몸동작을 보자마자 '내 손가락이 움직여'라고 '생각'한다. '나'도 생각이고, '손가락'도 생각이고, '움직여'도 생각이다. 이렇게 분별하지 않고, 의식을 개입시키지 않고, 그저 바라보면 무엇이 있을까?

사실 말로 표현하면 다 어긋나지만, 억지로 말해 본다면, '무언가의 움직임이 알아차려질 뿐'이다. 사실은 '내 손가락이 움직여'가 아니라, '무언가가 알아차려졌을 뿐'이다. 이것이 바로 몸에 대한 관찰 즉 신념처다. 이 육체에 명색(名色)이라는 이름을 빼고 관찰하는 것이다.

　몸을 관찰하는 것이 어렵게 느껴진다면, 아주 단순하게 몸의 어느 한 부분을 집중적으로 관찰해 볼 수도 있다. 예를 들면 가부좌를 하고 명상에 들 때 내면에 움직이는 것이 하나 있다. 그것이 뭘까? 바로 호흡이다. 바로 그 호흡이 콧속으로 들어오고 나가는 것을 있는 그대로 관찰하는 것이다. 물론 '내가'라는 것도 생각이니 빼고, '호흡을'이라는 것도 내가 이름 붙인 명색이니 빼고, 그저 무언가의 움직임이 반복됨이 자각될 뿐이다.

　이때 중요한 것은 호흡 관찰 중에 생각이 일어나더라도 그 생각에 끌려가는 대신 그것을 그저 관찰할 뿐이라는 점이다.

　가부좌를 틀고 앉거나, 몸을 반듯이 누운 채로 머리끝에서 발끝까지의 순서로 차례차례 몸을 스캔하듯이 내려오면서 알아차리는 방법도 있다. 머리 · 두눈 · 코 · 입 · 턱 · 뒷목 · 어깨 · 팔 · 손바닥 · 가슴 · 배 · 아랫배 · 허벅지 · 다리 · 발바닥 등의 순서로 차례차례 한 부분씩 관찰의 빛을 옮겨 보는 것이다.

　이러한 몸에 대한 관찰을 경전에서는 자세하게 14가지로 나누고 있다. 대략 살펴보면, 호흡에 대한 관찰[呼吸觀], 움직이고 멈추고 앉고 눕는 일상생활의 모든 동작에 대한 관찰, 손가락이나 팔다리를 움직이는 것 등 세밀한 몸동작에 대한 관찰 · 피부 · 혈액 · 소변 · 심장 · 내장 등 신체를 구성하는 요소들에 대한 관찰[不淨觀], 지수화풍에 대한 관찰, 묘지에서 시체를 관찰하는 것 등이 있다.

　신 · 수 · 심 · 법 사념처 가운데에서도 가장 기본이 되면서도 핵심이 되는 수행법이 바로 신념처 수행이며, 그중에서도 호흡에 대한 관찰이다.

　이러한 몸에 대한 관찰, 신념처를 통해 우리는 그동안 앞 장들에서 배워 왔던 불교교리에 대해 실질적으로 이해할 수 있게 될 것이다. 연기와 무아, 중도와 자비를 실천하려고 혹은 깨달으려고 아무리 머리를 굴려 애쓰고, 이해하려고 한다고 되는 것이 아님을 우리는 안다. 그러면 어떻게 해야 할까? 바로 사념처를 수행하면 된다. 이 단순한 몸에 대한 관찰을 통해 우리는 지혜의 근원에 가 닿을 수 있다.

## 신념처(身念處) 수행

###  몸에 대한 관찰: 신념처 수행

몸에 대한 외적인 비교에서 오는 판단이 아닌,
몸 그 자체를 있는 그대로 관찰.
순수한 이 몸 자체의 생명력과 에너지,
기운과 상태를 판단 없이 지켜봐 주는 것.
신·수·심·법 사념처 중 가장 기본이며 핵심이 되는 수행법

#### 호흡 관찰하기

· 호흡이 콧속으로 들어오고 나가는 것을 있는 그대로 관찰.
· 생각들이 끊임없이 일어날 때도 다만 아, 일어났구나 하고
  알아차리고 관찰할 뿐.
· 다시 호흡으로 돌아와 호흡을 관찰하는 것

#### 경전에서 말하는 몸에 대한 관찰 14가지

· 호흡에 대한 관찰
· 움직이고 멈추고 앉고 눕는 일상 생활의 모든 동작에 대한 관찰
· 손가락, 팔다리를 움직이는 것 등 세밀한 몸동작에 대한 관찰
· 피부, 혈액, 소변, 심장, 내장 등 신체를 구성한 요소들에 대한
  관찰(부정관)
· 지수화풍에 대한 관찰
· 묘지에서 시체를 관찰하는 것

몸에 대한 관찰을 통해 우리는 지혜의 근원에 가 닿을 수 있다.

# 느낌에 대한 관찰

수념처는 느낌에 대한 관찰로 좋은 느낌이나 싫은 느낌, 그저 그런 느낌이 일어날 때 그러한 느낌이 일어나고 있다는 것을 있는 그대로 관찰하는 것이다.

느낌이 일어날 때 거기에 끌려가게 되면 십이연기에서 살펴본 바와 같이 애욕과 취착이 생겨나고 업을 짓게 됨으로써 노병사의 원인을 제공하게 되고 만다.

예를 들면, 싫은 느낌이 일어날 때 일반적인 경우 그 느낌을 피하려고 애쓰는 마음이 동반된다. 바로 그때 그 느낌이 일어나는 것을 그대로 허용하고 받아들여 주면서, 그 느낌을 있는 그대로 느껴본다. 호흡을 관찰하는 가운데 파리 한 마리가 날아와 이마 위를 기어간다면, 파리가 이마를 기어간다거나 징그럽다거나 간지럽거나 지저분하다는 등의 해석을 내려놓은 채 그 상황을 허용해 주는 것이다. 그 느낌을 해석하지 않고 가만히 느껴보고 관찰해 보는 것이다.

일상생활 속에서도 마찬가지다. 보기 싫은 사람이 TV에 나왔을 때 곧장 그 싫은 느낌을 피해 달아나려 하지 말고, 그 싫은 느낌을 주의 깊게 살펴봐 주는 새로운 선택을 해 보는 것이다. 직장 상사의 특정한 싫은 행동도 마찬가지고, 자녀들의 특정한 싫은 행동에 대해서도 마찬가지다.

이러한 느낌에 대한 관찰을 통해 그 느낌이 '내 느낌'이라고 할 만한 것이 아니며, 그저 바람처럼 오고 가는 것일 뿐임을 깨닫게 된다. 느낌이 수온 무아(受蘊無我)인 줄 모르고, '나'라고 알기 때문에 괴로워했던 것일 뿐이다. 슬픈 느낌이 일어났다고 해서 '나는 슬프다'고 할 아무런 이유가 없다.

이와 같이 사념처에서는 몸의 관찰에 이어 느낌에 대해 분별 없이 있는 그대로 관찰하는 수행을 통해 느낌이 내가 아님을, 즉 수온이 무아임을 깨닫도록 이끌고 있다. 느낌을 다루고 바라볼 수 있게 이끌어 주며, 좋거나 싫어하는 것을 넘어서서 모든 느낌들을 수용해 줄 수 있는 자비와 연민심이 생겨난다.

## 수념처(受念處) 수행

 **느낌, 감정에 대한 관찰: 수념처 수행**

느낌에 대한 관찰로, 좋은 느낌이나 싫은 느낌,
그저 그런 느낌이 일어날 때 그러한 느낌이 일어나고
있다는 것을 분별하지 말고 있는 그대로 관찰하는 것

— 느낌을 나와 동일시하지 않기: 수온무아(受蘊無我)

느낌은 그저 인연 따라 생겨났다가 소멸되는,
하나의 현상일 뿐, 바라보는 대상일 뿐, 그 느낌은 더 이상
나에게서 일어나는 느낌이 아니며, 느낌으로 인해
내가 괴롭거나 행복한 것이 아님을 깨닫는다.

— 수념처 수행은 곧 연기와 무아, 자비와 중도의 구체적인 실천법

## 심념처(心念處) 수행

 **마음에 대한 관찰: 심념처 수행**

탐심, 진심, 치심, 침체된 마음, 산만한 마음, 고양된 마음 등
그 어떤 마음이 일어날지라도 그것을 내 마음이라고
생각함으로써 거기에 휩싸이고, 휘둘리며, 끌려가지 않고,
그저 그 마음을 아무런 판단을 개입시키지 않은 채
거리를 띄우고 바라보기만 하는 것이 심념처 수행

— 심념처 수행을 통해 무아와 연기, 중도와 자비를 깨닫는다.

# 마음에 대한 관찰

심념처(心念處)는 느낌을 제외한 다양한 형태의 마음 작용을 있는 그대로 관찰하는 것이다. 구체적으로는 탐욕, 성냄, 어리석음과 침체된 마음, 산만한 마음, 고양된 마음, 집중된 마음, 자유로운 마음 등과 그와 대비되는 반대의 마음 등이 일어날 때 그렇게 일어난 마음을 있는 그대로 분별 없이 관찰하는 수행이다.

어떤 것을 소유하고자 하는 탐욕이 일어날 때, 내 마음대로 되지 않아 화가 날 때, 어리석은 마음이 일어날 때 보통 우리는 '나는 왜 이렇게 욕심이 많은 걸까?', '왜 이렇게 내 마음대로 되는 게 없어!', '나는 정말 바보 천치 같군!' 등의 생각들이 일어나면서 자기 자신을 탓하거나, 혹은 탐욕을 채우려고 행동하거나, 화가 나는 대로 성을 내거나, 어리석은 행동을 하게 된다. 그 탐욕과 성냄과 어리석음을 '나', '내 마음'으로 오해하는 것이다.

그러나 사실 탐욕은 인연 따라 자연스럽게 일어나고 사라질 뿐이다. 그로 인해 나 자신을 탓할 아무런 이유도 없다. 우리가 할 수 있는 것은 그저 여기에서 '욕심'이라고 이름 붙인 무엇이 일어났다는 사실을 판단하지 않은 채 있는 그대로 바라봐 주는 것이다.

어느 날 마음이 침체되거나 산만하고, 우울한 마음이 올라온다면 그 마음을 가지고, '나는 우울해'라고 말할 필요는 없다. 그저 알아차리는 것으로 충분하다.

이것을 그저 말뿐인 가르침으로 듣지 말고, 실제 생활에서 적용해 보라. 탐심, 진심, 치심, 침체된 마음, 산만한 마음, 고양된 마음 등 그 어떤 마음이 일어날지라도 그것을 '내 마음'이라고 생각함으로써 거기에 휩싸이고, 휘둘리며, 끌려가지 않을 수 있다. 그저 그 마음을 아무런 판단을 개입시키지 않은 채 영화 보듯이 거리를 띄우고 바라보기만 할 수도 있다. 이것이 바로 심념처 수행이다.

심념처 수행을 통해 우리는 무아와 연기, 중도와 자비를 깨닫게 된다.

# 법에 대한 관찰

법(法)에는 '존재'와 '진리'의 두 가지 뜻이 있다. 보통은 '존재', '마음의 경계'의 의미로 쓰일 때 소문자 dhamma로 표현하고, '진리', '부처님 말씀'의 의미로 쓰일 때 대문자 Dhamma로 표현하곤 한다. 법념처를 통해 법(dhamma)이라는 알아차림의 대상을 있는 그대로 통찰함으로써 부처님의 가르침인 법(Dhamma)을 깨닫는 것이다.

구체적으로 법념처(法念處)에서 알아차릴 대상인 법(dhamma)에는 5가지 장애인 오개(五蓋)에 대한 관찰과 오온(五蘊), 십이처(十二處), 칠각지(七覺支), 사성제(四聖諦)에 대한 관찰 등이 있다.

이는 앞의 신·수·심념처인 몸과 느낌과 마음을 지속적으로 관찰하는 가운데 깨달아지는 법의 내용이다. 몸의 관찰을 통해 이 통증이 항상하지 않으며 실체가 없는 것임을 깨닫거나, 느낌 관찰을 통해 좋고 나쁜 느낌이 항상하지 않으며 '나'가 아니라는 것을 통찰하게 되었다면 이것은 신념처와 수념처를 통해 법념처, 즉 법에 대한 통찰이 일어나게 되었음을 의미한다.

## 오개(五蓋)

오개(五蓋)란 감각적 욕망, 악한 마음(惡意), 혼침(昏沈)과 졸음, 들뜸과 후회, 회의적인 의심을 말하는 것으로, 이 다섯 가지 장애가 우리의 마음을 뒤덮고 있다고 해서 5가지 덮개, 즉 오개라고 한다.

이러한 오개는 신념처나 수념처, 심념처 등 수행을 할 때 일어나게 되는 다섯 가지 장애, 번뇌다. 이러한 수행의 장애를 불교에서는 없애야 할 적으로 보는 것이 아니라, 알아차려야 할 법(法)으로 본다는 점이 중요하다. 오개는 싫어하고, 없애버려야 할 대상이 아니라, 있는 그대로 수용하고 인정하면서 알아차림의 대상으로 끌어안아야 한다.

대승불교에도 '번뇌즉보리(煩惱卽菩提)', '생사즉열반(生死卽涅槃)'이라는 말이 나오는데, 불교에서는 이와 같이 번뇌와 생사, 장애가 그대로 법이며 열반이고 보리(깨달음)라고 본다. 불이법, 불이중도인 까닭이다. 오개라는 장애가 곧 법이다. 그렇기에 분별과 취사 간택심을 일으켜 오개라는 장애는 버리고, 장애 없는 삶을 취하는 것이 아니라, 무엇이든 눈앞에 나타난 모든 것을 법(法)으로써 다만 알아차릴 뿐이다.

보통 오개는 수행 중에 욕망·망상·통증·졸림·싫증·들뜸·후회·의심 등으로 나타나는데, 이러한 것이 일어나 뒤덮으려 할 때, 망상을 버리고 무심으로, 통증을 버리고 무통으로, 졸림을 버리고 깨어 있음으로, 들뜸을 버리고 평정으로 가려고 노력하거나 애쓰는 것이 아니다. 다만 망상이 일어남을 알아차리고, 통증과 졸림이 일어남을 다만 알아차릴 뿐이다. 이것은 취사 간택도 아니고 유위 조작도 아니다. 다만 있는 그대로를 법으로써 수용하는 것이고, 그것과 함께 깨어 있는 것이다. 이러한 법(dhamma)의 관찰을 통해 법(Dhamma)을 통찰하게 된다.

『대념처경』에서는 오개를 관찰하는 것을 구체적으로 이렇게 설명하고 있다.

"비구들이여, 비구는 자기에게 감각적 욕망이 일어날 때, '감각적 욕망이 일어난다'고 알아차리며, 감각적 욕망이 없을 때 '감각적 욕망이 없다'고 알아차린다. 비구는 전에 없던 감각적 욕망이 어떻게 일어나는지를 알아차리고, 일어난 감각적 욕망이 어떻게 소멸되는지 알아차리며, 어떻게 하면 소멸된 감각적 욕망이 앞으로 다시 일어나지 않는지를 안다."

이것이 나머지 악한 마음(惡意), 혼침(昏沈)과 졸음, 들뜸과 후회, 회의적인 의심에 대해서도 똑같은 문구로 반복이 된다. 이러한 욕망이나 악의, 졸음과 들뜸, 의심이 올라올 때 그런 것들이 일어났구나 하고 분명하게 알아차리고 관찰하는 것이 바로 법념처이며, 그중에도 오개에 대한 관찰이다.

몸과 마음에 대한 관찰을 행하다 보면 감각적 욕망이나 혹은 '빨리 깨닫고 싶다'거나 하는 수행에 대한 욕망이 일어나기도 하고, 나쁜 마음이 일어나거나 빨리 깨달아서 남들보다 더 나은 성인이 되고 싶다는 등의 미세한 악한 마음이 일어나기도 한다. 또한 수행 중에 무기력한 혼침과 졸음이 일어나거나, 미래에 대한 기대로 들뜬 마음과 과거에 대한 후회가 일어나기도 하고, 이렇게 수행한다고 깨달음을 얻을 수 있을까 하는 회의적인 의심이 일어나기도 한다.

## 오온(五蘊)

두 번째로 오온 관찰은 색·수·상·행·식(色受想行識)에 대해 있는 그대로 알아차리는 것이다. 느낌이 일어날 때, 생각이 올라올 때, 의도가 생길 때, 분별심이 일어날 때 그것이 일어나고 있음을 있는 그대로 관찰하는 것이다. 오온 관찰을 통해 무아와 연기를 깨닫게 된다.

『대념처경』에서는 "비구들이여, 비구는 취착하는 다섯 가지 무더기의 법에서 법을 관찰하며 머문다. 비구들이여, 어떻게 비구가 취착하는 다섯 가지 무더기의 법에서 법을 관찰하며 머무는가? 비구들이여, 비구는 '이것은 물질이다. 이것은 물질의 일어남이다. 이것은 물질의 사라짐이다. 이것은 느낌이다. 이것은 느낌의 일어남이다. 이것은 느낌의 사라짐이다. 이것은 생각이다. 이것은 생각의 일어남이다. 이것은 생각의 사라짐이다. 이것은 의지다. 이것은 의지의 일어남이다. 이것은 의지의 사라짐이다. 이것은 의식이다. 이것은 의식의 일어남이다. 이것은 의식의 사라짐이다.' 이렇게 관찰하며 머문다. 이처럼 법에서 법을 관찰하며 머문다. 그는 세상에 대해서 그 어떤 것도 움켜쥐지 않는다."

오온이 인연 따라 연기되어 형성된 것을 우리는 '나'라고 동일시한다. 이 몸을 보자마자 '내 몸'이라고 생각하고, 올라온 느낌을 '내 느낌'이라고 동일시한다. 그러나 법념처에서는 그런 '나'와의 동일시를 빼고, 그저 분별 없이 있는 그대로 보라는 것이다. 색·수·상·행·식이라는 몸과 마음의 5가지 쌓임에 대해 이와 같이 법으로써 관찰하는 것을 통해 '나'를 움켜쥐지 않기에, 무아(無我)라는 법을 깨닫게 된다.

두 손이나 손가락이 움직여지는 것을 보면 습관적으로 '내 손을 움직인다'라는 분별이 작용된다. 그러나 법념처의 오온 관찰에서는 '내' 손이라는 생각을 빼고, 또한 거기에 '손'이라는 개념도 빼고, 이와 같이 명색(名色)으로 이름 붙인 모든 것을 빼고 그저 있는 그대로의 움직임을 그저 있는 그대로 알아차릴 뿐이다. 그것이 바로 '이것은 물질이다. 이것은 물질의 일어남이다. 이것은 물질의 사라짐이다.'가 뜻하는 바다. '내 손가락을 움직였어'가 아니라, 그저 '물질의 일어남', '물질의 사라짐' 하고 알아차리는 것이다. 물론 이 또한 말로 억지로 표현하려고 하니 이렇게 표현했을 뿐이지, '물질'이라는 것도, '일어났다'거나 '사라졌다'는 것 또한 표현이고 이름이니 그것도 빼면, 그저 무언가의 움직임을 그저 분별 없이 개념과 표상을 개입시키지 않고 알아차릴 뿐이다.

느낌, 의지, 의식도 마찬가지다. 우울한 느낌, 외로운 느낌이 올라올 때 '나는 외로워'라고 분별하는 습관적인 판단을 빼고, '나'라는 동일시도 빼고 나면, 그저 '이것은 느낌이다. 이것은 느낌의 일어남이다. 이것은 느낌의 사라짐이다.'라는 식으로 알아차려진다. 여기 어딘가에서 일어나는 어떤 느낌을 '외롭다'거나, '우울하다'는 수식을 빼고, '나'라는 것도 뺀 채, 그저 그 느낌의 일어남과 사라짐을 알아차리는 것이다.

## 십이처(十二處)

세 번째는 12처에 대한 관찰로 이는 육근과 육경, 육내입처와 육외입처가 작용을 할 때 감각 활동의 안팎에서 일어나는 것들을 있는 그대로 관찰하는 것을 뜻한다. 감각하는 기관과 기능, 활동 그리고 감각의 대상을 있는 그대로 관찰하는 것이다.

『대념처경』에서는 다음과 같이 말씀하신다.

"비구들이여, 비구는 여섯 내입처와 여섯 외입처의 법에서 법을 알아차린다. 어떻게 비구가 여섯 가지 안팎의 입처라는 법에서 법을 알아차리는가? 비구들이여, 비구는 눈(眼)을 알아차리고, 형색(色)을 알아차리며, 이 두 가지를 조건으로 일어난 족쇄를 알아차린다. 그는 전에 없던 족쇄가 어떻게 일어나는지 알고, 어

# 법념처(法念處) 수행

 **법에 대한 관찰: 법념처 수행**

수행자는 법(dhamma 존재-마음의 경계)이라는
알아차림의 대상을 있는 그대로 통찰함으로써 부처님의
가르침인 법(Dhamma 진리-부처님 말씀)을 깨닫는 것.

 **알아차릴 대상인 법(dhamma) 5가지**

## 1) 오개(五蓋)

· 감각적 욕망, 악한 마음, 혼침과 졸음, 들뜸과 후회, 회의적인 의심
· 사념처 수행을 할 때 일어나는 다섯 가지 장애, 번뇌를 의미
· 거부해야 할 대상이 아닌 있는 그대로 수용하고 인정하면서
  알아차림의 대상으로 끌어안아야 하는 것

## 2) 오온(五蘊)

· 오온 관찰은 몸과 마음에 대한, 정신적인 것들과 물질적인 모든 것,
· 색·수·상·행·식(色受想行識)에 대해 그대로 알아차리고 관찰

## 3) 십이처(十二處)

· 12처에 대한 관찰로 감각하는 기관과 기능, 활동
  그리고 감각의 대상을 있는 그대로 관찰하는 것
· 십이처를 법으로써 알아차려 족쇄에서
  (화, 탐욕, 집착, 어리석음 등의 괴로움)
  벗어나고 허망한 분별 망상이며,
  생각일 뿐이라는 걸 안다.

떻게 사라지는지 안다. 사라진 족쇄가 어떻게 하면 다시 일어나지 않는지 안다. 그는 귀[耳]를 알아차리고, 소리[聲]를 알아차리며⋯ 내지⋯ 그는 마음[意]을 알아차리고, 마음의 대상[法]을 알아차리며, 이 두 가지를 조건으로 일어난 족쇄를 알아차린다. 그는 전에 없던 족쇄가 어떻게 일어나는지, 어떻게 사라지는지 안다. 사라진 족쇄가 어떻게 하면 다시 일어나지 않는지 안다."

예를 들어 보자. 눈[眼]으로 상대방이 나를 향해 손가락 욕[色] 하는 것을 보고 화가 났다. 이것이 곧 '눈[眼]을 알아차리고, 형색[色]을 알아차리며, 이 두 가지를 조건으로 일어난 족쇄를 알아차린다.'는 것이다. 없던 화가 생겨나 나를 족쇄처럼 얽어맨다.

그러나 법념처로써 십이처를 있는 그대로 관찰하게 되면, 여기에 '나'라는 분별도 없고, '상대방'이라는 분별도 없고, '손가락 욕'이라는 분별도 없으며, 그저 눈앞에 어떤 움직임이 일어났음을 알아차릴 뿐이다. 그러나 조금 전에는 있는 그대로 통찰하는 힘이 없었기에, 분별이 일어나 '저 사람이 나에게 손가락 욕을 했다'는 분별이 생겼고, 그로 인해 화가 나는 족쇄에 얽혀들었음을 깨닫는다.

있는 그대로 통찰해 보니 그것은 다만 인연 따라 십이처가 화합한 것일 뿐이며, 무상하고, 실체가 없어 무아이기에, 화라는 고(苦)를 만들 아무런 이유도 되지 못함을 깨달아 족쇄에서 벗어나게 된다.

이것이 곧 '그는 전에 없던 족쇄가 어떻게 일어나는지 알고, 어떻게 사라지는지 안다. 사라진 족쇄가 어떻게 하면 다시 일어나지 않는지 안다.'의 뜻이다.

이처럼 우리의 일상에서 일어나는 온갖 족쇄인 화, 탐욕, 집착, 어리석음 등의 괴로움들은 전부 이처럼 십이처가 화합한다는 인연 따라 저절로 일어날 뿐이다. 내가 있어서 진짜로 화가 난 것이 아니라, 그저 안팎의 입처라는 십이처가 만나면 누구라도 그 인연 따라 저절로 족쇄가 만들어진다. 이것이 곧 무아 연기다. 내가 있는 것이 아니라, 그저 연기할 뿐이다. '나'라는 것은 그저 내가 만들어 낸 허망한 분별망상이며, 생각일 뿐이다.

눈·귀·코·혀·몸·뜻으로 내가 보고, 내가 듣고, 내가 맛보고, 내가 감촉하

## 4) 칠각지(七覺支)

칠각지는 이상의 수행을 통해 얻어지게 되는 정신적인 덕목으로 기쁨과 경안과 평온 등의 상태 또한 일어나는데 이 모든 것들을 분별 없이 있는 그대로 알아차린다.

· 염각지(念覺支)

　사띠(Sati), 알아차림

· 택법각지(擇法覺支)

　바른 법을 보는 안목, 법을 택하는 안목이 갖춰진 것

· 정진각지(精進覺支)

　법념처를 쉼 없이 계속해서 닦아 나가는 실천

· 희각지(喜覺支)

　환희심, 기쁨, 만족스러운 마음을 의미

· 경안각지(輕安覺支)

　평안, 평온, 가벼움, 경쾌함, 휴식, 안정 등의 마음

· 정각지(定覺支)

　올바른 삼매

· 사각지(捨覺支)

　분별과 취사간택에 끌려가지 않는 깊은 평등심

칠각지의 상태가 일어날 때 좋은 느낌이며,
깨달음의 요소라고 하더라도 그것을 붙잡아 집착하지 말고,
다만 하나의 법(法)으로써 관찰하라.

## 5) 사성제(四聖諦)

괴로운 일이 일어나는 순간, 고성제라고 관찰하고,
괴로움의 원인을 관찰하고, 괴로움의 소멸과
괴로움의 소멸에 이르는 길을 관찰하는 것

고, 내가 생각하는 것이 아니라, 그저 색·성·향·미·촉·법이라는 경계를 마주할 때 아상을 일으키고 분별하기 시작하면 거기에서 족쇄가 만들어질 뿐이다. 십이처에서 살펴보았듯이 사실은 눈·귀·코·혀·몸·뜻을 '나'라고 여기는 허망한 착각인 육내입처가 색·성·향·미·촉·법을 실체적인 대상이라고 여기는 허망한 착각인 육외입처와 인연되면서 육식(六識)이라는 망상 분별의 족쇄가 만들어졌을 뿐이다.

이러한 족쇄를 만들어 냄 없이, '내가 너를 본다'는 주객의 분별 없이, 볼 때는 그저 '볼 뿐'이고, 들을 때는 그저 '들을 뿐'이 되면, 그것이 곧 안팎의 입처라는 법에서 법을 알아차리는 것이다. 이것이 곧 법념처로써 십이처를 관찰하는 수행이다.

이렇게 십이처를 법으로써 알아차리게 되면, 더 이상 족쇄를 만들어 내지 않게 되고, 괴로움을 만들어 내지 않으며, '나'라는 분별과 '의식'이라는 망상도 일으키지 않게 된다.


## 칠각지(七覺支)

칠각지는 이상의 수행을 통해 얻어지게 되는 정신적인 덕목으로 팔정도의 정정진에서 설명한 것처럼 염각지(念覺支), 택법각지(擇法覺支), 정진각지(精進覺支), 희각지(喜覺支), 경안각지(輕安覺支), 정각지(定覺支), 사각지(捨覺支)를 관찰하는 것이다.

수행 중에는 오개와 같이 장애도 일어나지만 칠각지의 덕목과 같은 기쁨과 경안과 평온 등의 상태 또한 일어나는데 이 모든 것들을 분별 없이 있는 그대로 알아차린다. 장애인 것처럼 보이는 오개(五蓋)도 수행을 통해 계발되는 능력인 칠각지도 모두 다만 관찰할 대상으로 살펴 평등하게 알아차릴 뿐 오개는 사라지길 바라고, 칠각지는 일어나길 바라는 것이 아니다. 수행 중에 일어나는 싫은 경계요 불선법인 오개나, 좋은 경계요 선법인 칠각지나 모두 법의 입장에서는 동일한 '법'일 뿐이므로, 차별 없이 다만 알아차려야 할 대상인 것이다.

다만 있는 그대로 판단 없이 살핌으로써 그 덕목을 통해 지혜에 이르게 되는 것이다.

『대념처경』을 살펴보자.

"비구들이여, 비구는 일곱 가지 깨달음의 요소가 있을 때, '알아차림(念覺支)의 요소가 있다'고 꿰뚫어 알아차리고, 알아차림의 요소가 없을 때 '알아차림의 요소가 없다'고 알아차린다. 비구는 전에 없던 알아차림의 요소가 어떻게 일어나는지를 알아차리고, 일어난 알아차림의 요소를 어떻게 닦아서 성취하는지를 알아차린다… 이와 같이 안으로 법에서 법을 관찰하며 머문다. 그는 세상에 대해 아무것도 움켜쥐지 않는다. 비구들이여, 이와 같이 일곱 가지 깨달음의 구성요소의 법에서 법을 관찰하며 머문다."

이와 같이 나머지 6가지에 대해서도 똑같이 반복된다.

첫째, 염각지(念覺支)는 팔리어 사띠(sati)로 잘 알려진 '알아차림'이라는 깨달음의 요소다. 알아차림이라는 깨달음의 요소가 잘 실천될 때 알아차림이 잘 실천되고 있음을 있는 그대로 알아차림으로써, 법에서 법을 관찰하게 되고, 이 염각지를 통해 일체 모든 대상을 있는 그대로 알아차림으로써 그 어떤 것도 붙잡아 집착하지 않고 움켜쥐지 않게 된다.

둘째, 택법각지(擇法覺支)는 몸과 마음을 염각지로써 알아차리게 되면 움켜쥐거나 집착하거나 족쇄를 만들어 내게 되지 않으니, 이것이 곧 불선법을 멀리하고, 선법을 선택하는 택법각지다. 택법각지는 정견(正見)에 따른 바른 법을 보는 안목, 법을 택하는 안목이 갖춰진 것이다.

셋째는 정진각지(精進覺支)로 중도, 팔정도, 염각지라는 법념처를 쉼 없이 계속해서 닦아 나가는 실천이다.

넷째 희각지(喜覺支)는 중도, 팔정도, 사념처의 수행이 진전됨에 따라 생겨나는 환희심, 기쁨, 만족스러운 마음을 의미하며, 다섯째 경안각지(輕安覺支)는 환희심과 기쁨에 이어지는 평안, 평온, 가벼움, 경쾌함, 휴식, 안정 등의 마음이다.

여섯째 정각지(定覺支)는 올바른 삼매로 몸과 마음이 경안하여 평온한 상태에서 알아차림이 지속되면 늘 삼매의 상태를 유지하게 된다. 삼매는 깊은 선정에 들었을 때의 일시적인 삼매가 있고, 법의 자리가 확고함에서 오는 일상적으로 늘 이어지는 삼매가 있다. 진정한 삼매는 선정을 통해 일시적으로 일어났다가 사라지는 삼매가 아닌, 일상의 시끄러움 가운데에서도 근원은 늘 삼매가 유지되는 삼매다.

마지막으로는 사각지(捨覺支)인데, 이것은 행복과 불행에 흔들리지 않고, 좋고 나쁨 등의 분별과 취사 간택에 끌려가지 않는 깊은 평등심이다.

이상에서 살펴본 바와 같은 칠각지의 상태가 일어날 때, 그것이 아무리 좋은 느낌이며, 깨달음의 요소라고 하더라도 그것을 붙잡아 집착해서는 안 된다. 이 또한 평등하게 하나의 법(法)으로써 다만 관찰하는 것이다. 이처럼 오개든 칠각지든 그것을 분별하지 않고 그저 하나의 법(dhamma)으로써 알아차리게 되면, 수행자는 그 통찰에서 그 어떤 것도 취착하지 않고 자유로워지는 법(Dhamma)을 얻게 된다.

## 사성제(四聖諦)

사성제에 대한 관찰은 앞에서 설명한 바와 같이 괴로운 일이 일어나는 순간 고성제라고 관찰하고, 괴로움의 원인을 관찰하고, 괴로움의 소멸과 괴로움의 소멸에 이르는 길을 관찰하는 것이다. 사성제에 대한 관찰이야말로 법념처의 가장 중요한 핵심이 된다. 사성제가 일체 모든 불법을 포섭하기 때문이다.

네 가지 성스러운 진리인 사성제는 괴로움, 괴로움의 원인, 괴로움의 소멸인 열반, 괴로움의 소멸에 이르는 길을 설하는 가르침인데, 중요한 점은 이 또한 법념처로써 다만 평등하게 알아차릴 뿐이라는 점이다.

괴로움은 나쁜 것이니 고성제는 버리고, 멸성제는 좋은 것이니 멸성제는 취하는 것이 아니다. 오개를 있는 그대로 알아차리듯, 괴로움이 일어날 때 그 또한 법이기에 분별 없이 있는 그대로 볼 뿐이다. 괴로움이 일어날 때 거기에 해석과 분별을 개입시켜서 버리려고 애쓰면 오히려 거부하는 것이 지속되지만, 괴로움이 일어날 때 그것을 법으로써 받아들여 있는 그대로 허용하고 받아들임으로써 있는 그대로 경험하고 알아차려 줄 때 그 허망한 괴로움은 사라져간다. 이처럼 괴로움도 똑같은 법이다.

괴로움의 원인을 살펴보고 통찰했다면, 우리의 분별심은 곧장 그것을 분별하여, 괴로움의 원인이니 나쁜 것이라고 해석하고서 그것을 없애버리려고 애쓴다. 그러나 괴로움의 원인은 억지로 유위 조작하여 없애거나 거부하는 것이 아니라, 다만 그러한 원인이었음을 알아차리고 깨달아 반조할 뿐이지, 그것을 없애는 것이 아니다. 괴로움의 원인이 자각되면 괴로움은 저절로 사라져 가기 때문이다. 그것이 실체인 줄 알고 사로잡혔는데, 통찰을 통해 그것이 실체가 아님이 자각되었다면 거기에 집착할 이유가 저절로 없어지기 때문이다.

그렇게 중도, 팔정도, 사념처를 통해 괴로움의 원인이 제거되고 멸성제에 이르렀거나, 칠각지라는 깨달음의 요소가 일어났을 때라도, 그것이 내가 그토록 원하는 것이라고 생각하여 집착하고 붙잡으려 하면 곧장 그것은 또다시 분별법이 되어 버린다. 해탈을 붙잡는 것 자체가 하나의 중생심이다. 해탈·열반이든 그 어떤 깨달음의 요소든 그저 알아차릴 뿐이다.

도성제의 깨달음에 이르는 길 또한 염각지에서 살펴본 바와 같이 그저 알아차림이 일어남을 그저 알아차릴 뿐이다. 여기에도 저기에도 과도하게 치우치지 않음을 그저 알아차릴 뿐이다. 이를 수행법화시키고 체계화·조직화시켜서 이것만이 깨달음에 이르게 해 주는 수행법이라고 규정 짓게 되면 그 또한 법의 지위를 잃게 된다. 그래서 불교에서는 수행을 하라고 하면서도 사실은 수행하는 것이 아니라고 설한다. 하되 함이 없이 하라고도 하고, 이것도 아니고 저것도 아니라고 설한다. 어느 한 가지 수행법이나 방법론에 치우치지 않도록 하니 이것이 곧 중도의 방식 아닌 방식이다. 길 없는 길이다.

# 알아차림과 직지인심

이상에서 설명한 바와 같이 정념, 사념처는 초기불교에서 석가모니 부처님께서 설하신 수행법의 핵심이라고 할 수 있을 만큼 중요한 수행 아닌 수행이다. 정념·사념처·알아차림이 곧 중도이고, 팔정도이며, 지관·정혜의 수행이다. 또한 이것이 곧 연기와 무아를 깨닫는 방법이며, 참된 동체대비의 자비심을 계발하는 수행법임은 말할 것도 없다.

이처럼 중도·팔정도·정견·정념·사념처의 수행을 곧 알아차림이라고 할 수도 있는데, 여기에서 주의해야 할 점이 있다. 사실 말이란 다 방편에 불과하다. 앞에서도 설명했듯이 말로 표현된 것은 전부 다 명색(名色)이기에, 있는 그대로를 온전히 드러낼 수 없다. 그러나 말을 사용하지 않으면 중생들이 알아들을 수 없다 보니 어쩔 수 없이 말이라는 부족한 방편을 써서 법을 최대한 드러내는 것일 뿐이다.

알아차림이라는 방편의 말도 하나의 말일 뿐이기에, 자칫 오해될 소지가 있다. 알아차림이라고 하니, 사람들은 여기에 알아차리는 '나'가 있고, 저쪽에 알아차릴 '대상'이 따로 있다고 여긴다. 알아차리는 주체와 알아차림의 대상을 둘로 나누는 것이다. 물론 위의 설명에서도 어쩔 수 없이 신·수·심·법을 알아차림의 대상으로 하라는 등의 방편 설명을 했지만, 그러다 보니 더욱 사람들은 둘로 나누어 이해하곤 한다.

그러나 이 법은 머리로 이해할 수 있는 범주가 아니다. 어쩔 수 없이 말로 표현했을 뿐. 이런 말의 허물로 인해 어떻게 보면 '알아차림'이라는 말보다 오히려 '알아차려짐'이라는 말이 조금 더 가까울 수도 있겠다. 즉 알아차림은 '내가' 의도를 일으켜 노력하는 수행 같은 것이 아니다. 이것은 유위법, 유위 조작이 아니라 무위법이기 때문이다. 또한 불이법, 불이중도, 무분별법이기에 내가 행한다

고 하는 둘로 나뉘는 어떤 것이 아니다.

편의상, 방편으로 몸을 있는 그대로 알아차리고, 느낌을 있는 그대로 알아차린다고 했지만, 대상화하여 둘로 나누어 놓고 이쪽에서 저쪽을 알아차리는 것이 아니다.

사실 분별 없이, 지금까지 익혀온 습관을 잠시 내려놓고, 있는 그대로 알아차려보면, 이것은 금방 확인할 수 있다. 그저 볼 뿐이지, 내가 저것을 보는 것이 아니다. 눈으로 꽃을 볼 때, 우리는 습관적으로 자아관념에 사로잡혀, '내 눈으로 저 바깥의 꽃이라는 대상을 본다'고 분별하여 인식한다. 그러나 사실 있는 그대로 보면, 그저 볼 뿐이다. 거기에는 '보는 것'이 따로 있고, '보이는 것'이 따로 있지 않다. 십이처에서 설명했듯이 내입처와 외입처는 둘로 나뉘는 것이 아니라 그렇다는 허망한 착각이 일어나고 있을 뿐이다. 사실은 둘이 아니게 경험된다. 주관이 객관을 보는 것이 아니라 사실은 '봄'만이 있다. 도대체 어디까지가 주관이고 어디까지가 객관이란 말인가?

이처럼 주객의 분별, 자아관념이라는 허망한 착각을 내려놓고, 분별 없이 있는 그대로 보고 알아차리게 된다면, 모든 대상이 사실은 대상이 아니었음이 문득 자각될 것이다. 이것이 곧 법(Dhamma)의 확인이다. 올바른 자각, 정념은 '이것'이라는 주관이 '저것'이라는 대상을 알아차리는 것이 아니라, '법이 법을 보는' 것이며, 자기가 자기를 확인하는 것이다. 내가 나를 확인하는 것이며, 보이는 것이 그대로 보는 것이 되는 불이법의 자각이다. 일체 삼라만상, 일체 모든 것들, 모든 존재(dhamma)가 그대로 법(Dhamma)이다.

그래서 선(禪)에서는 '무엇이 부처입니까?' 하는 제자의 물음에 '뜰 앞의 잣나무', '마삼근', '마른 똥 막대기', '할', '방'이라고 답한 것이다. 이것이 곧 선의 근본정신인 '직지인심 견성성불(直指人心 見性成佛)'이다. 곧바로 그 마음(법, Dhamma)을 가리켜 자성을 보아 성불하게 한다는 것이다. 사실은 이것이 곧 초기불교의 사념처, 알아차림에 다름이 아니다.

알아차리는 주관과 알아차림의 대상인 객관을 둘로 나누지 않고, '나'라는 자아의식을 개입시키지 않고 있는 그대로 본다면, 꽃 한 송이를 보더라도 그저 볼 뿐이기에, 아무런 분별이 없다. 분별 없이 꽃 한 송이라는 법(dhamma)을 보면, 거기에서 문득 법(Dhamma)이 드러난다. 이 법(Dhamma)을 선불교에서는 성(性), 성품(性品), 본래면목(本來面目)으로 표현했을 뿐이다.

경봉(鏡峰 · 1892-1982) 스님께서는 이러한 법을 깨닫고는 다음과 같은 오도송을 남기셨다.


내가 나를 온갖 것에서 찾았는데(我是訪吾物物頭)

눈앞에 바로 주인공이 나타났네(目前卽見主人樓)

허허 이제 만나 의혹 없으니(呵呵逢着無疑惑)

우담바라 꽃의 빛이 온 누리에 흐르는구나(優鉢本花光法界流)

# 도표로 읽는 불교교리

초판 1쇄 발행   2020년 12월 10일
초판 4쇄 발행   2023년 7월 30일

지은이        법상
그린이        용정운

펴낸이        윤재승
펴낸곳        민족사
주간          사기순
디자인        남미영
기획홍보팀    윤효진
영업관리팀    김세정

출판등록      1980년 5월 9일 제1-149호
주소          서울 종로구 삼봉로 81 두산위브파빌리온 1131호
전화          02-732-2403, 2404
팩스          02-739-7565
웹페이지      www.minjoksa.org, www.facebook.com/minjoksa
이메일        minjoksabook@naver.com

ⓒ 법상·용정운 2020

ISBN 979-11-89269-74-6 03220